Grands cols

LES MONTAGNES DU TOUR DE FRANCE À VÉLO

DE LA LÉGENDE À LA PRATIQUE

PRÉFACE D'EDDY MERCKX
TEXTES NICOLAS MOREAU-DELAQUIS

Tana
éditions

DONNÉES IGN

Si elle écrase les hommes, la montagne grandit les champions.
Quel plus beau cadre pour l'affrontement au sommet entre Anquetil (à gauche) et Poulidor, dans le Galibier, lors du Tour de France 1966 ?

Sommaire

Le plus bel exploit de Merckx en montagne :
140 kilomètres d'échappée dans l'étape Luchon-Mourenx.
Ses poursuivants sont relégués à plus de 8 minutes...

Un état de grâce

Par Eddy Merckx

VOUS QUI TENEZ CE LIVRE entre vos mains, vous allez entrer dans le monde secret de la montagne, un monde magnifique et impitoyable où le vélo prend tout son sens. Un monde d'où l'on sort chaque fois différent...

Un paradoxe pour commencer: je n'avais jamais escaladé un col quand je me suis imposé dans le Block Hauss de la Magella en 1967. Ce fut une véritable révélation, une surprise pour les experts qui estimaient qu'avec mon gabarit, je serais forcément limité en montagne. Je venais simplement de prouver que la montagne, c'est d'abord une affaire d'adaptation, et d'envie, même si, au bout du compte, elle vous renvoie toujours à votre propre nature.

Il y a des champions qui préfèrent la fraîcheur des Alpes à la touffeur des Pyrénées, d'autres, comme Raymond Poulidor, qui n'ont jamais pu gravir convenablement le Galibier, d'autres encore, je pense notamment à Sean Kelly, qui se sentiront toujours limités au-dessus de 1 500 mètres d'altitude. Je me sentais, quant à moi, plus à l'aise dans une succession de cols que sur les forts pourcentages du puy de Dôme.

Mais, quelles que soient vos capacités, votre tempérament, la montagne reste incontournable. C'est là que les grands Tours se gagnent, c'est là qu'ils se perdent. J'en eus la confirmation en 1968, dans les Trois-Cimes de Lavaredo, en reprenant plus de six minutes à Felice Gimondi, sous des bourrasques de neige. Ce jour-là, je me sentais si fort, si léger que j'avais le sentiment, tout en grimpant, d'être plus fort que les hommes, plus fort que les éléments, plus fort que la montagne.

J'étais dans la « toute-puissance », en état de grâce, comme sur la route de Mourenx où j'ai réalisé, l'année suivante, à l'occasion de mon premier Tour de France, une échappée fleuve de 140 kilomètres par-delà le Tourmalet, le Soulor et l'Aubisque. Je courais alors pour Faema, en Italie, où j'avais appris à surveiller mon alimentation, à sortir de table en ayant faim, et cette nouvelle hygiène de vie, très rigoureuse, m'avait fait perdre 3 kilos, d'où un meilleur rapport poids-puissance, déterminant dans les cols.

Puis j'ai été victime d'une très grave chute sur le vélodrome de Blois en septembre 1969. Et cette chute a changé mes rapports avec la montagne. Après cet incident, je n'ai plus ressenti la même impression de plénitude. Souffrant du dos, je me surprenais à redouter la montagne, j'éprouvais certains jours les pires difficultés à suivre le rythme de Jose Manuel Fuente, de Luis Ocaña, de purs grimpeurs, capables d'enrouler des braquets importants, très supérieurs aux miens.

En 1975, j'ai commencé par accuser une première défaillance dans la montée du Pra-Loup où Bernard Thévenet m'a ravi le maillot jaune. Mais c'est dans le col du Glandon, en 1977, que j'ai connu mon chant du cygne. Incapable de m'alimenter normalement, pris de nausées, j'ai cru que je ne parviendrais jamais à me hisser au sommet. J'avais alors trente-deux ans. La montagne, qui m'avait sublimé aux Trois-Cimes de Lavaredo, dans le Tourmalet, sur l'Izoard, cette montagne que j'avais tant aimée, me rappelait à l'ordre. Le temps était venu de tourner la page, de prendre congé du champion dominateur, certains jours despotique, que j'avais été depuis plus de dix ans.

• Eddy Merckx a gagné cinq fois le Tour de France (en 1969, 1970, 1971, 1972 et 1974), a été deux fois meilleur grimpeur (en 1969 et 1970) et a remporté trente-quatre victoires d'étape (entre 1969 et 1975). Il a également été trois fois champion du monde sur route, en 1967, 1971 et 1974.

D'abord, bien s'équiper...

Avant de vous lancer à l'assaut des cols, pensez à adapter votre matériel aux conditions particulières de la montagne.

Le cadre « slooping » offre plus de facilité dans les ascensions, de même que le triple plateau.

Vélo, plateaux et développements

Il n'existe pas de vélo idéal pour conquérir les cimes. Cependant, il faut privilégier tout à la fois le confort, la rigidité et la légèreté. Ne changez pas de monture à la dernière minute et suivez les conseils judicieux des vélocistes, chez qui vous ferez réviser votre matériel avant de partir à la montagne. Vérifiez tous les câbles, l'état des jantes, la solidité du rayonnage, et surtout remplacez les patins des freins. Pour les débutants et la majorité des cyclos, le triple plateau est indispensable (52 x 42 x 30 ou 50 x 42 x 30). Il permet de disposer d'une large gamme de vitesses qui dompte les pentes les plus verticales. C'est un outil très utile en cas de défaillance. Les plus entraînés utilisent volontiers le pédalier compact qui se compose en général d'un grand plateau de 46 dents et d'un second plus petit de 34 dents. Cette transmission apporte un gain de poids et évite de trop tordre la chaîne. Pour le confort, employez des pneumatiques peu usés d'une section de 23 millimètres. Conservez votre selle habituelle, qui devra encaisser frottements et transpiration.

La panoplie du grimpeur

Le contraste thermique est souvent très important entre la vallée et le sommet. De plus, les conditions météorologiques évoluent très vite. Pour lutter contre le rayonnement solaire, enduisez-vous de crème solaire. Adoptez un maillot de couleur claire à ouverture intégrale. Enfilez un cuissard et des chaussettes confortables de bonne qualité. Ne choisissez pas des chaussures trop serrées à la

Choisissez des chaussures confortables.

Le cuissard haut de gamme, les lunettes enveloppantes et le casque homologué doivent être bien choisis.

mode, mais plutôt celles qui permettent de marcher. Le casque est vivement recommandé. Les modèles actuels sont très légers, assez esthétiques et comportent de larges aérations. Même en montée à faible allure, une chute causée par une pierre, la fatigue, un trou dans la chaussée peut avoir des conséquences dramatiques. Une casquette ou un bandana luttent efficacement contre la sudation dans les yeux. Les lunettes offrent une protection efficace contre la poussière, la réverbération et les nombreux insectes. En prévision de la descente, munissez-vous de jambières, de manchettes, de gants longs et d'un bandeau pour les oreilles. Prenant peu de place, ces accessoires peuvent se ranger dans les poches du maillot. Enfin, un coupe-vent imperméable permet d'affronter toutes les situations.

Des accessoires indispensables

Sans vous surcharger inutilement, un minimum d'équipement est requis pour évoluer en toute sérénité. Le compteur affiche votre progression et enregistre le kilométrage de votre randonnée, tout en apportant une foule d'informations complémentaires. À des prix abordables, des altimètres performants se portant au poignet ou se fixant sur le cintre ajoutent de précieuses indications sur l'altitude. Contrairement à ce que l'on trouve en plaine, les magasins de cycles ne sont pas légion. Vous devez donc être capable de réagir à tous les types de situations, d'autant que le téléphone mobile ne passe pas partout. L'état des revêtements routiers accroît le risque de crevaison. Placez dans une sacoche, sous la selle, au moins deux chambres à air, de la colle, des Rustines, une clef à rayons, des démonte-pneus et un « dérive-chaîne ». À la suite des multiples trépidations du parcours, l'outil multifonction sera bien utile pour resserrer la visserie. Sans oublier l'indispensable et puissante minipompe fixée sur le cadre. Des garages ou des loueurs de VTT peuvent assurer un petit dépannage. De faible encombrement, un petit appareil photo numérique immortalisera vos exploits. Veillez à le protéger de la chaleur et de l'humidité.

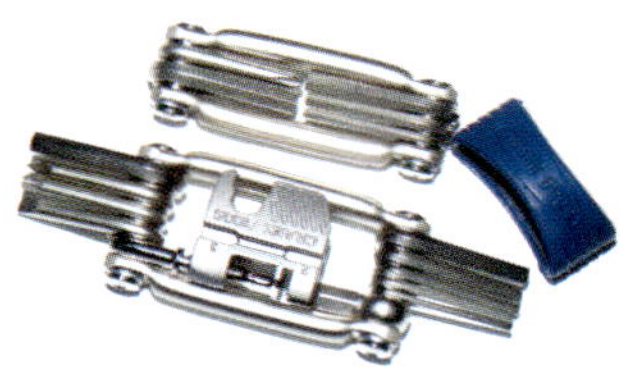

Les indispensables (de haut en bas à gauche) : Le compteur, l'outil multifonction, la mini-pompe et la sacoche de selle.

… ensuite, bien se préparer !

On ne s'improvise pas grimpeur. Mais, en suivant quelques principes élémentaires, tous les exploits sont à votre portée.

Les séances de home-trainer permettent de travailler le rythme du coup de pédale.

Un entraînement spécifique

Comme la mer, la montagne nécessite un apprentissage. On ne se lance pas dans une ascension sans entraînement préalable. L'escalade des grands cols est un exercice vraiment particulier. Entre une et quatre heures d'efforts sont parfois nécessaires pour vaincre un sommet. Pour éviter de cruelles désillusions, roulez régulièrement au moins trois ou quatre mois à l'avance. Vous pouvez vous préparer dans la plaine en accumulant des kilomètres utiles. Petit à petit, vous augmentez la distance et le caractère vallonné de vos sorties en enchaînant les côtes. Pour les escalades les plus difficiles, qui dépassent largement les 2 000 mètres d'altitude, un ou deux jours d'acclimatation sur place ne sont pas superflus. La montagne n'est pas réservée à une élite de grimpeurs fluets, mais bien au contraire ouverte à tous, pour peu qu'on la respecte. Vous pourrez alors apprécier cet espace de liberté.

Les barres alimentaires (ci-dessus) apportent de l'énergie immédiatement. Et n'oubliez pas de prendre au moins deux bidons (ci-contre).

Une alimentation choisie

La plupart des ascensions se déroulant en pleine nature, il convient d'être autonome. La fringale en pleine montagne ne pardonne pas. Emportez donc un choix de barres énergétiques, mais également de petits sandwichs pour éviter la saturation de sucre. Les fontaines n'étant pas très fréquentes, deux bidons sont indispensables pour une montée. Porté sur le dos, le « camelback » est une alternative intéressante qui apporte en plus un peu de fraîcheur. En cas de nécessité, les fermes et les restaurants d'altitude peuvent subvenir à vos besoins. Jamais glacée, l'eau plate est la meilleure des boissons. Avant d'utiliser un liquide énergisant, faites des essais plusieurs semaines avant pour être sûr que votre organisme le supporte. La règle est de boire régulièrement de petites gorgées tout au long de l'escalade. Méfiez-vous des ruisseaux tentants qui peuvent rendre malades. Ne vous en servez que pour vous arroser.

Conseils

Dans cette solitude face à la pente, il ne faut pas s'affoler. Ne forcez jamais et enroulez avec souplesse de petits braquets. Adoptez un rythme de croisière qui permet d'apprécier le paysage sans souffrir le martyre. Pensez à inspirer et expirer largement. À l'écoute de votre corps et de votre cœur, le cardio-fréquencemètre module votre effort et vous évite de rester trop longtemps dans la zone rouge. Compte tenu du relief et de la dépense physique,

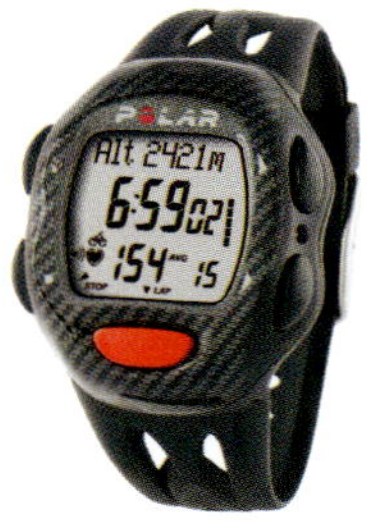

ne vous lancez pas dans de longues chevauchées. Réduisez les distances de vos étapes journalières. N'hésitez pas à faire des pauses. Il n'y a rien d'infamant à mettre pied à terre. Essayez toutefois de vous arrêter au terme d'une portion pentue, et de préférence à l'ombre, pour faciliter le redémarrage. En cas de grosse défaillance, un peu de marche peu dérouiller les articulations. Dans les descentes, ne vous laissez pas griser par la vitesse. De nombreux pièges peuvent survenir au détour d'un virage : gravillons, goudron fondu, automobiliste distrait qui empiète sur votre partie, sans oublier les nombreux animaux qui divaguent (chiens, vaches, chevaux, moutons…). Pour garantir la beauté des paysages, ne jetez rien et gardez vos emballages, d'un poids négligeable, dans vos poches.

- **La météo** Il ne suffit pas de scruter le ciel pour savoir s'il va faire beau. La Météorologie nationale décline ses prévisions montagnardes dans chaque massif. Recueillez aussi les avis de la population locale.
- **Les routes** En début et en fin de saison, il convient de s'assurer de l'état des routes et de la fermeture des grands cols en contactant les services départementaux de l'Équipement.
- **Le transport** Si vous ne prenez pas votre voiture, le train peut vous acheminer facilement au pied des plus grands cols. En plaçant votre vélo dans une housse, vous pouvez voyager sur tout le réseau français sans payer le moindre supplément et utiliser les liaisons par autocar, ce qui vous fera gagner du temps et vous épargnera de la fatigue.
- **Le choix du site** Briançon, Argelès-Gazost, Bourg-Saint-Maurice…, certaines villes sont idéalement situées au pied de nombreuses ascensions légendaires. Dans ces camps de base, vous pourrez ainsi séjourner en alliant sport et tourisme, tout en pédalant en compagnie de cyclistes du monde entier.
- **L'hébergement** De nombreux hôtels ont adopté une charte d'accueil privilégiant les cyclistes avec conseils pratiques, fourniture de circuits, local sécurisé pour votre précieux vélo et repas diététiques. Mais si vous préférez le calme et l'indépendance, un gîte sera l'idéal. Certaines destinations étant très prisées l'été, pensez à réserver suffisamment longtemps à l'avance.
- **Les cartes** Étudiez soigneusement votre itinéraire et consultez le détail des profils dans les ouvrages spécialisés. Emportez avec vous une carte routière. Elle vous sera très utile pour vous repérer ou pour changer de trajet suivant les circonstances.

L'altimètre couplé au cardio-fréquencemètre (à gauche) permet de gérer l'effort. Le coupe-vent et le bandeau évitent les coup de froid.

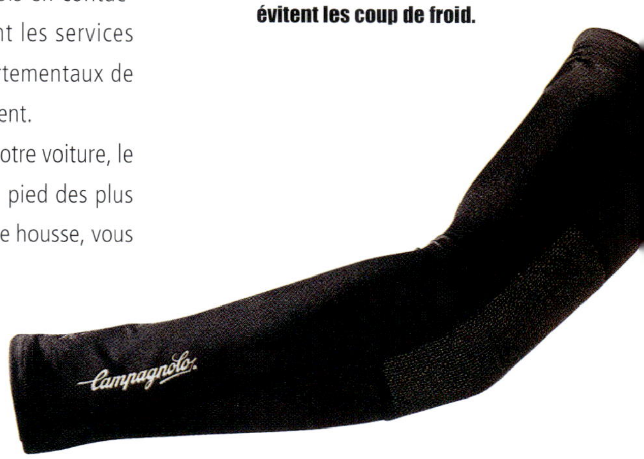

Trois éléments pour lutter contre l'air frais des sommets : la casquette, les jambières (ci-dessus) et les gants.

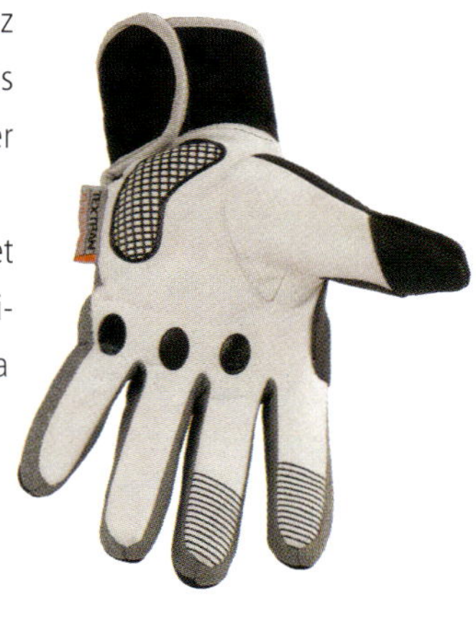

Les Alpes

Du lac Léman à la Côte d'Azur, ce massif s'étend du nord au sud sur près de 400 kilomètres. Le mont Blanc (4 810 m) en est le point culminant. Environ quatre cent cinquante cols goudronnés, dont une vingtaine à plus de 2 000 mètres, aux altitudes et aux ascensions variées, relient les vallées, ainsi que la Suisse et l'Italie. Si les pentes sont souvent longues, les montées régulières se déroulent sur des revêtements sans cesse améliorés.

Joux-Plane

Distance : 11,8 km
Dénivelé : 988 mètres
Pourcentage moyen : 8,4 %
Pourcentage maximal : 13,5 %

Les Aravis

Distance : 18,9 km
Dénivelé : 861 mètres
Pourcentage moyen : 4,5 %
Pourcentage maximal : 8 %

La Forclaz

Distance : 13,3 km
Dénivelé : 1058 mètres
Pourcentage moyen : 7,9 %
Pourcentage maximal : 9 %

Le Revard

Distance : 21,3 km
Dénivelé : 1295 mètres
Pourcentage moyen : 6,1 %
Pourcentage maximal : 8 %

Le Cormet de Roselend

Distance : 22,5 km
Dénivelé : 1239 mètres
Pourcentage moyen : 6,7 %
Pourcentage maximal : 9 %

Col de Porte

Distance : 17,4 km
Dénivelé : 1141 mètres
Pourcentage moyen : 6,6 %
Pourcentage maximal : 11 %

L'Alpe-d'Huez

Distance : 13,8 km
Dénivelé : 1090 mètres
Pourcentage moyen : 7,9 %
Pourcentage maxi : 13 %

La Croix-de-Fer

Distance : 31,6 km
Dénivelé : 1502 mètres
Pourcentage moyen : 5,4 %
Pourcentage maximal : 12 %

Les plus grands cols des Alpes

La Madeleine

Distance : 19,3 km
Dénivelé : 1523 mètres
Pourcentage moyen : 7,9 %
Pourcentage maximal : 10 %

L'Iseran

Distance : 50 km
Dénivelé : 2028 mètres
Pourcentage moyen : 6 %
Pourcentage maximal : 10 %

l'Izoard

Distance : 31,7 km
Dénivelé : 1438 mètres
Pourcentage moyen : 4,5 %
Pourcentage maximal : 11 %

Pra-Loup

Distance : 9,5 km
Dénivelé : 930 mètres
Pourcentage moyen : 5,6 %
Pourcentage maximal : 10 %

Cime de la Bonette

Distance : 23,8 km
Dénivelé : 1582 mètres
Pourcentage moyen : 6,7 %
Pourcentage maximal : 12 %

Col d'Allos

Distance : 21 km
Dénivelé : 1117 mètres
Pourcentage moyen : 5,3 %
Pourcentage maximal : 9 %

Le Galibier

Distance : 34,8 km
Dénivelé : 2096 mètres
Pourcentage moyen : 7,4 %
Pourcentage maximal : 10 %

Le Ventoux

Distance : 21,5 km
Dénivelé : 1609 mètres
Pourcentage moyen : 7,6 %
Pourcentage maximal : 10,7 %

2 646 M

Le Galibier

Le géant des Alpes du Nord

Distance : **34,8 km** • Dénivelé : **2 096 mètres** • Pourcentage moyen : **7,4 %** • Pourcentage maximal : **10 %**

Cet ancestral chemin muletier a été rendu carrossable à partir de 1879 pour des raisons de stratégie militaire. La route relie la vallée de la Maurienne au Briançonnais en passant par les cols du Télégraphe et du Lautaret. Cette voie n'a été achevée qu'en 1911. Le 10 juillet de cette même année, le Galibier constituait alors le temps fort de l'étape Chamonix-Grenoble, longue de 366 kilomètres. Émile Georget a inscrit le premier son nom sur les tablettes du Tour en réalisant toute l'ascension sans mettre pied à terre. Depuis, les plus illustres champions et en particulier les grands grimpeurs (cinquante-trois passages) s'y mettent en valeur très fréquemment. Plusieurs mètres de neige obstruent le col une bonne partie de l'année. Même en plein été, les conditions peuvent rapidement devenir hivernales, comme lors du Tour 1996 où il avait été escamoté. C'est aujourd'hui un obstacle hors catégorie incontournable qui attire des milliers de cyclistes et de touristes. Il délimite en quelque sorte le passage des Alpes du Nord aux Alpes du Sud.

Long d'une trentaine de kilomètres, le versant nord est le plus célèbre et le plus difficile. Pour certains, il réclamera plus de trois heures et demie d'efforts depuis l'église de Saint-Michel-de-Maurienne (711 m). Étape sur la route de l'Italie et du tunnel du Fréjus, cette petite ville de 3 000 habitants, bâtie sur la rive droite de l'Arc, est spécialisée dans la fonderie de précision et la mécanique de frappe à froid. L'ascension du Galibier s'effectue en deux temps.

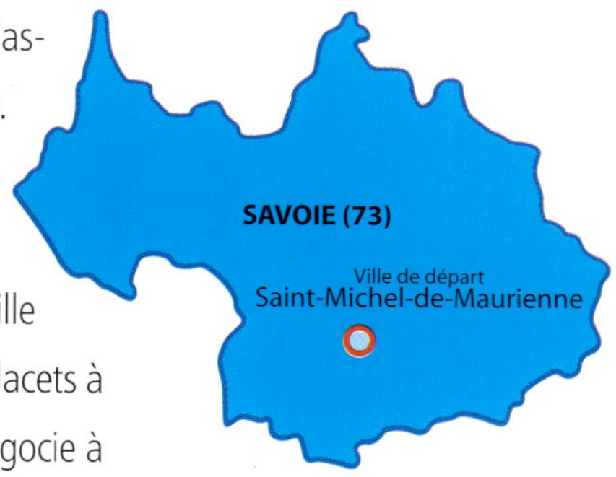

La première partie consiste à grimper les 12 kilomètres à 7,1 % du col du Télégraphe (1 566 m). La pente, forte mais régulière, oscille entre 6 et 8,5 % en s'élevant rapidement en lacets à travers la forêt. Le kilomètre le plus dur se négocie à 8,5 % au-dessus des chalets des Seignières. Le col se trouve en contrebas du fort du Télégraphe qui surveille la Maurienne. Détruit en 1944, un tunnel permettait autrefois de le franchir plus aisément. Une légère descente de 4,8 km rejoint ensuite sans difficulté la remarquable église baroque du bourg montagnard de Valloire (1 405 m). Cette importante station (1 300 habitants) s'articule autour de dix-sept hameaux et autant de chapelles s'étageant entre 1 400 et 1 800 mètres au pied des pistes de ski. Vous trouverez là tout ce qu'il faut pour vous ravitailler ou vous restaurer.

Vous attaquez alors le second tronçon, tout aussi difficile, soit 18 kilomètres à 6,9 %. D'emblée, la déclivité s'accentue jusqu'à 10 % pour rallier Les Verneys (1 558 m). Vous bénéficiez ensuite d'un

Long d'une trentaine de kilomètres, le versant nord est le plus célèbre et le plus difficile.

Franchissant une multitude de petits ponts, on subit d'importants pourcentages qui frisent les 12 %. Le profil s'infléchit avant de repartir de plus belle dans les éboulis et la rocaille.

la légende

Ocaña dynamite le Tour

En 1973, en l'absence d'Eddy Merckx (vainqueur des quatre Tours précédents), l'Espagnol Luis Ocaña (vingt-huit ans) tient sa revanche. Après deux dramatiques abandons successifs sur chute, il est motivé comme jamais. Le 9 juillet, après avoir déjà brillamment conquis le maillot jaune la veille sur les hauteurs du mont Salève, Ocaña veut faire parler la poudre lors de cette deuxième étape alpestre longue de 237,5 km et qui comprend quatre grands cols. Accompagné de Manuel Fuente, il attaque dès les premières pentes du Télégraphe. Le peloton explose littéralement et ne peut suivre ce rythme fou. Dans un grand jour, il porte l'estocade dans la rampe du Plan-Lachat du col du Galibier, puis poursuit son effort sur son vélo orange dans l'Izoard et la montée des Orres. Son compatriote Fuente ne prend aucun relais et subit la domination aérienne d'Ocaña, avant de céder sur crevaison. Thévenet, qui avait tout donné dans le Galibier, perd sept minutes. Zoetemelk et consorts, les principaux rivaux d'Ocaña, concèdent plus de vingt minutes. Ocaña construit ainsi la marche triomphale qui lui permettra de remporter très facilement le 22 juillet ce soixantième Tour de France avec plus d'un quart d'heure d'avance sur Thévenet et plus de dix-sept minutes sur Fuente. Une victoire éclatante avec le gain de six étapes qui reste gravée dans les mémoires. Durant sa carrière, Ocaña a glané neuf bouquets sur le Tour.

petit répit en remontant le cours du torrent l'ancien rampaillon à 14 % qui faisait grimacer plus d'un cycliste. Puis la route, assez linéaire et verdoyante, se redresse sérieusement. Seule l'approche du Plan-Lachat (1 985 m) est plus douce. Une joie de courte durée car, passant le mur symbolique des 2 000 mètres d'altitude, l'environnement devient sombre et désolé. Le tracé dessine en effet des courbes serrées pour franchir les barres rocheuses et atteindre les Granges du Galibier (2 556 m). Franchissant une multitude de petits ponts, on subit d'importants pourcentages qui frisent les 12 %. Le profil s'infléchit au niveau d'un petit lac avant de repartir de plus belle en décrivant sept lacets dans les éboulis et la rocaille où l'herbe est rare. Même en été, les plaques de neige sont abondantes sur les pentes. En vue du sommet, juste après un café, on aperçoit l'entrée de l'antique tunnel (long de 370 m) construit en 1891. Jusqu'en 1976, les coureurs l'empruntaient. Longtemps fermé, il a été réhabilité et réouvert en 2002. À circulation alternée, il est toutefois interdit aux vélos. Il vous reste donc alors à affronter une sévère borne à plus de 9 % sur cette rampe terminale édifiée en 1979.

Simple brèche dans la roche, le col marque, à 2 646 mètres d'altitude, la frontière entre le département de la Savoie et celui des Hautes-Alpes. Il se situe au pied du Grand-Galibier (3 229 m) et du pic des Trois-Évêchés (3 118 m). De la table d'orientation située quelques mètres au-dessus, un fantastique panorama dévoile au nord les aiguilles d'Arves et le mont Thabor (3 181 m), et au sud la Meije (3 983 m), la barre des Écrins (4 102 m), les Alpes italiennes et de nombreux glaciers.

Quant au versant méridional du Galibier, il se grimpe depuis Briançon (37 km) ou bien du Bourg-d'Oisans (48,1 km). Depuis le col du Lautaret (2 058 m), le final présente un enchaînement de 8,5 km d'épingles à 7 % (maximum 10 %). À proximité du tunnel, un monument en granite perpétue depuis 1949 la mémoire d'Henri Desgrange, le créateur du Tour de France en 1903. Un musée entièrement consacré à l'histoire du Galibier va bientôt ouvrir ses portes juste à côté.

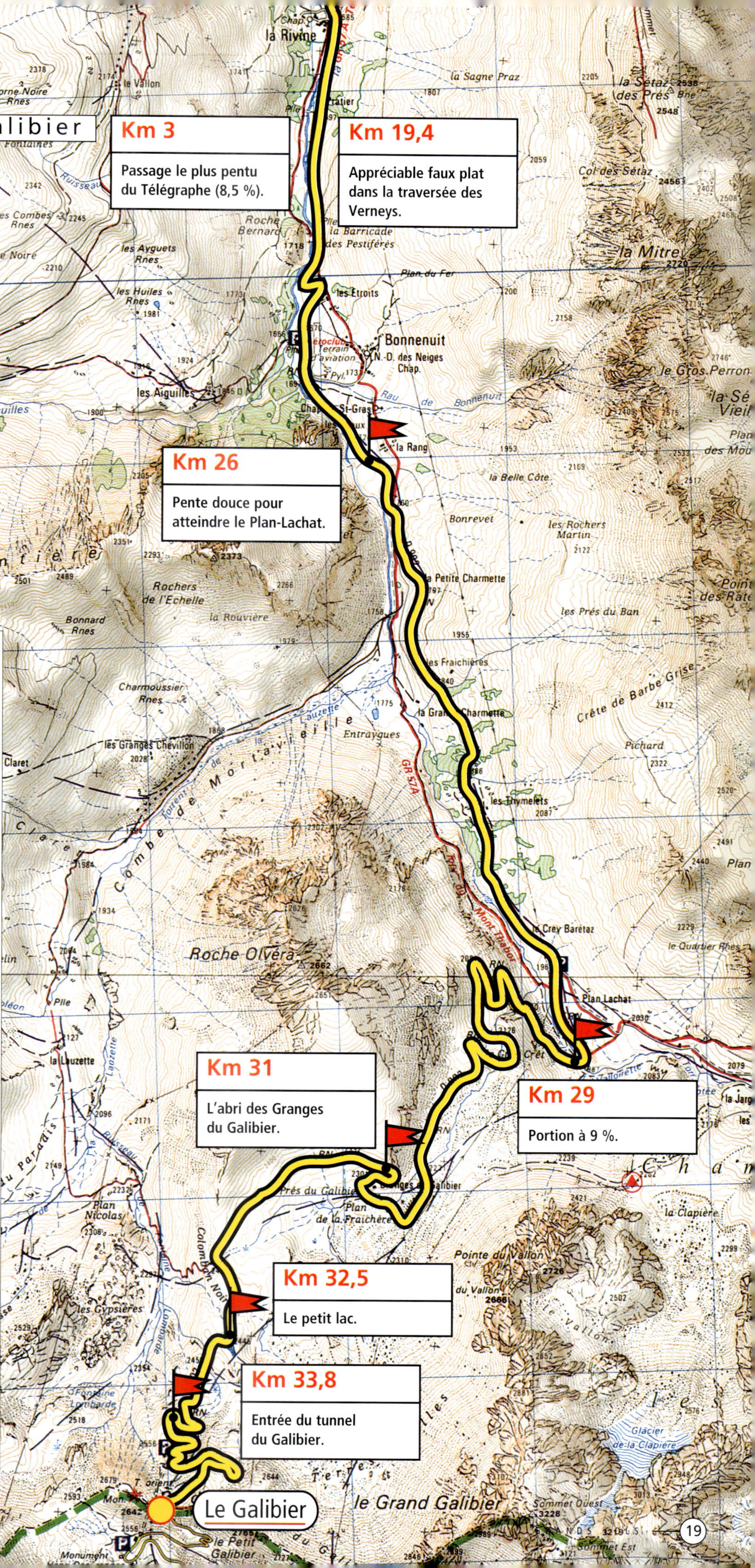

Les passages clefs du Galibier

Km 3
Passage le plus pentu du Télégraphe (8,5 %).

Km 19,4
Appréciable faux plat dans la traversée des Verneys.

Km 26
Pente douce pour atteindre le Plan-Lachat.

Km 29
Portion à 9 %.

Km 31
L'abri des Granges du Galibier.

Km 32,5
Le petit lac.

Km 33,8
Entrée du tunnel du Galibier.

Le profil

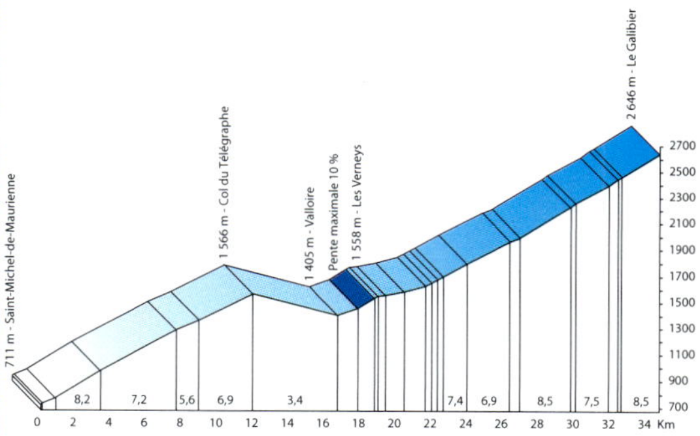

Pratique

- Département : Savoie (73).
- Ouverture : 30 mai au 15 octobre.
- **Carte : IGN n° 3435 ET.**
- Accès : par la N 6 ou l'A 43 (sortie n° 29), Saint-Michel-de-Maurienne (Savoie) se trouve à 12,5 km au sud-est de Saint-Jean-de-Maurienne et à 16,5 km à l'ouest de Modane. L'ascension démarre à Saint-Michel-de-Maurienne et emprunte la D 902 jusqu'au sommet.
- Train : gare SNCF à Saint-Michel-de Maurienne. Tél. : 04 79 59 23 72.
- Renseignements : office de tourisme de Saint-Michel-de-Maurienne. Mairie. 73140 Saint-Michel-de Maurienne. Tél. : 04 79 56 66 09. Internet www.saint-michel-de-maurienne.com
- Office de tourisme de Valloire. Rue des Grandes-Alpes. 73450 Valloire. Tél. : 04 79 59 03 96. Internet www.valloire.net

2 361 M

L'Izoard

Le seigneur du Queyras

Distance : **31,7 km** • Dénivelé : **1 438 mètres** • Pourcentage moyen : **4,5 %** • Pourcentage maximal : **11 %**

Entre Queyras et Briançonnais, cette route a été tracée par l'armée des Alpes de Napoléon, puis achevée en par les chasseurs alpins. Ce col légendaire met ainsi en communication les vallées du Guil et de la Cerveyrette. L'Izoard a été gravi trente et une fois par le Tour de France depuis 1922.

À quelques tours de roue de la vallée de la Durance et de la citadelle perchée de Mont-Dauphin, Guillestre (2 284 habitants) se trouve au débouché des routes menant aux stations de Vars et de Risoul. Elle est installée dans un superbe cirque de montagnes qui la protège de la pluie. L'entrelacs de ruelles et de placettes est dominé par l'église Notre-Dame d'Aquilon (XVIe siècle). Les carrières de marbre rose de Guillestre ont servi à la construction de la plupart des édifices et des monuments de la région. Les coteaux du Guillestrois possèdent en outre les plus hautes vignes d'Europe. Ce versant méridional de l'Izoard est le plus spectaculaire. Depuis le cœur du village (1 000 m), la route s'élève d'abord sur le plateau de La Chalp constitué de vergers et de cultures irrigués par des canaux datant du Moyen Âge. La table d'orientation de Pied-la-Viste (1 090 m) embrasse tout le secteur. Vous êtes désormais sur le territoire du Parc naturel du Queyras qui s'étend sur 65 000 hectares. Une descente de 3 kilomètres plonge ensuite dans les gorges encaissées du Guil en traversant quatre tunnels. Cet impétueux torrent prend sa naissance au pied du sommet italien du mont Viso (3 841 m). Défilés et falaises se succèdent jusqu'au barrage turquoise de Maison-du-Roy (1 057 m). Louis XIII se serait arrêté en 1629 dans l'auberge lors d'une visite en Italie. Toujours au fil du Guil, l'échauffement se poursuit pendant 9 kilomètres sur un faux plat montant autour de 2,5 %. Peu après être passé au pied de la chapelle de Montbardon, le profil se relève à 5,5 % en contournant le petit oratoire du col de l'Ange-Gardien (1 347 m).

Au carrefour suivant (1 355 m), vous abandonnez la route de Château-Queyras pour obliquer à gauche et attaquer une seconde partie beaucoup plus agressive. Le sommet se trouve encore à 14,5 km. En surplombant d'anciens moulins, le pourcentage augmente graduellement, atteignant 8 % en vue du hameau du Pasquier (1 500 m). Vous bénéficiez ensuite d'une plage de récupération entre 4 et 6 % jusqu'à l'entrée de la petite station de ski de La Chalp. Dans ce val d'Azur, on remarque de nombreux cadrans solaires colorés parmi les quatre cent

L'Izoard a été gravi trente et une fois par le Tour de France depuis 1922.

Ce calvaire de 5 kilomètres avec des pointes à 11 % qui s'achève au col de la Plâtrière sur le rebord de la fameuse Casse-Déserte.

treize qui sont sauvegardés dans le département des Hautes-Alpes. À Arvieux (1 570 m), il ne reste plus qu'un seul artisan qui perpétue le savoir-faire du façonnage des jouets en bois en pin. La fromagerie locale produit des spécialités vraiment typiques comme le gruyère fontu, le bleu du Queyras, la tomme de l'Izoard, ou encore le cembro affiné dans un copeau de pin. De quoi reprendre des forces, car la pente est de nouveau de plus en plus forte. Admirez un peu plus loin les maisons typiques de Brunissard. Au pied du campanile en bois de l'église, elles superposent de trois à cinq niveaux d'arcades.

C'est à la sortie du village (1 830 m) que les choses se corsent. La route s'envole à plus de 10 % dans une série de dix lacets qui s'enfonce dans la pénombre du bois Noir, ce calvaire de 5 kilomètres avec des pointes à 11 % qui s'achève au col de la Plâtrière (2 220 m) sur le rebord de la fameuse Casse-Déserte. Dans cet incroyable univers désolé composé d'éboulis et de profonds ravins où ne poussent que quelques rares sapins faméliques, se dressent d'étranges pitons rocheux, les cargneules. Vous y plongez d'ailleurs sur quelques hectomètres avant de reprendre de l'élan. Deux stèles jumelles célèbrent la mémoire de Fausto Coppi et de Louison Bobet, souvent héros de ce col mythique dans les années 1950. La fin est proche, mais il faut encore se dresser sur les pédales pour s'affranchir des deux derniers kilomètres à 10 %.
L'Izoard (2 361 m) est matérialisé par un obélisque en pierre à la gloire des militaires qui ont construit la route. Un chalet y abrite un petit musée consacré au vélo et au Tour de France. Au pied des crêtes de Costebelle, savourez le vaste panorama qui découvre les principaux sommets du Queyras et du Briançonnais, comme le Grand Pic de Rochebrune (3 325 m), le pic de Beauduis (2 843 m) ou le Grand-Peygu (2 827 m). De cette porte nord du Parc du Queyras, on aperçoit quelques virages plus bas le refuge Napoléon (2 290 m). C'est l'un des huit refuges que Napoléon III a fait construire en souvenir de l'accueil chaleureux reçu par son glorieux aïeul lors de sa remontée de Golfe-Juan. Dans le lointain, la barre des Écrins (4 102 m) souligne de blanc les vertes étendues boisées du versant de Briançon. Plus court (20,5 km) et moins aride, celui-ci comporte une pente de 5,7 % (maximum 9 %).

la légende

Le col mythique de Bobet

Le 22 juillet 1953, l'expérience aidant, Louison Bobet (vingt-huit ans) espère pour sa sixième participation remporter ce quarantième Tour de France. Le Breton attaque dans l'Izoard sous le regard de Fausto Coppi venu en spectateur dans la Casse-Déserte. Offrant un véritable récital sur un revêtement assez rustique, il distance tout le monde dans le final le plus difficile. Il gagne l'étape en solitaire à Briançon avec près de 5'30" d'avance sur le Hollandais Jan Nolten et plus de six minutes sur le grimpeur Espagnol Jésus Lorono, ce qui lui permet alors de s'emparer du maillot jaune avec plus de 8'30" d'avance sur Jean Malléjac qui était encore le leader le matin même. Ce coup d'éclat annonce le succès du premier de ses trois tours. Il passera également trois fois en tête de l'Izoard. Souvent performant en montagne, Bobet a remporté le maillot de meilleur grimpeur en 1950. Sur ses onze victoires d'étape, six ont été acquises au plus haut des cimes. Le Tour d'Italie rend aussi régulièrement visite au col d'Izoard comme en l'an 2000.

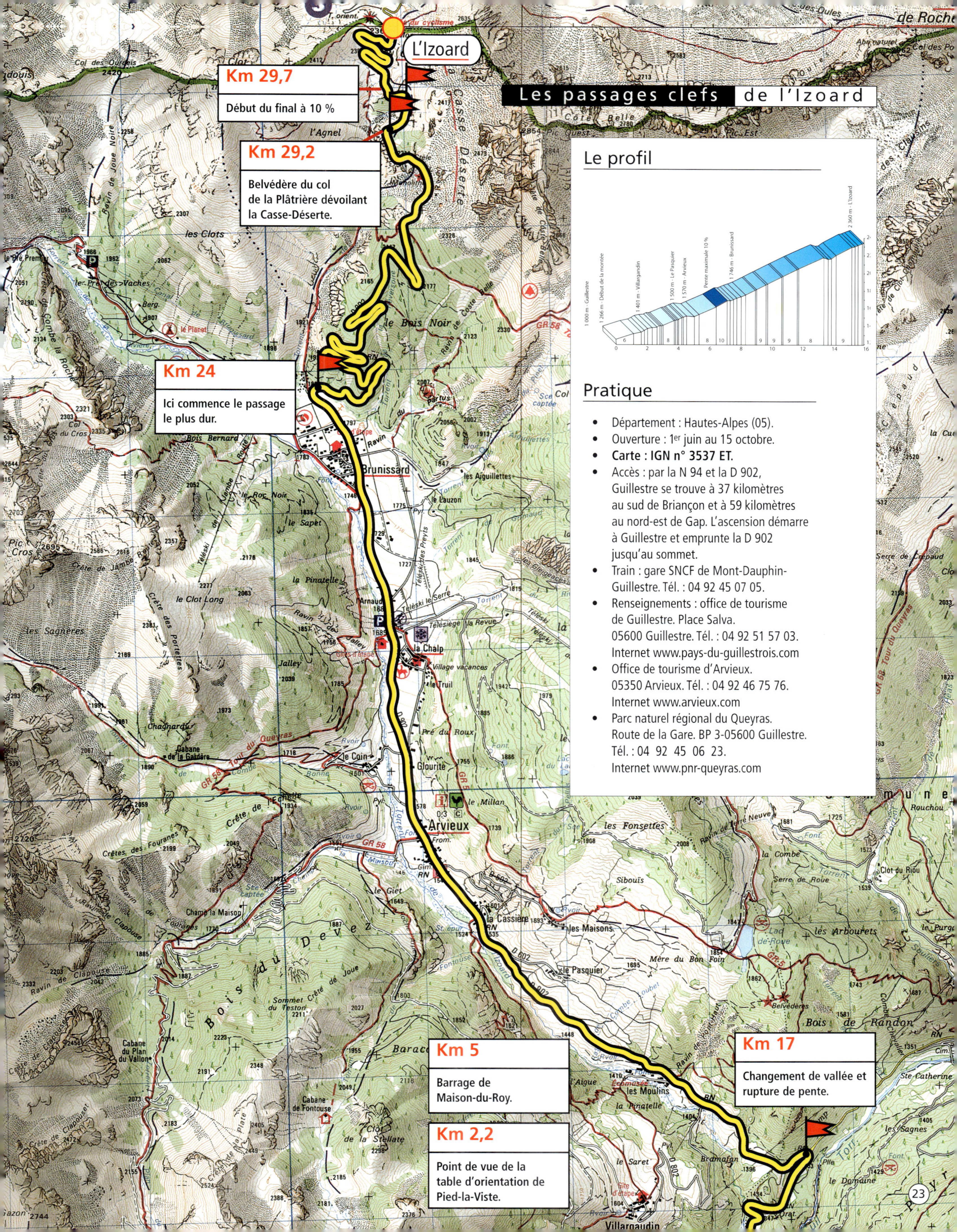

Les passages clefs de l'Izoard

Le profil

1 000 m - Guillestre
1 266 m - Début de la montée
1 401 m - Villargandin
1 500 m - Le Pasquier
1 570 m - Arvieux
Pente maximale 10 %
1 746 m - Brunissard
2 360 m - L'Izoard

Pratique

- Département : Hautes-Alpes (05).
- Ouverture : 1er juin au 15 octobre.
- **Carte : IGN n° 3537 ET.**
- Accès : par la N 94 et la D 902, Guillestre se trouve à 37 kilomètres au sud de Briançon et à 59 kilomètres au nord-est de Gap. L'ascension démarre à Guillestre et emprunte la D 902 jusqu'au sommet.
- Train : gare SNCF de Mont-Dauphin-Guillestre. Tél. : 04 92 45 07 05.
- Renseignements : office de tourisme de Guillestre. Place Salva. 05600 Guillestre. Tél. : 04 92 51 57 03. Internet www.pays-du-guillestrois.com
- Office de tourisme d'Arvieux. 05350 Arvieux. Tél. : 04 92 46 75 76. Internet www.arvieux.com
- Parc naturel régional du Queyras. Route de la Gare. BP 3-05600 Guillestre. Tél. : 04 92 45 06 23. Internet www.pnr-queyras.com

1 850 M

L'Alpe-d'Huez

Puissance vingt et un

Distance : **13,8 km** • Dénivelé : **1 090 mètres** • Pourcentage moyen : **7,9 %** • Pourcentage maximal : **13 %**

Une foule considérable se presse à chaque fois que la terrible montée est au programme. Depuis 1952 et la victoire de Fausto Coppi dans la première arrivée du Tour de France en altitude, elle a ainsi été gravie vingt-quatre fois. Cette difficile ascension possède la caractéristique d'avoir ses vingt et un lacets numérotés de façon décroissante. En équilibre au-dessus du vide, la route est particulièrement spectaculaire avec des virages taillés dans la roche. Sa construction s'est déroulée en plusieurs étapes de 1905 à 1926, avec des améliorations en 1968. Le revêtement parfait a été refait récemment.

Au bout d'une grande ligne droite, Le Bourg-d'Oisans (720 m) ferme la plaine agricole de la Romanche. De nombreux hôtels et commerces accueillent les centaines d'apprentis grimpeurs dans ce camp de base stratégique qui sert de porte d'entrée aux stations de ski de l'Oisans. Un musée des Minéraux et de la Faune des Alpes évoque l'époque encore récente où l'on trouvait de l'or dans les environs. Comme dans beaucoup de lieux touristiques, le trafic automobile peut être assez intense. Choisissez donc vos horaires en conséquence. D'autre part, même si l'accès est ouvert toute l'année, il vaut mieux éviter la période hivernale. Vous ne serez jamais seul car des cyclistes affluent du monde entier pour se confronter à la légende, avec une majorité de Hollandais. Depuis les huit succès de leurs compatriotes, les Bataves ont même investi dans de nombreuses auberges.

Après avoir franchi la Romanche, vous délaissez la nationale qui file à droite vers le col du Lautaret. Juste après un petit pont et la cascade de Sarenne, il faut mettre tout à gauche. Car, d'emblée, c'est un mur à plus de 10,5 % qui se dresse pendant plus de 2 kilomètres pour atteindre l'église du hameau de La Garde (988 m) dans le virage n° 16. Seuls ces tournants un peu moins pentus permettent de souffler quelques fractions de seconde. Vous surplombez rapidement le canyon de la Sarenne. Au-dessus des maisons du Ribot, entre les virages n° 11 et n° 10, il y a un très léger fléchissement à 7,5 %, mais lui succède immédiatement un long passage à 9,5 %.

D'emblée, c'est un mur à plus de 10,5 % qui se dresse devant vous.

La terrasse de l'église Saint-Ferréol (1 390 m) offre plus haut un joli belvédère sur les combes boisées. Désormais sans la moindre ombre, l'ascension se poursuit sur une route assez large. Juste avant les

Vous ne serez jamais seul car des cyclistes affluent du monde entier, avec une majorité de Hollandais. Les Bataves ont même investi dans de nombreuses auberges.

chalets d'Huez, vous profitez d'un répit à 6,5 %. Mais ensuite, à partir du virage n° 4, une borne rectiligne à 11,5 % casse le rythme et surtout le moral. Le village traditionnel d'Huez (1 495 m) remonte à l'époque romaine mais s'est surtout développé au Moyen Âge. À l'embranchement (1 595 m), prendre à gauche la voie classique de l'escalade. Passé le virage n° 1 (1 713 m), les premiers immeubles de l'Alpe-d'Huez apparaissent, et le profil s'abaisse enfin. Les deux derniers kilomètres se négocient en effet autour de 5 %. Après quelques zigzags dans la station, l'arrivée classique se situe avenue du Rif-Nel devant l'hôtel *Chaix*. Pour les amateurs de chiffes, en 1997, Marco Pantani a établi un record de la montée en 37'35" (soit une moyenne de plus de 24 km/h !).

Lancée en 1936, l'Alpe-d'Huez (1 850 m) est installée sur un plateau exposé plein sud qui servait jadis d'estive aux troupeaux. Son développement a été rapide puisqu'on y dénombre aujourd'hui 1 700 habitants et 32 000 lits. Le domaine skiable s'étend sur 10 000 hectares (238 km de pistes) dans le massif des Grandes-Rousses dominé par le pic de l'Étendard (3 468 m) avec des connexions vers les vallées voisines. Le musée d'Huez et de l'Oisans explique les traditions locales et présente le résultat des fouilles des mines médiévales de Brandes. Au pied du pic du Lac-Blanc (3 300 m), savourez les vues sur les massifs de la Meije et des Écrins. À l'est de la station en allant vers l'altiport, la route se prolonge sur 8,5 km vers le sauvage col de Sarenne (1 999 m), tandis qu'au nord une autre voie vous entraîne pendant 4,5 km vers le col de Poutran (1 996 m) et le superbe lac Besson (2 080 m). Pour parvenir à l'Alpe-d'Huez, il existe aussi d'autres variantes aussi pentues par Villard-Reculas (21 km), ou l'autre versant du col de Sarenne (24,5 km).

la légende

Kuiper et les Orange

En 1976, Joop Zoetemelk inaugure une longue série de huit victoires hollandaises, où se sont illustrés aussi Peter Winnen, Steven Rooks et Gert-Jan Theunisse. En juillet 1977, Hennie Kuiper marque également un grand coup dans l'Alpe. Dans cette dix-septième étape qui s'est élancée de Chamonix, avec franchissement de la Madeleine et du Glandon, le chef de file de la puissante Ti-Raleigh profite de la bagarre entre Thévenet et Van Impe. Kuiper dépasse le Belge victime d'une chute et distance de quarante et une secondes le Français malgré un forcing final. Van Impe perd là plus de deux minutes. Au classement général, le Hollandais « volant » se retrouve alors à seulement huit secondes du maillot jaune de Bernard Thévenet. Cet exploit permettra à Hennie Kuiper de monter quelques jours plus tard sur la deuxième marche du podium du Tour de France à quarante-huit secondes de Thévenet. En 1978, il est encore déclaré vainqueur de l'Alpe-d'Huez à la suite de l'exclusion du leader du Tour Michel Pollentier. Mais cette montée mythique a été le théâtre de nombreux autres exploits ou événements insolites, comme l'arrivée main dans la main d'Hinault et de LeMond en 1986, ou bien encore celle de Guiseppe Guerini peu après avoir été percuté par un photographe amateur en 1999. Et, à part Bernard Hinault, aucun Français n'a encore réussi à dompter l'Alpe-d'Huez. Mais l'histoire retient que pas moins de huit nationalités différentes se partagent les lauriers de la victoire.

Les passages clefs de l'Alpe-d'Huez

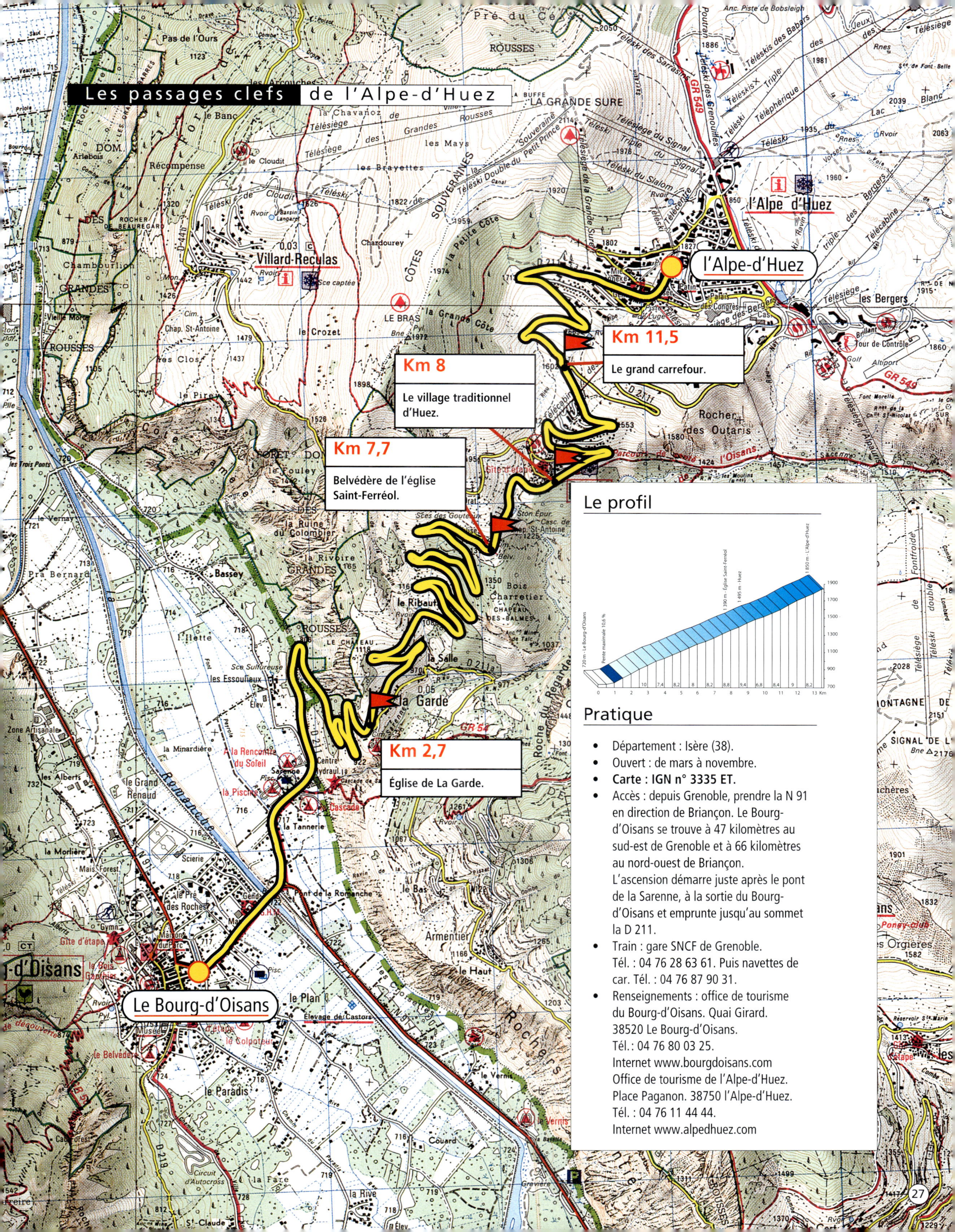

Pratique

- Département : Isère (38).
- Ouvert : de mars à novembre.
- **Carte : IGN n° 3335 ET.**
- Accès : depuis Grenoble, prendre la N 91 en direction de Briançon. Le Bourg-d'Oisans se trouve à 47 kilomètres au sud-est de Grenoble et à 66 kilomètres au nord-ouest de Briançon.
  L'ascension démarre juste après le pont de la Sarenne, à la sortie du Bourg-d'Oisans et emprunte jusqu'au sommet la D 211.
- Train : gare SNCF de Grenoble.
  Tél. : 04 76 28 63 61. Puis navettes de car. Tél. : 04 76 87 90 31.
- Renseignements : office de tourisme du Bourg-d'Oisans. Quai Girard. 38520 Le Bourg-d'Oisans.
  Tél. : 04 76 80 03 25.
  Internet www.bourgdoisans.com
  Office de tourisme de l'Alpe-d'Huez. Place Paganon. 38750 l'Alpe-d'Huez.
  Tél. : 04 76 11 44 44.
  Internet www.alpedhuez.com

1909 M

Le Ventoux

Le géant de Provence

Distance : **21,5 km** • Dénivelé : **1609 mètres** • Pourcentage moyen : **7,6 %** • Pourcentage maximal : **10,7 %**

Perdue dans la plaine provençale du Comtat Venaissin, cette étrange montagne sert régulièrement de décor grandiose à la dramatique estivale. Elle constitue une sentinelle avancée du massif des Alpes, visible à une centaine de kilomètres à la ronde. S'étendant sur 25 kilomètres de long et sur 8 de large, cette masse très imposante suscite de l'intérêt depuis l'époque romaine, puisque le philosophe Sénèque rapporte qu'il y avait un temple au sommet. Souvent balayé par un violent mistral, le Ventoux est une escalade particulièrement redoutée. La route a été construite en 1882 pour desservir l'observatoire météorologique. Dès la fin du XIXe siècle, il a été vaincu à vélo par Adolphe Benoît, le directeur de la Provence Sportive. Très rapidement, le mont Ventoux est devenu le juge de paix des plus grandes courses. Le Tour l'a ainsi choisi treize fois depuis 1951, dont sept comme magistrale arrivée en altitude. Une multitude de manifestations sportives prennent le Ventoux pour cadre emblématique, et un ballet incessant de cyclistes se frotte à l'obstacle. Mais, pour dompter le mont Chauve, il faut rester humble. Même les plus grands champions le craignent, et beaucoup s'y sont cassé les dents. Au départ de Bédoin (300 m), le versant sud est le plus difficile. Dominant un océan de vignes et de vergers s'étagent les jolies maisons ocre du village (2657 habitants). Dans un premier temps, vous serpentez agréablement dans les collines, à environ 5 %, accompagné par le chant des cigales. Mais à la sortie de Saint-Estève (560 m), traversé par un virage très serré, voilà la pente qui se dresse de façon abrupte en remontant la combe Roland. Seule consolation, le bitume a été entièrement rénové en 2004. Vous êtes sous les épaisses frondaisons de la plus vaste cédraie d'Europe (6 300 ha), reboisée à l'époque de Napoléon III. Sapins, mélèzes, chênes verts et pins noirs complètent cet harmonieux ensemble. L'exceptionnelle richesse de la faune et de la flore est protégée grâce à une zone de biosphère. Jusqu'à la station de ski du Chalet-Reynard (1 417 m), distant de 7,2 km, le pourcentage ne descend jamais en dessous de 9 % et atteint même 10,7 %. Ce célèbre Chalet-Reynard a été construit en 1927 pour accueillir les skieurs et les randonneurs qui se pressaient déjà nombreux depuis le début des années 1920. La forêt disparaît, et vous débouchez en pleine lumière dans

La route a été construite en 1882 pour desservir l'observatoire météorologique.

Dans ce paysage lunaire s'observent les plus sérieuses défaillances. Une stèle à moins de 2 kilomètres du sommet rappelle le terrible décès de Tom Simpson le 13 juillet 1967.

un désert de rocailles et de caillasses surchauffées par le soleil, avec un court répit à 6 %. Un environnement rude qui fait le bonheur des saxifrages, des fleurs d'origine arctique.

Obliquant vers l'ouest, les cinq derniers kilomètres sont tout aussi pénibles, avec en plus la menace du vent ravageur. La route décrit d'interminables lacets, rythmés par des piquets noir et jaune. C'est dans ce paysage lunaire que s'observent les plus sérieuses défaillances. Une stèle à moins de 2 kilomètres du sommet rappelle d'ailleurs le terrible décès de Tom Simpson, le 13 juillet 1967. Beaucoup de cyclistes y déposent un souvenir : pneu, bidon, maillot, casquette… À l'approche du bien nommé col des Tempêtes (1829 m), le relief s'accentue encore un peu plus, pour un final à plus de 9 % de moyenne. De cette dernière crête, on aperçoit, en contrebas, le village perché de Brantes et la vallée du Toulourenc. Des radars, un observatoire et une grande tour rouge et blanc coiffent le Ventoux (1912 m). Le chalet Vendran, la chapelle Sainte-Croix et quelques vendeurs de souvenirs animent le site. Le somptueux panorama circulaire permet d'admirer longuement les Alpilles, les Cévennes, le Pelvoux, le Luberon, le Vercors, la vallée du Rhône, Marseille et l'étang de Berre, et même, par temps clair, le Canigou, dans les Pyrénées.

La station météorologique enregistre, depuis 1888, des records, avec notamment des rafales à 320 km/h, et l'hiver, la température peut descendre jusqu'à moins 30 °C ! L'amplitude thermique peut être supérieure à 20 °C durant votre ascension. Le temps étant particulièrement imprévisible sur ce géant de Provence, il convient de se renseigner avant toute tentative. Surtout que le mistral y souffle cent trente jours par an. Certains amoureux de calme et de beauté gravissent même le Ventoux de nuit, pour assister au superbe spectacle du lever du soleil.

Un poil moins ardu, le versant nord présente, depuis Malaucène (365 m), 21 kilomètres à 7,5 % (maximum 10,5 %). Il existe, enfin, une troisième voie qui s'élance depuis Sault (765 m), en rejoignant Le Chalet-Reynard, soit 26 kilomètres à 4,7 % (maximum 9,5 %).

la légende

Un voltigeur nommé Bernard

De Lucien Lazarides à Richard Virenque, en passant par Robic, Bobet, Gaul, Poulidor, Merckx, Thévenet ou encore Pantani, tous les plus grands ont brillé sur les pentes du Ventoux. Mais un exploit fantastique reste gravé dans les mémoires. Le 19 juillet 1987, après une journée de repos, un sacré contre-la-montre de 36,5 km est proposé entre Carpentras et le mont Ventoux. Présenté comme le successeur de Bernard Hinault, Jean-François Bernard (vingt-cinq ans) a déjà démontré son talent dans les Pyrénées. Il creuse déjà de gros écarts sur la partie plate sur un vélo profilé. Au dix-huitième kilomètre, le Nivernais change de machine pour attaquer la montée côté Bédoin. Enroulant un 39 x 19, son avance augmente encore sur tous ses rivaux, comme Roche, Delgado, Mottet et Herrera. C'est un véritable festival, malgré l'armada des grimpeurs colombiens qui place quatre hommes dans les dix premiers. À l'arrivée, Herrera concède 1'11" et Delgado, 1'51". Jean-François Bernard endosse alors un maillot jaune bien mérité, avant de le perdre dès le lendemain. Sur les Champs-Élysées, il se classera tout de même troisième du Tour de France. Par la suite, chez Banesto, Jeff sera l'équipier apprécié de Miguel Indurain. Notamment dans les étapes de montagne, où sa mission était d'imprimer un train d'enfer dès le pied des grands cols.

Les passages clefs du Ventoux

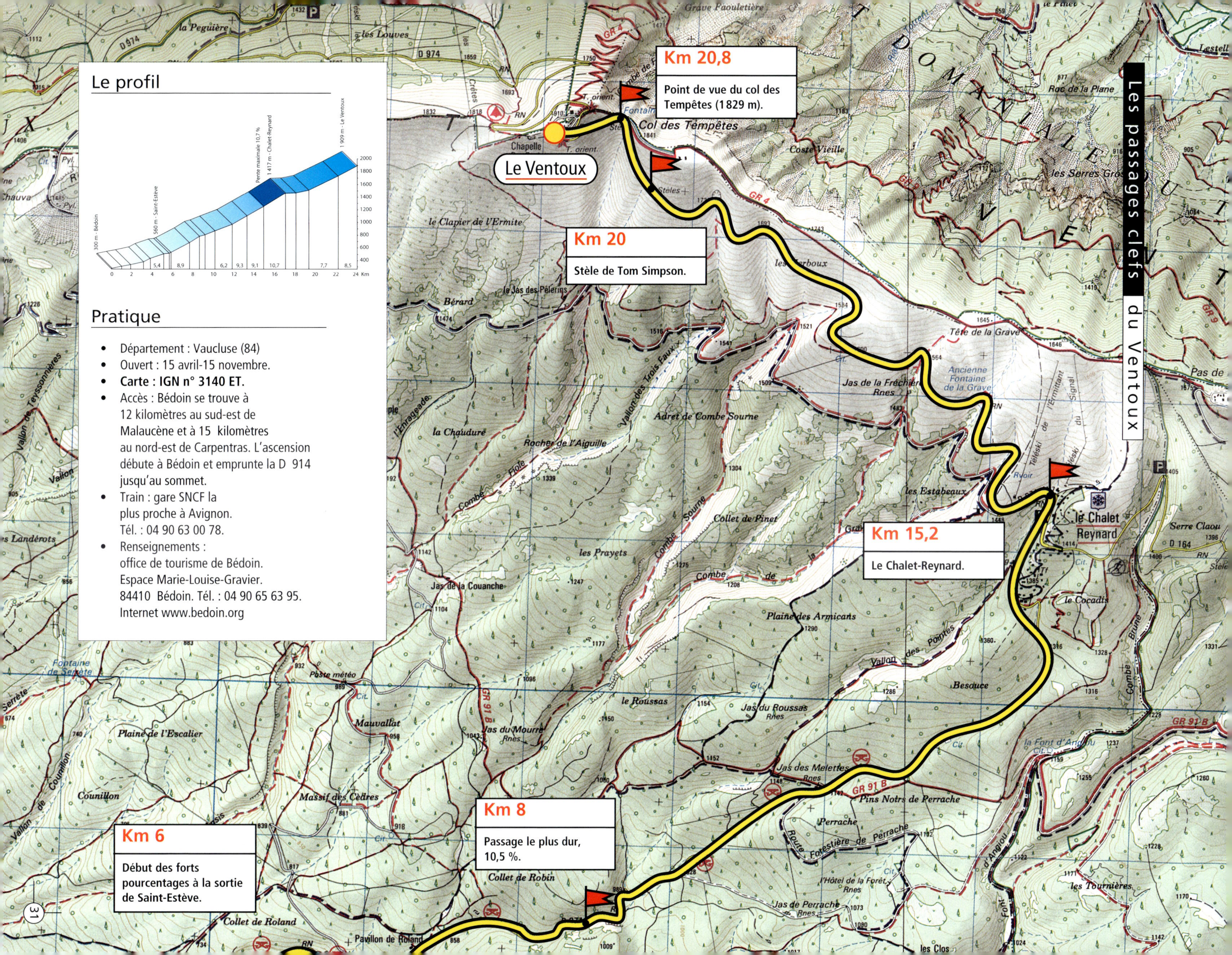

Km 20,8
Point de vue du col des Tempêtes (1829 m).

Km 20
Stèle de Tom Simpson.

Km 15,2
Le Chalet-Reynard.

Km 8
Passage le plus dur, 10,5 %.

Km 6
Début des forts pourcentages à la sortie de Saint-Estève.

Le profil

Pratique

- Département : Vaucluse (84)
- Ouvert : 15 avril-15 novembre.
- **Carte : IGN n° 3140 ET.**
- Accès : Bédoin se trouve à 12 kilomètres au sud-est de Malaucène et à 15 kilomètres au nord-est de Carpentras. L'ascension débute à Bédoin et emprunte la D 914 jusqu'au sommet.
- Train : gare SNCF la plus proche à Avignon. Tél. : 04 90 63 00 78.
- Renseignements : office de tourisme de Bédoin. Espace Marie-Louise-Gravier. 84410 Bédoin. Tél. : 04 90 65 63 95. Internet www.bedoin.org

2802 M

Cime de la Bonette

Le toit du Tour

Distance : **23,8 km** • Dénivelé : **1582 mètres** • Pourcentage moyen : **6,7 %** • Pourcentage maximal : **12 %**

Ce colosse relie la vallée de l'Ubaye à celle de la Tinée. Sur le chemin de Briançon à Nice, cette route carrossable a été classée impériale, le 18 août 1860, par Napoléon III. Après la sierra Nevada espagnole, qui dépasse 3 100 mètres d'altitude, il s'agit de la deuxième plus haute route d'Europe. Comme la ville voisine de Barcelonnette, Jausiers (1 213 m) possède quelques demeures mexicaines, témoignages des villageois qui ont fait fortune en Amérique en 1821. Longtemps spécialisé dans l'industrie de la soie, Jausiers (un millier d'habitants) est aujourd'hui une station verte de vacances qui se trouve à proximité de cinq stations de ski familiales. Quittant l'église baroque, c'est par L'Ubac que vous abordez cette très longue montée, gravie seulement trois fois par le Tour, dans les années 1960 et en 1993. Jamais la Grande Boucle ne s'était aventurée aussi haut. Même si le dénivelé apparaît comme très important, de nombreux paliers permettent de compenser la dette d'oxygène de ce sacré challenge. Modelé avant tout pour les véhicules, le profil n'est pas insurmontable.

Après avoir franchi l'Ubaye, jetez un petit coup d'œil au château romantique des Magnans et au plan d'eau de loisirs (2 ha) en contrebas. Vous attaquez ensuite l'ascension par le vallon de l'Abriès. Après 700 mètres de faux plat, le pourcentage forcit jusqu'à 7 %, pour atteindre, par de petits lacets, le hameau de Lans. La route s'élève en ondulant au milieu des alpages verdoyants irrigués par une multitude de petits torrents. L'été, après une longue transhumance, les troupeaux profitent des herbages autour des chalets de la Chalannette, tandis que les paysans ramassent le foin. Peu à peu, l'habitat typique devient clairsemé. La pente culmine ici à 8,5 %, avant de s'abaisser à 6,5 % pour emprunter les virolets de la combe des Eissoudas qui dominent le cours de la Clapouse.

De nombreuses cascades, comme celle du Pis, agrémentent le paysage. Alors que la végétation a disparu, la Cabane-Noire (2 150 m) marque le secteur le plus dur (12 %) dans cette zone où l'eau suinte et ruisselle d'un peu partout. Les escarpements rocheux de la tête de l'Empeloutier (2 820 m) surplombent la chaussée.

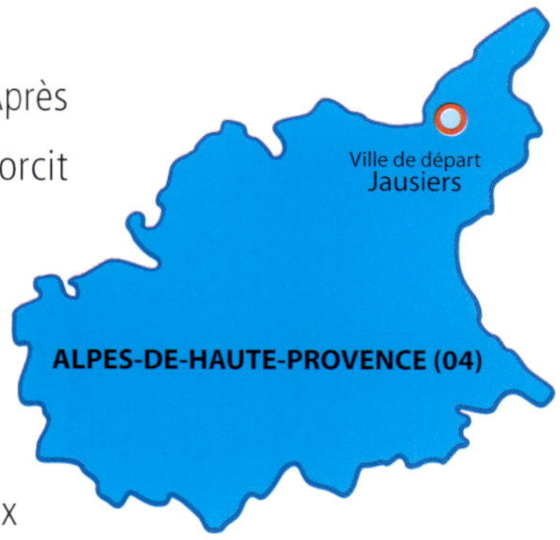

De nombreux paliers permettent de compenser la dette d'oxygène de ce sacré challenge.

La route se faufile dans un univers désolé de rocailles d'où surgissent quelques casemates abandonnées. Ce verrou glaciaire se négocie à près de 8 %.

la légende

Bahamontes, la preuve par six

En 1964, à trente-six ans, « l'Aigle de Tolède » est le premier coureur à s'adjuger six fois le maillot à pois. Cet excellent grimpeur à la chevelure bouclée domine ainsi les pentes depuis une dizaine d'années. Déjà vainqueur, la veille, de la difficile étape de Briançon, Federico Bahamontes résiste à son plus sérieux rival, Julio Jimenez, dans le col de Vars. Puis il fait parler son talent et consolide son paletot en basculant détaché au sommet de la cime de la Bonette, comme en 1962. Dans son style caractéristique, avec les épaules qui accompagnent chaque coup de pédale, il n'économise pas son énergie. Profitant souvent du duel acharné que se livrent Anquetil et Poulidor, il parvient même à prendre la troisième marche du podium du Tour 1964. Au cours de ses douze années de carrière au plus haut niveau, il a franchi en tête la plupart des grands cols, soit près d'une cinquantaine de passages, et ce dans tous les massifs. Ses sept victoires d'étape ont toutes eu pour cadre la montagne. Vainqueur du Tour en 1959 et deux fois sur le podium, le « Picador » a aussi remporté la tunique de meilleur grimpeur sur le Giro, la Vuelta et le Tour de Suisse. Quelques années plus tard, seul Lucien Van Impe égalera cette performance de six maillots à pois, avant l'arrivée de Richard Virenque, qui portera le record à sept.

Un petit répit à 5 % intervient pour longer les pelouses du petit lac des Essaupres (2322 m). De plus en plus tourmentée, la route se faufile dans un univers désolé de rocailles d'où surgissent quelques casemates abandonnées, vestiges des derniers conflits. Ce verrou glaciaire se négocie à près de 8 %. Le profil s'adoucit ensuite, pour passer à proximité du col de Restefond (2656 m). Vous entrez dans l'immense Parc national du Mercantour, qui s'étend sur 136500 hectares et se prolonge par un espace préservé similaire côté italien. C'est le signe que le sommet est proche. Moins de 2 bornes à 3 % vous séparent du col de la Bonette (2715 m), marqué par la minuscule chapelle Notre-Dame-du-Très-Haut. Il délimite, à l'aplomb de vertigineux ravins, la frontière avec le département des Alpes-Maritimes.

Mais il serait dommage d'en rester là. Rassemblez vos forces pour un ultime effort. Taillée par les ingénieurs de l'Équipement entre 1960 et 1961, une boucle complète permet en effet d'accéder, en 1200 mètres à 7 3 %, au plus haut point routier de France (2802 m). On peut se hisser à pied au sommet de la pyramide grise (2860 m) pour profiter, depuis la table d'orientation, d'un magnifique panorama portant jusqu'à la Méditerranée. Du Queyras au Pelvoux, en passant par le Haut-Verdon, les Préalpes, le Monte Viso ou encore le massif de l'Argentera, c'est un véritable enchantement, avec des centaines de cimes à perte de vue. Une plaque fixée sur un rocher y raconte l'histoire de la Bonette. À une telle altitude, la neige est omniprésente plus de huit mois sur douze. Depuis le clocher lombard de Saint-Étienne-de-Tinée, le versant azuréen tournicote sur 25,8 km, avec 6,6 % de pente moyenne (maximum 8 %), avec un niveau de difficulté assez semblable à votre escalade.

Les passages clefs de la Cime de la Bonette

Km 9
Cabane du Rochas, secteur à 8,5 %.

Km 10,5
Cascade du Pis.

Km 13, 8
Passage le plus dur à la Cabane-Noire (12 %).

Km 16,3
Lac des Essaupres.

Km 20
Palier de la caserne de Restefond.

Km 22,6
Col de la Bonette.

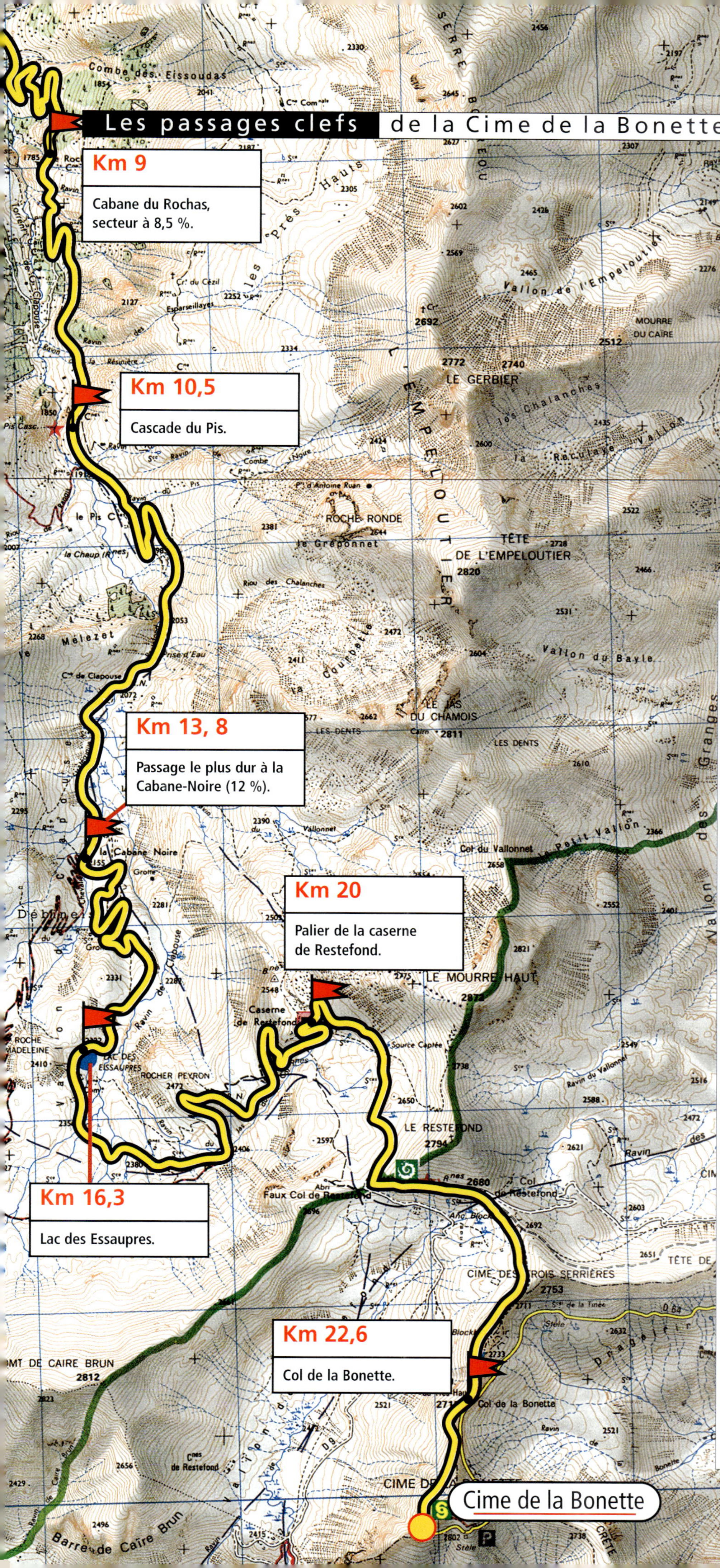

Le profil

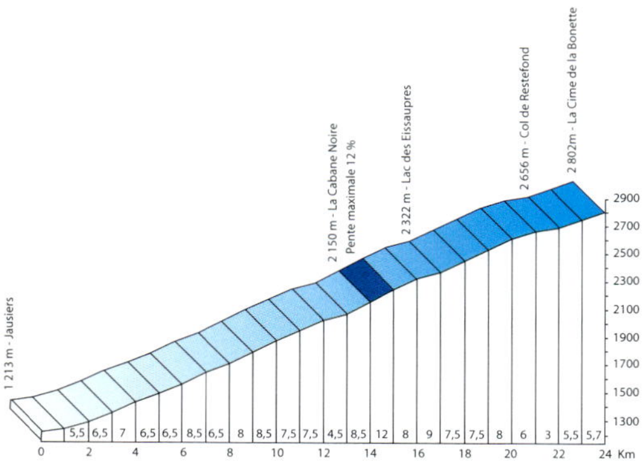

Pratique

- Départements : Alpes-de-Haute-Provence (04) et Alpes-Maritimes (06).
- Ouverture : juillet à octobre.
- **Cartes : IGN n° 3538 ET et n° 3639 OT.**
- Accès : depuis Gap, prendre la N 85, la D 900 B, puis la D 900 jusqu'à Jausiers, qui se trouve à 9 kilomètres au nord-est de Barcelonnette et à 24 kilomètres au sud-ouest de la frontière italienne (col de Larche). L'ascension emprunte une voie communale jusqu'au sommet.
- Train : gare SNCF de Gap, puis car. Tél. : 04 92 40 93 00.
- Renseignements : office de tourisme de Jausiers. Rue Principale. 04850 Jausiers. Tél. : 04 92 81 21 45. Internet www.jausiers.com
- Parc national du Mercantour. 23, rue d'Italie. BP 316. 06006 Nice Cedex. Tél. : 04 93 87 86 10. Internet www.parc-mercantour.fr

2 764 M

L'Iseran

Une montée sauvage

Distance : **50 km** • Dénivelé : **2028 mètres** • Pourcentage moyen : **6 %** • Pourcentage maximal : **10 %**

Entamée en 1935, cette route savoyarde a été ouverte en 1937. Elle constitue le dernier maillon de la route des Grandes Alpes qui permet de relier Genève à Nice par les cols les plus célèbres. L'Iseran n'a été gravi que six fois depuis 1938 et annulé l'été 1996 à cause d'une tempête de neige. Il s'agit d'une des plus longues ascensions de France. Pour éviter un coup au moral, ne regardez pas le panneau indicateur. Il faut en effet compter près d'une demi-journée pour avaler les 50 bornes.

Principale ville de la haute Tarentaise, Bourg-Saint-Maurice (8 000 habitants) développe ses ruelles autour de son église de style sarde. Un musée des Minéraux évoque l'activité des anciens cristalliers, tandis que, sur le plateau de Vulmix, veille un bataillon de chasseurs alpins depuis 1962. Un funiculaire moderne rejoint la station des Arcs.

Depuis la base internationale d'eaux vives, une légère côte rejoint tout d'abord Séez, réputé pour sa fabrique de draps. En laissant sur votre gauche les routes d'accès au col du Petit-Saint-Bernard et à la station de ski de La Rosière, vous musardez en faux plat au fil de l'Isère pendant 6,4 km sous le regard des vaches tarines à la robe fauve. Cette première partie très roulante est excellente pour l'échauffement.

Puis, brusquement, la route s'élève à 7 % pendant 2 kilomètres pour atteindre les maisons coiffées de lauzes de Sainte-Foy-Tarentaise (1 051 m). En direction du hameau de La Thuile (1 240 m), la pente est toujours aussi forte et accuse même 9 % par endroits. Les parois boisées se rapprochent et le profil s'adoucit à 3,5 %, avant de se stabiliser autour de 5 %. L'occasion d'apprécier des cascades et les vues sur l'aiguille Rouge (3 074 m), le mont Pourri (3 779 m) et les glaciers de la Vanoise. Décidément irrégulière, l'escalade affiche de nouveau 7,5 % jusqu'au barrage de Tignes (1 795 m).

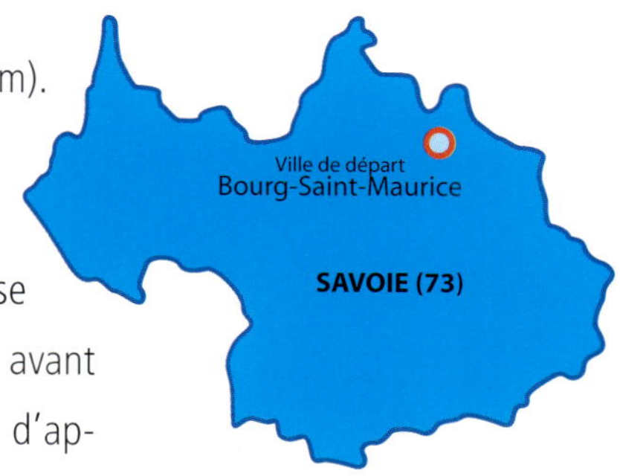

Cet impressionnant ouvrage en béton est le signal du répit. Semblant soutenir l'édifice, un géant de 180 mètres de large et 110 mètres de haut a été peint en 1989 par Jean-Marie Pierret. Le lac artificiel du Chevril, mis en service en 1952, s'étend sur 270 hectares. Le vieux village de Tignes a été englouti et reconstruit un peu plus haut. Un belvédère dévoile le glacier de la Grande-Motte, à mi-chemin du sommet du col de l'Iseran. Pendant 6 kilomètres, la route redescend légèrement. Elle longe le plan d'eau en empruntant une dizaine de tunnels et de paravalanches plutôt

Il faut compter près d'une demi-journée pour avaler les 50 kilomètres.

Peu après le cap symbolique des 2 000 mètres d'altitude, la route s'infléchit pour franchir le pont Saint-Charles. Vous êtes entouré par les vastes espaces sauvages de la Vanoise.

humides creusés dans les roches de la Daille. Le plus long faisant 450 mètres, la plus grande prudence est recommandée. Vous débouchez alors dans la plaine de Val-d'Isère (1 840 m) dominée par l'imposant rocher de Bellevarde (2 827 m). La station chère à Jean-Claude Killy a connu un développement fulgurant depuis 1934, amplifié par les jeux Olympiques de 1992. Baptisé Espace Killy, le domaine de Val-d'Isère offre 300 kilomètres de pistes et plus de 28 000 lits. Le cœur du village a toutefois conservé son allure traditionnelle avec son église romane. Après cette transition urbaine, la grimpée reprend de plus belle dans un cirque de montagnes. Peu après le cap symbolique des 2 000 mètres d'altitude, la route s'infléchit pour franchir le pont Saint-Charles (2 050 m) qui enjambe le torrent de l'Isère. Vous êtes entouré par les vastes espaces sauvages de la Vanoise, premier parc national créé en France en 1963.

Vous attaquez alors le dernier gros morceau, soit 11,4 km assez raides. Les lacets vous élèvent rapidement en surplomb de la vallée. Installé sur un petit plateau, le chalet du Molard (2 325 m) permet de souffler sur quelques hectomètres. Contournant les éboulis de la tête de l'Arollay, vous ralliez avec des points à 7 % le belvédère de la Tarentaise (2 528 m) pour contempler le chemin parcouru. Assez rectiligne, la chaussée se faufile ensuite au pied des crêtes de Lessières. Progressant au milieu d'un chaos de rochers désertiques ponctué de névés, le final repart dans une série de virages.

Une chapelle, un refuge-restaurant ainsi que de nombreuses remontées mécaniques marquent le faîte du col de l'Iseran (2 764 m) dominé par les pointes de Lessières (3 041 m) et du Montet (3 428 m). Dans ce décor sévère et encaissé, le panorama se limite au nord à la Tsanteleina (3 605 m) et à l'aiguille de la Grande-Sassière (3 747 m). Tandis qu'au sud on distingue l'Albaron (3 638 m) et les glaciers de haute Maurienne. Beaucoup plus sauvage et moins long (33 km), l'autre versant du col est un peu plus rude avec 7 % de moyenne (maximum 11 %). Démarrant de Lanslebourg, il traverse le remarquable village de Bonneval-sur-Arc.

la légende

Le raid solitaire de Chiappucci

Ce 18 juillet 1992, la treizième étape a porté chance au « Diablo ». Déjà porteur du maillot à pois, il se lance dans une folle échappée en attaquant dès les premiers kilomètres. Pourtant, la journée comporte quatre grands cols et surtout une distance de 254,5 km. Commence alors une très longue chevauchée qui permet à Claudio Chiappucci de franchir en tête les sommets des Saisies, du Cormet de Roselend. Dans l'ascension hors catégorie de l'Iseran, il se débarrasse de ses compagnons. Le festival se poursuit dans le Mont-Cenis, qui le transporte en Italie. Épuisé et puisant dans ses dernières ressources, jusqu'au bout il sent le souffle du groupe d'Indurain et de Bugno qui réduisent rapidement l'écart. Devant une foule de supporters en délire, il triomphe malgré tout au terme de près de sept heures quarante-cinq minutes d'efforts sur les hauteurs de la station piémontaise de Sestrières. Chiappucci se retrouve alors deuxième du Tour à seulement 1'42" d'Indurain qui reprend le maillot jaune à Pascal Lino. Cette performance lui permettra de ravir pour la deuxième année consécutive le maillot de meilleur grimpeur et d'être le dauphin du Tour comme en 1990. Au cours de ses huit participations dans la Grande Boucle, Claudio Chiappucci a gagné trois étapes de montagne, dont une dans les Alpes et deux dans les Pyrénées. Au chapitre de l'émotion, on notera aussi qu'en 1959, Louison Bobet mettra un point d'honneur à rallier le sommet de l'Iseran avant d'abandonner le Tour de France.

Les passages clefs de l'Iseran

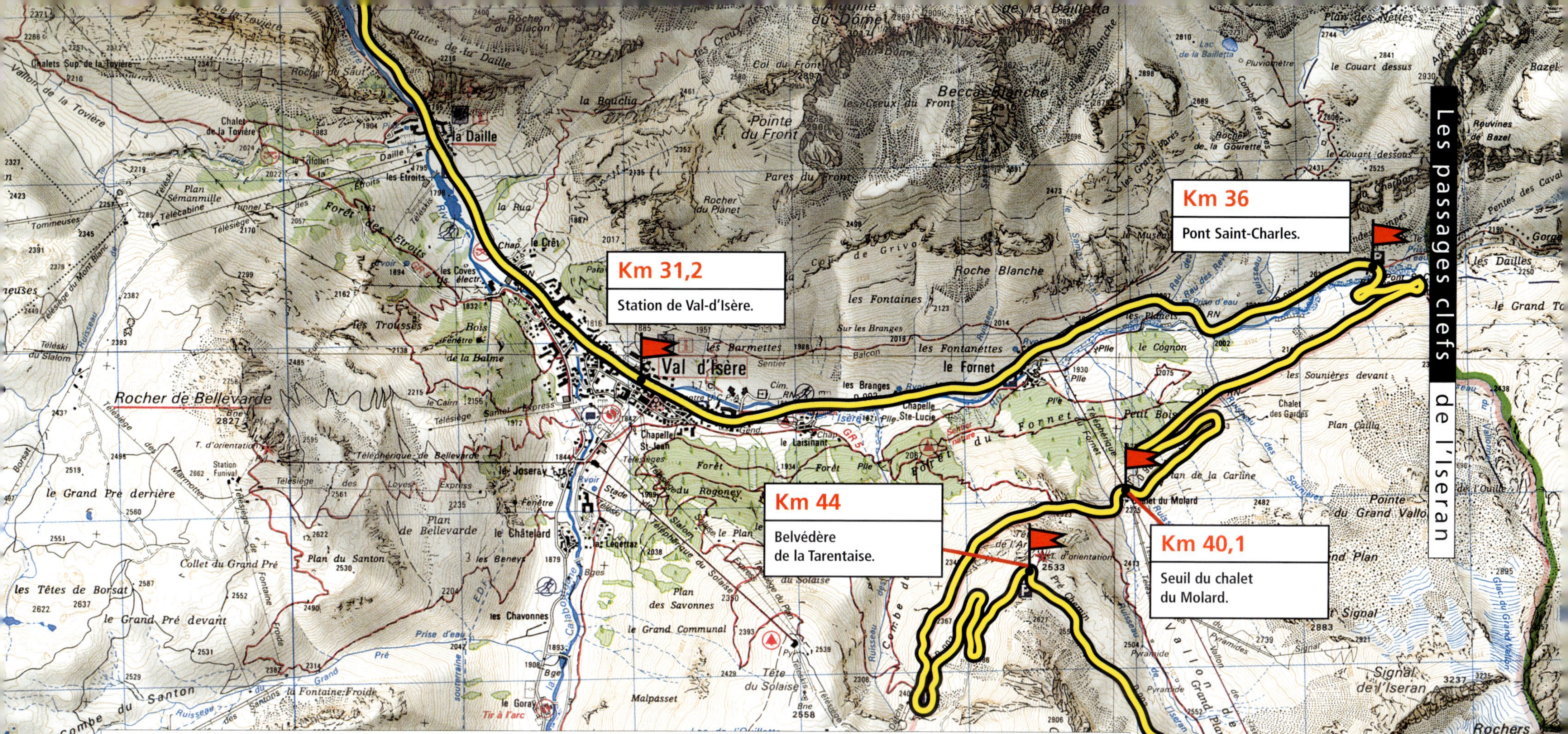

Le profil

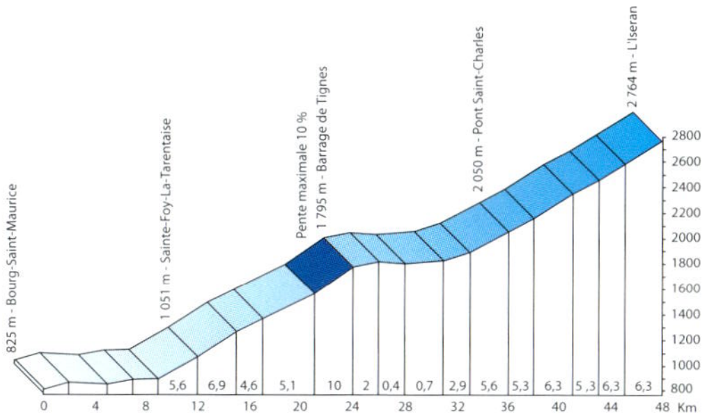

Pratique

- Département : Savoie (73).
- Ouverture : 15 juin au 30 septembre.
- **Cartes : IGN n° 3532 Et et n° 3633 ET.**
- Accès : prendre la N 90 pour rejoindre Bourg-Saint-Maurice qui se trouve à 27 kilomètres au nord-est de Moûtiers et à 31 kilomètres au sud de la frontière italienne (col du Petit-Saint-Bernard). L'ascension emprunte la N 90 puis la D 902 jusqu'au sommet.
- Train : gare SNCF de Bourg-Saint-Maurice. Tél. : 04 79 85 50 50 ou 3635.
- Renseignements : office de tourisme de Bourg-Saint-Maurice. Place de la Gare 73700 Bourg-Saint-Maurice. Tél. : 04 79 07 04 92. Internet www.bourgsaintmaurice.com
- Office de tourisme de Val-d'Isère. BP228-73155 Val-d'Isère. Tél. : 04 79 06 06 60. Internet www.val-disere.com
- Parc national de la Vanoise. 135, rue du Docteur-Julliand. BP 705-73007 Chambéry Cedex. Tél. : 04 79 62 30 54. Internet www.vanoise.com

2247 M

Col d'Allos

Un sommet de lumière

Distance : **21 km** • Dénivelé : **1 117 mètres** • Pourcentage moyen : **5,3 %** • Pourcentage maximal : **9 %**

Ce très beau sommet relie la vallée de l'Ubaye à celle du Verdon. Ouverte en 1891 dans le cadre d'un axe Genève-Nice, la route du col dessert les principales stations de ski des Alpes-de-Haute-Provence. C'est un classique du Tour de France, puisqu'il a été conquis trente-trois fois depuis 1911. Par la face nord, vous allez grimper le plus accidenté des deux versants du col d'Allos. Vous quittez la tour Cardinalis et les belles maisons colorées de Barcelonnette (1 130 m) pour pédaler dans un vaste bassin alluvial. Après ce court intermède d'un peu plus de 3 kilomètres, vous laissez à gauche la route du col de la Cayolle, puis, à droite, celle des Thuiles. Pendant 1,7 km à 5 %, l'itinéraire est commun avec celui de Pra-Loup en surplombant les gorges sylvestres du Bachelard. Mais la pente se redresse bien vite à 8 %. Le tracé ondulant surplombe la rivière et la paroisse d'Uvernet-Fours, qui possédait encore jusqu'au XVIIIe siècle d'importantes filatures de soie. La courbe du magistral pont en pierres du Fau (1 364 m) se négocie à 6 %. La forêt devient plus dense et le relief plus corsé.

Tournant brusquement à droite, vous affrontez la partie la plus difficile, soit une borne à 9 % au niveau du ravin de la Malune (1 545 m). Assez spectaculaire, la chaussée épouse les contours d'un large et profond cirque boisé, dominé par les escarpements rocheux de la Grande-Séolane (2909 m). Peu après la traversée du torrent et juste avant un petit oratoire, une fontaine sur la droite étanchera votre soif, tandis que le profil redevient très sage pour atteindre le hameau des Agneliers (1 680 m). Très peuplé au Moyen Âge, il a connu un exode massif. Mais, depuis 1977, il connaît un regain d'animation, avec des télésièges permettant de rejoindre, de l'autre côté de la montagne, le domaine skiable du val d'Allos, le plus vaste des Alpes du Sud.

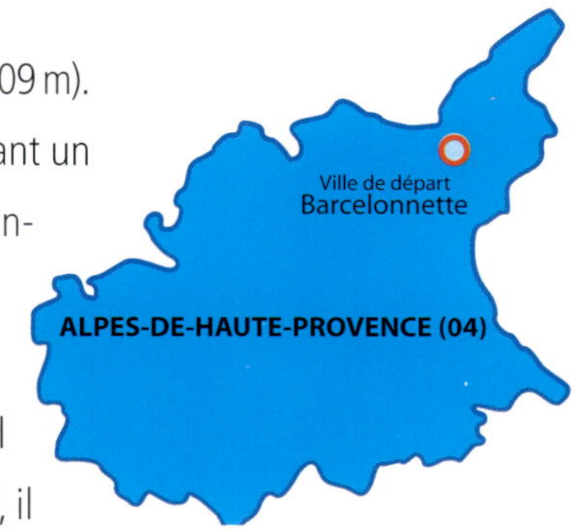

La dernière partie de l'ascension comporte encore près de 9 kilomètres. Une borne après Les Agneliers, profitez du dernier point d'eau situé sur la gauche de la route qui retrouve la forêt. Décrivant un grand nombre de lacets très techniques, la corniche, toujours aussi étroite, affiche cependant une pente régulière d'environ 7 %. Un peu plus haut (1 875 m), un petit belvédère offre encore un regard sur les gorges du Bachelard, qui se frayent un chemin au pied du Pain-de-Sucre (2 560 m). À l'horizon se découpent les sommets

Le côté nord est le plus accidenté des deux versants du col d'Allos.

Tournant brusquement à droite, vous affrontez la partie la plus difficile. La chaussée épouse les contours d'un large cirque boisé dominé par les escarpements rocheux de la Grande Séolane

de l'Ubaye et la silhouette caractéristique du Brec de Chambeyron (3 390 m), perché sur la frontière franco-italienne. Les alpages verdoyants se découvrent peu à peu, irrigués par de maigres ruisselets.

la légende

Vietto ou la vie en jaune

Tout le monde garde en mémoire cette image du grimpeur azuréen pleurant sur un muret après avoir donné sa roue à son leader Antonin Magne. Mais le vent tourne, et il poursuit ses exploits en montagne en étant sacré meilleur grimpeur en 1934. Sans toutefois réussir à remporter le Tour de France. En 1939, il s'est classé deuxième, derrière Sylvère Maës. Ce n'est qu'après la guerre, l'expérience aidant, que le Cannois (trente-trois ans) peut rêver de la victoire. En 1947, en effet, à la surprise générale, il s'adjuge le maillot jaune sur le sommet des pavés du Nord. Mais il le perd dans la Chartreuse. Dans les Alpes du Sud, il passe de nouveau à l'attaque sur son terrain de prédilection. Dans l'étape Briançon-Digne, il laisse d'abord Jean Robic franchir l'Izoard. Puis, flanqué d'Apo Lazarides, il franchit, comme en 1934, le col d'Allos en tête. Malgré le sursaut de Robic au sommet du col de Vars, Vietto gagne l'étape et devient le leader de l'épreuve. « Le roi René » portera le maillot jaune à quinze reprises, avant de le perdre dans un contre-la-montre, à deux jours de l'arrivée. Au classement général final, il se retrouvera cinquième. Dans sa carrière, René Vietto a remporté un total de huit étapes, conquit une quinzaine de grands cols et porté vingt-six jours le maillot jaune. Une stèle lui rend hommage, dans les Alpes-Maritimes, au sommet du col de Braus (1 002 m).

Le fond du vallon abrite d'antiques chapelles dissimulées par la végétation, comme celle de Chancellaye, fondée en 1719. L'ultime borne s'effectue presque en roue libre, à 4 %. Au pied de la cime du Grand-Cheval-de-Bois (2 754 m), le sommet est tout proche. Des chamois sont à l'affût dans la rocaille. Depuis le refuge (2 228 m), ouvert tout l'été, il ne vous reste plus qu'un virage et à peine 200 mètres à parcourir en pente douce. Sur la façade de ce café, un vélodateur permet d'enregistrer vos talents de voltigeur.

Le col d'Allos (2 247 m) est installé à l'ombre de la tête de Vescal (2 515 m) et d'une cabane de souvenirs et d'informations touristiques. Vous pouvez maintenant admirer, au nord, le panorama de la vallée de l'Ubaye, l'étincelant massif des Écrins, la chaîne du Parpaillon et le Chapeau-de-Gendarme (2 685 m). Plein est se dresse le dôme rocheux du mont Pelat (3 051 m). Enfin, le paysage ouest est dominé par les Trois-Évêchés (2 819 m), la tête de l'Estrop (2 961 m), ainsi qu'un autre angle de la Grande Séolane (2 909 m). Les troupeaux de brebis et de moutons affectionnent les pelouses qui couvrent les croupes environnantes. L'ancestrale transhumance estivale a même été remise au goût du jour. Les marmottes se dorent au soleil de ces Alpes de lumière. Le nom d'« Allos » semble remonter à l'époque médiévale, où la population des villages d'altitude n'était affranchie à aucun droit seigneurial. On surnomma alors ces habitants les Alleux, avant d'évoluer au fil des âges vers le mot « Allos ». Remontant fidèlement le cours du Verdon jusqu'à ses sources, le versant sud, plus facile, présente 23,6 km à 4,5 % (maximum 10 %). Si vous poursuivez votre séjour, n'oubliez surtout pas d'aller contempler, légèrement plus au sud, le lac d'Allos (2 229 m), l'un des joyaux du Parc national du Mercantour.

Les passages clefs du col d'Allos

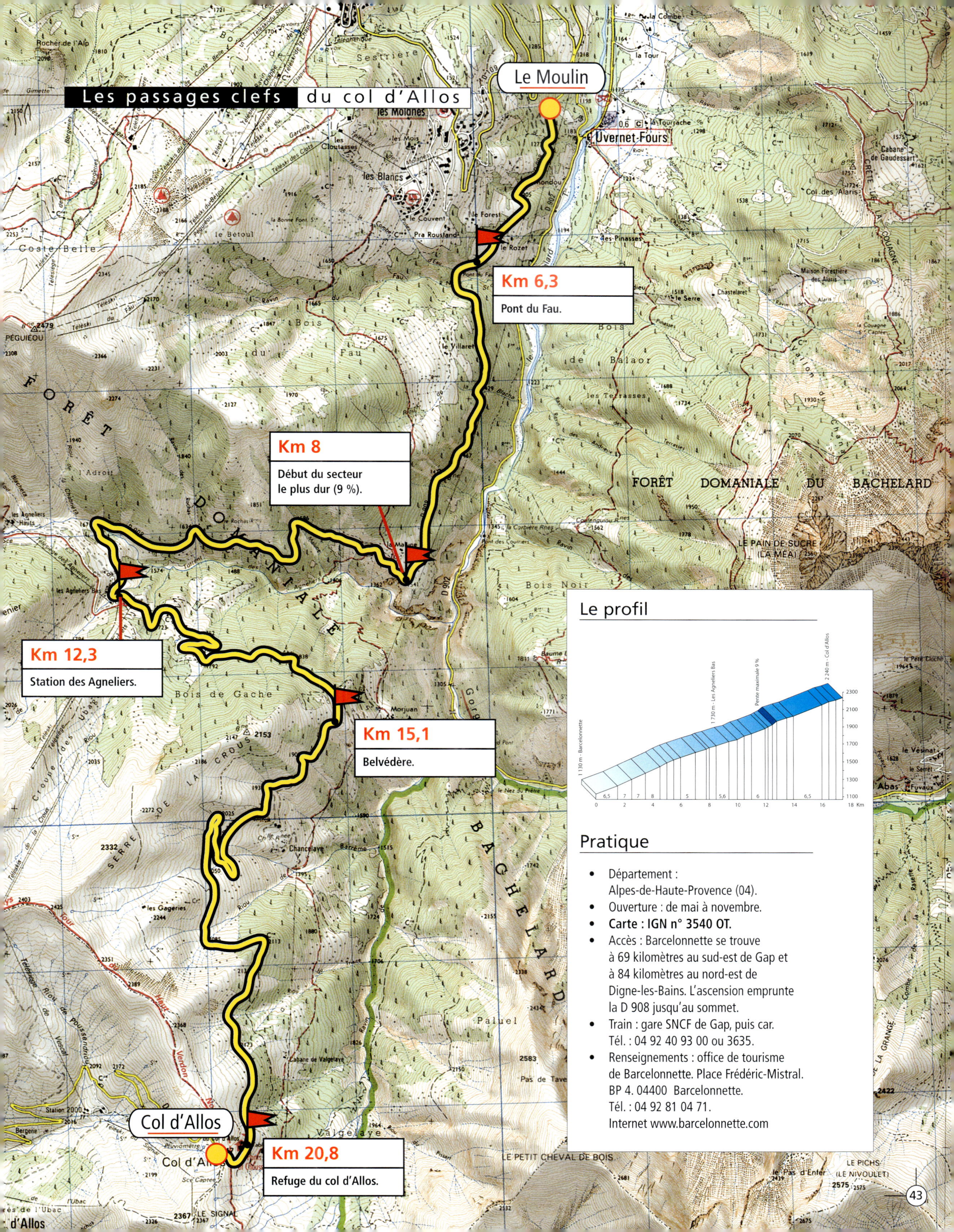

Le profil

Pratique

- Département :
  Alpes-de-Haute-Provence (04).
- Ouverture : de mai à novembre.
- **Carte : IGN n° 3540 OT.**
- Accès : Barcelonnette se trouve à 69 kilomètres au sud-est de Gap et à 84 kilomètres au nord-est de Digne-les-Bains. L'ascension emprunte la D 908 jusqu'au sommet.
- Train : gare SNCF de Gap, puis car.
  Tél. : 04 92 40 93 00 ou 3635.
- Renseignements : office de tourisme de Barcelonnette. Place Frédéric-Mistral.
  BP 4. 04400 Barcelonnette.
  Tél. : 04 92 81 04 71.
  Internet www.barcelonnette.com

2 067 M

La Croix-de-Fer

Un sacré calvaire

Distance : **31,6 km** • Dénivelé : **1 502 mètres** • Pourcentage moyen : **5,4 %** • Pourcentage maximal : **12 %**

Ce passage qui relie la vallée de la Romanche à celle de la Maurienne a été parcouru treize fois par le Tour de France. Assez irrégulière, l'escalade est entrecoupée de deux petites descentes. Le versant sud-ouest démarre depuis le hameau de Rochetaillée (711 m) installé au pied des rochers boisés de Cornillon au pied desquels la Romanche décrit ici une large courbe. Vous traversez l'ancienne voie romaine et la rivière avant de rejoindre l'Eau-d'Olle qui se fraye un chemin entre les massifs des Grandes Rousses et de Belledonne. On la surnomme, cette riante vallée, le jardin de l'Oisans. De ce côté-ci, 3,5 km en pente douce servent de mise en jambes plutôt agréable. Deux lacets à 6 % accèdent au barrage du Verney (75 ha). Ce premier maillon d'un gigantesque aménagement hydraulique date du début des années 1980. L'énergie produite dégage une puissance supérieure à celle d'une centrale nucléaire. Profitez de cette bucolique progression à fleur d'eau sur la rive gauche en observant les maisons d'Allemond s'étageant en face. Le bourg s'est développé grâce à la découverte de mines d'argent au XVIIIe siècle. Vous progressez sur une route assez plate construite sur pilotis.

Aux Verneys, le musée Hydrelec raconte l'histoire de la maîtrise de l'eau avec de nombreuses machines anciennes. Peu après l'usine électrique et le carrefour menant à la station de Vaujany, les choses se corsent. Le vallon se resserre, et l'ascension débute vraiment ici. Une rude entrée en matière avec 6 bornes qui passent progressivement de 7 à 10 % pour se hisser vers le village authentique du Rivier-d'Allemond (1 254 m).

Sur ces longues et interminables lignes droites, il faut s'accrocher et apprécier les superbes forêts qui tapissent les rives de la vallée. Dans le presbytère, un petit musée relate l'accident d'avion qui, en novembre 1944, coûta la vie à sir Mallory, le chef suprême des forces aériennes alliées.

Contournant les rochers du Rissiou (2 622 m), la route change d'orientation et met le cap à l'est. Un petit intermède plat avant de descendre en quatre lacets à près de 7 % vers la cascade des Sept-Laux (1 215 m) alimentée par un chapelet de lacs d'altitude. Ce détour par l'autre rive et cette étrange déclivité s'expliquent par la fermeture de l'ancienne route emportée par des éboulements. Avec un terrible passage à 12 %, deux virages commandent ensuite l'entrée du défilé rocheux de Maupas avec de nouveau de

Assez irrégulière, l'ascension est entrecoupée de deux petites descentes.

Avec un terrible passage à 12 %, deux virages commandent l'entrée du défilé rocheux de Maupas. Une myriade de petits torrents dévalent de la montagne, qui révèle son aspect le plus sauvage

longs kilomètres à 9 %. Une myriade de petits torrents chantants dévalent de la montagne qui se révèle sous son aspect le plus sauvage. Le profil ne s'infléchit qu'à 5 % que pour se hisser au faîte de la retenue de Grand-Maison (220 ha). Elle peut contenir plus de 140 millions de mètres cubes d'eau en recueillant les écoulements de tous les glaciers de la région. Une conduite souterraine la relie au barrage du Verney. Depuis le belvédère (1 720 m), faites une pause pour admirer les vues sur les Grandes Rousses et les neiges du pic de l'Étendard (3 464 m). Vous évoluez sur la rive droite de cette grande étendue turquoise sur une faible pente à 5 % qui s'abaisse même pendant environ 2 kilomètres. Sur votre gauche se découpent les majestueuses aiguilles de l'Argentière et à droite les cimes de la Cochette. Vous sortez du département de l'Isère pour pénétrer en Savoie au pont de Rieu-Claret (1 740 m). Dans cette grande combe, il faut encore gravir 5 kilomètres variant de 6 à 8 %. À 2,6 km du sommet, une auberge (1 907 m) marque l'embranchement menant au col de Glandon (1 924 m), distant de seulement 200 mètres. C'est la dernière occasion de vous ravitailler. Sur votre droite, les petits chalets d'Olle annoncent la fin de la montée qui, désormais plus raisonnable, oscille autour de 6 %.

Le col de la Croix-de-Fer (2 067 m) est une dépression très large qui se situe entre la masse imposante de l'Ouillon (2 431 m) et les sommets des Perrons (2 537 m). Les prés environnants sont constellés de roches moutonnées et striées par un ancien glacier. Symbole du col, une croix tréflée en métal orne une colonne de pierre. On y trouve aussi un hôtel-restaurant. De grandioses points de vue découvrent les massifs des Écrins et de la Vanoise, les trois aiguilles d'Arves, ainsi que les Grandes Rousses. On devine plus bas les virages qui plongent dans la pierraille sur Saint-Sorlin-d'Arves. Ce versant est, plus ardu, se conquiert depuis Saint-Jean-de-Maurienne en 29,5 km à 6,6 % (maximum 10 %).

la légende

Coppi survole la montagne

Après s'être imposé au sommet inédit de l'Alpe-d'Huez, Fausto Coppi en remet une couche dans ce Tour de France 1952 entre Le Bourg-d'Oisans et Sestrières. Déjà en tête dans le Glandon, il poursuit sa démonstration dans la Croix-de-Fer. Puis, sur les pentes du Galibier, il éparpille ses derniers adversaires. Le festival se poursuit dans le col de Montgenèvre et la montée de Sestrières. Une nouvelle victoire implacable sur le territoire italien, qui relègue l'Espagnol Ruiz à sept minutes et le Belge Ockers à plus de 9'30". Les favoris déboursent là plus de dix minutes. Le Campionnissimo a désormais une confortable avance de vingt minutes au classement général. Avec cinq étapes à la clef, Fausto Coppi (trente-trois ans) réalise ainsi pour la seconde fois le doublé Giro-Tour et remporte, comme en 1949, le maillot à pois. L'Italien a été tellement aérien dans cette trente-neuvième édition que les prix du deuxième, Stan Ockers, ont été doublés. Il faut dire qu'avec 28'17" de retard, c'est le plus gros écart de l'ère moderne. À la lecture de son impressionnant palmarès, on soulignera que Coppi est passé en tête d'une quinzaine de géants du Tour, a gagné neuf étapes (le plus souvent en montagne) et a porté le maillot jaune à dix-neuf reprises.

Les passages clefs de la Croix-de-Fer

Le profil

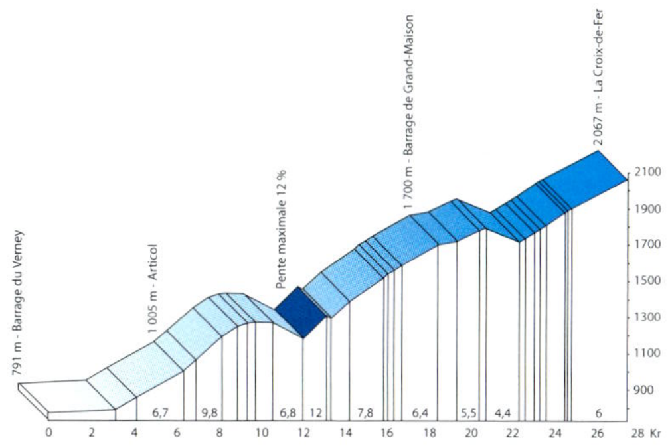

Pratique

- Département : Savoie (73).
- Ouverture : de juin à novembre.
- **Carte : IGN n° 3335 ET.**
- Accès : prendre la N 91 depuis Grenoble ou Briançon pour rejoindre Rochetaillée qui se trouve à 7 kilomètres au nord-ouest du Bourg-d'Oisans et à 40 kilomètres au sud-est de Grenoble. La route du col emprunte successivement la D 526, la D 44, et de nouveau la D 526, puis enfin la D 926.
- Train : gare SNCF de Grenoble. Tél. : 04 76 28 63 61 ou 3635. Puis navettes de car. Tél. : 04 76 87 90 31.
- Renseignements : office de tourisme d'Allemond-La-Fonderie. 38114 Allemond. Tél. : 04 76 80 71 60. Internet www.allemont.com

1993 M

La Madeleine

Les quarante virages

Distance : **19,3 km** • Dénivelé : **1523** mètres • Pourcentage moyen : **7,9 %** • Pourcentage maximal : **10 %**

Chatouillant les 2000 mètres d'altitude, cette impressionnante et très sinueuse montée a nécessité une vingtaine d'années de travaux, inaugurée par le Tour de France en 1969. Elle forme un trait d'union entre les vallées de la Maurienne et de la Tarentaise. Avec l'Iseran, beaucoup plus à l'est, il s'agit en outre de la seule traverse routière du massif de la Vanoise. Jusqu'au XVIIIe siècle, le col portait encore le nom de la Colombe, avant qu'une chapelle dédiée à sainte Madeleine n'y soit construite. Tous les ans, à la fin juillet, les habitants des deux vallées se retrouvent au sommet pour festoyer et participer à des danses et des jeux d'adresse traditionnels.

À l'époque médiévale, le château de la puissante seigneurie de La Chambre (470 m) commandait l'accès à la haute vallée de l'Arc. Quelques ruines dominent cette bourgade (1 131 habitants), qui possède une belle collégiale romane. D'entrée, les lacets partent à l'assaut de la montagne en surplombant le torrent du Bugeon. Une quarantaine de tournants de tous styles rythment toute votre escalade. Dans un joli paysage, bien vite le pourcentage s'envole en lacets vers Saint-Martin-sur-la-Chambre (600 m), procurant de belles vues sur les hameaux et greniers perchés. Le point le plus dur (10 %) se situe au-dessus du lieu-dit La Côte (760 m), entre les bifurcations de Montaillier et de Montaimont.

Sur un tracé toujours aussi tarabiscoté, vous bénéficiez néanmoins d'un petit relâchement à 6,5 % au sixième kilomètre, le temps d'avaler les quatre épingles de Colombin. L'ascension se poursuit dans la vaste forêt de Pézières avec un petit tunnel (1 100 m) au niveau de la combe du Loup. Un long bout droit débouche dans une clairière avec un dernier répit à 6 % qui conduit au hameau du Planet (1 200 m). Ensuite, fini de rire, car la déclivité est désormais toujours supérieure à 7 %, avec de fréquents passages à 10 %. Quelques jolies chapelles, comme celle de Sainte-Anne (1 260 m), jalonnent la grimpée.

Dans la rude et interminable ligne droite qui succède à l'Épalud (1 315 m), faites une pause sur la gauche de la route. Admirez alors, en contrebas, les étonnantes cheminées de fée grises. L'érosion n'a laissé en équilibre que les roches les plus dures.

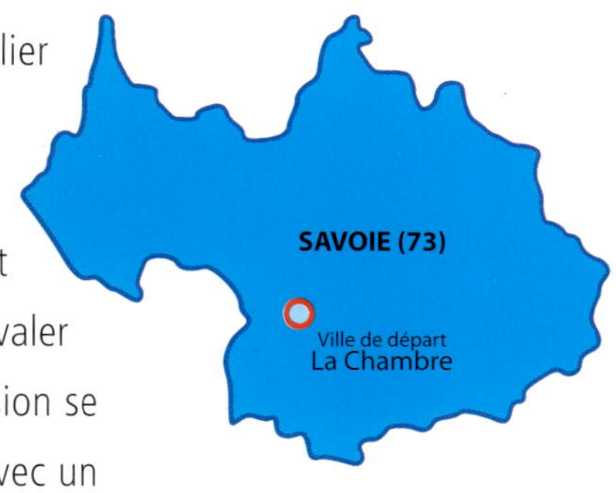

Très sinueuse, la route a nécessité une vingtaine d'années de travaux.

Accrochez-vous, il reste encore près de 5 kilomètres entre 7,5 et 8 %. Aux petits virages, l'itinéraire cède la place à de longs lacets. Si le vent se lève, vous n'aurez aucun abri.

Vous évoluez au milieu des alpages verdoyants survolés par les remontées mécaniques de Saint-François-Longchamp (1 450 m), qui est relié à la station de Valmorel. Sur les contreforts du massif de la Vanoise, cette petite station a été lancée en 1936 et compte 165 kilomètres de pistes balisées. En longeant le bois des Pâquiers, Longchamp (1 650 m), le village d'origine, se trouve quelques virages plus haut, au pied du pic de la Grande-Combe (2 678 m). C'est là qu'arrive la variante qui grimpe sur la rive opposée du Bugeon. Le couvert boisé protecteur a totalement disparu. Lorsque le soleil brille, le secteur se transforme en une véritable fournaise, justifiant le caractère hors catégorie du col. Vous entrez sur le territoire des moutons et des marmottes.

Accrochez-vous, car il reste encore près de 5 bornes à affronter entre 7,5 et 8 %. Aux petits virages, l'itinéraire cède la place à de longs lacets toujours aussi exigeants. Si le vent se lève, vous n'aurez aucun abri. Les vallons constellés de petits éboulis sont striés de ruisselets. À l'extrémité d'une large courbe, le col (1 993 m) se trouve dans un vallon assez ouvert entre le trapèze du Cheval-Noir (2 832 m) et la chaîne granitique de la Lauzière (2 829 m). Les vaches tarines apprécient les appétissantes pelouses d'altitude. En deçà de la crête pelée de l'Homme-de-Beurre (2 268 m), un hôtel est installé à l'emplacement de l'ancienne chapelle Sainte-Madeleine. À presque 2 000 mètres d'altitude, découvrez l'extraordinaire panorama sur les massifs des Écrins, de Belledonne et des Grandes Rousses. À l'horizon, c'est toute la chaîne du Mont-Blanc qui éclate de splendeur. L'été, des gentianes violettes fleurissent dans la rocaille. L'autre versant du col présente une pente de 26,5 km moins musclée (6,1 %) et entrecoupée d'un plateau (maximum 10 %). Autrefois, on y extrayait des ardoises d'excellente qualité.

la légende

Le triplé de Virenque

Trois années de suite, de 1995 à 1997, le recordman des maillots à pois s'est illustré dans cette longue grimpée de la Madeleine. En pleine Virenquemania, le Varois a notamment déclenché l'hystérie des foules le 20 juillet 1997. Après avoir mis à la planche toute son équipe Festina dans le col de Glandon, il lâche le maillot jaune Ullrich. Au pied de la Madeleine, l'écart atteint 1'35". Bien aidé par Laurent Dufaux, Virenque franchit le sommet en tête. Grâce au sacrifice de Bjarne Riis, l'Allemand ne rejoint Virenque qu'à 16 kilomètres de l'arrivée, au prix d'un terrible effort. Les deux ne se quitteront plus jusque sur les hauteurs de l'altiport de Courchevel. Le Varois devance l'Allemand d'un souffle et construit sa deuxième place sur le podium final. À la suite du rythme fou de cette étape, un gruppetto d'une centaine de coureurs finit à près de trente-sept minutes. En douze participations, Richard Virenque a obtenu sept maillots de meilleur grimpeur et sept victoires d'étape en montagne (dont quatre arrivées en altitude). Toujours survolté et porté par les cris de ses supporters, il est passé quarante-sept fois au sommet d'un col important. Ses longues chevauchées montagnardes lui ont également permis de revêtir deux fois le maillot jaune (en 1992 et en 2003).

Les passages clefs de la Madeleine

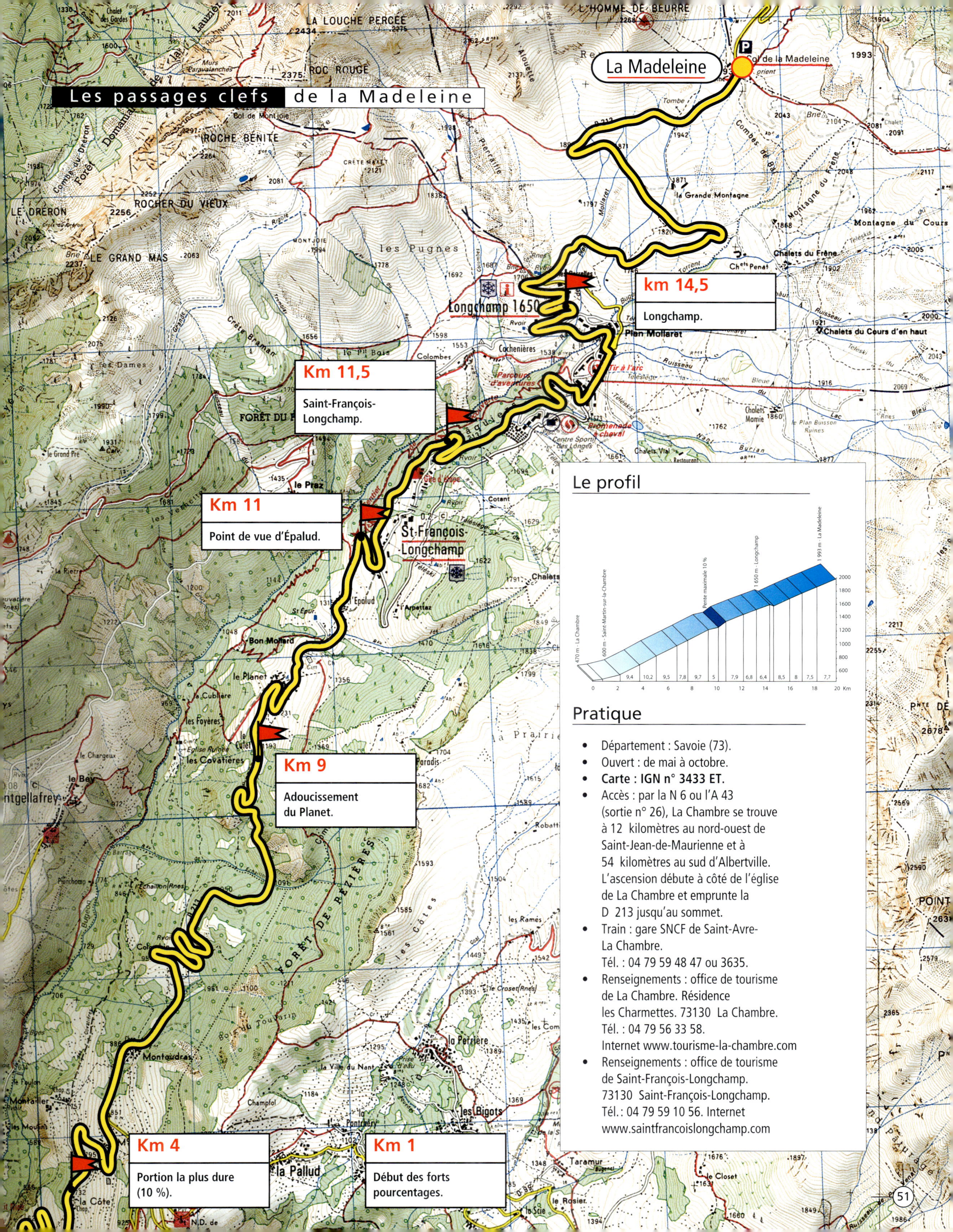

Le profil

Pratique

- Département : Savoie (73).
- Ouvert : de mai à octobre.
- **Carte : IGN n° 3433 ET.**
- Accès : par la N 6 ou l'A 43 (sortie n° 26), La Chambre se trouve à 12 kilomètres au nord-ouest de Saint-Jean-de-Maurienne et à 54 kilomètres au sud d'Albertville. L'ascension débute à côté de l'église de La Chambre et emprunte la D 213 jusqu'au sommet.
- Train : gare SNCF de Saint-Avre-La Chambre. Tél. : 04 79 59 48 47 ou 3635.
- Renseignements : office de tourisme de La Chambre. Résidence les Charmettes. 73130 La Chambre. Tél. : 04 79 56 33 58. Internet www.tourisme-la-chambre.com
- Renseignements : office de tourisme de Saint-François-Longchamp. 73130 Saint-François-Longchamp. Tél. : 04 79 59 10 56. Internet www.saintfrancoislongchamp.com

1968 M

Le Cormet de Roselend

Le paradis vert

Distance : **22,5 km** • Dénivelé : **1239 mètres** • Pourcentage moyen : **6,7 %** • Pourcentage maximal : **9 %**

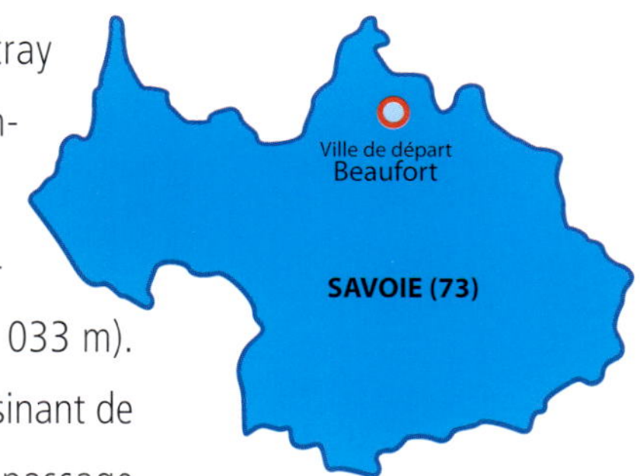

Au cœur du massif du Beaufortain, ce col assez sauvage relie le nord de la Savoie à la vallée de la Tarentaise. Son ouverture aux voitures coïncide avec la mise en service du barrage de Roselend, au début des année 1960. Le Tour de France ne l'a emprunté qu'à sept reprises depuis 1979. La beauté de cet obstacle peu fréquenté et plutôt secret devrait vous séduire. Le versant occidental s'attaque depuis Beaufort (2036 habitants), petite capitale régionale du fromage. Cette bourgade typiquement montagnarde (743 m) se trouve à la confluence de plusieurs rivières. Du passé, on retient surtout les ruines de la forteresse féodale et le petit pont de pierre en dos d'âne. Les façades des maisons sont le plus souvent tapissées de boiseries sculptées ou ornées de peintures en trompe l'œil. Dans les fermes des alentours, on peaufine le savoureux fromage de Beaufort, baptisé le prince des gruyères et qui bénéficie d'une appellation d'origine contrôlée (AOC). L'hiver, les skieurs prennent possession des prés, avec un choix de 88 kilomètres de pistes qui serpentent jusqu'à Arêches.

Quittant l'église baroque Saint-Maxime, la route se hisse dans le défilé d'Entreroches, où les eaux agitées du torrent Doron ont creusé des marmites de géants au pied de la montagne d'Outray (2346 m). Dans un univers forestier et ombragé, la pente atteint fréquemment les 8 %, avant de faire une pause pour rejoindre la centrale électrique des Fontanus (1033 m). Le profil reprend de la vigueur tout en dessinant de larges courbes. C'est ici que se trouve le passage le plus pentu (9 %). Le verrou glaciaire du col de Méraillet (1605 m) marque la fin de cette première partie plutôt difficile de 12 kilomètres à 7 %. Sur cette crête, vous mesurez la vertigineuse hauteur (105 m) de la voûte du barrage de Roselend. À proximité d'un restaurant, profitez de ce belvédère qui découvre un cirque grandiose souligné par la silhouette caractéristique de la Pierra Menta (2714 m), but d'une fameuse course de ski-alpinisme. Une légère descente de 1500 mètres glisse vers le joli lac turquoise (320 hectares), serti dans un écrin d'alpages verdoyants parsemés de

La beauté de cet obstacle peu fréquenté et secret devrait vous séduire.

Dans un univers forestier et ombragé, la pente atteint fréquemment les 8 % avant de faire une pause. Le profil reprend de la vigueur tout en dessinant de larges courbes.

quelques chalets et bergeries tournés vers le soleil. Ce réservoir, construit entre 1956 et 1961, alimente les turbines de l'usine souterraine de La Bâthie, distante de 13 kilomètres.

la légende

Zülle au sommet

Excellent rouleur, Alex Zülle était également très performant en montagne. Ce qui lui permettra de finir deux fois deuxième, derrière les intouchables Indurain et Armstrong, de remporter les Tours d'Espagne et de Suisse, ainsi que Paris-Nice. Sur le Tour de France, ce 11 juillet 1995, après une journée de repos, les coureurs attaquent la montagne par les Alpes. Depuis Le Grand-Bornand, les hostilités se déclenchent dans la traversée du Beaufortain. Le Suisse à lunettes se détache alors d'un trio après le passage du col des Saisies. Avec deux minutes d'avance, il gravit le Cormet de Roselend à bonne vitesse. Au sommet, il a près de cinq minutes d'avance sur le peloton. L'écart s'accentue dans la descente piégeuse du Cormet. Maillot jaune virtuel, il subit la pression de l'équipe de la Banesto, qui mène un train d'enfer dans la vallée. Mais au courage, le maillot rose grand ouvert, Zülle (vingt-sept ans) s'en va quérir une magnifique victoire en solitaire au sommet de la Plagne, avec un peu plus de deux minutes sur le leader Indurain et plus de quatre sur le Russe Tonkov. Alors en pleine forme, il décroche là son onzième succès de la saison, complétant parfaitement la réussite de son équipe, qui, avec Laurent Jalabert, aligne aussi une trentaine de bouquets.

Accompagné par le son des clarines des vaches au pelage couleur caramel, vous contournez le plan d'eau par le nord en admirant la chapelle romane Sainte-Marie-Madeleine. Sauvée du village aujourd'hui englouti, elle a été démontée puis reconstruite sur la berge. Dans les prairies s'épanouissent des rhododendrons roses en soubassement du rocher du Vent (2 326 m), percé d'un tunnel. La centrale électrique (1 593 m) donne le signal de la seconde partie de l'ascension. Il vous reste encore un peu plus de 6 kilomètres à parcourir, avec de nouveau des pentes proches de 8 %. Assez spectaculaire, la route se taille un passage en corniche sous le roc du Biolley. Dans un virage, une très belle cascade dégringole d'une falaise. De ce décor minéral surgit, un peu plus haut, le refuge du plan de la Lai (1 822 m). À cette altitude, l'air devient plus vif, mais l'escalade comporte encore un grand lacet qui franchit plusieurs torrents pour rallier les chalets du Cornet (1 950 m). En quelques hectomètres, le pourcentage se radoucit enfin, passant de 7 à 5,5 %. Ce qui vous permet de ne pas arriver essoufflé au cormet, qui signifie « col ».

À part le panneau indicateur, la brèche (1 968 m) est plutôt déserte. Au milieu d'un chaos de rochers et de vallons magnifiques d'un vert intense, vous pouvez observer, au sud, les aiguilles du Grand-Fond (2 889 m) et de la Terrasse (2 891 m), et le Roignais (2 999 m), le point culminant du Beaufortain. Au nord, la crête des Gittes (2 542 m) s'étale à l'horizon. Dans ce massif assez humide, il n'est pas rare de voir encore de la neige en plein été. À titre de comparaison, depuis Bourg-Saint-Maurice, on relève 20,3 km à 5,7 % (maximum 8,5 %) pour le versant oriental qui traverse le sauvage vallon des Chapieux.

Les passages clefs du Cormet de Roselend

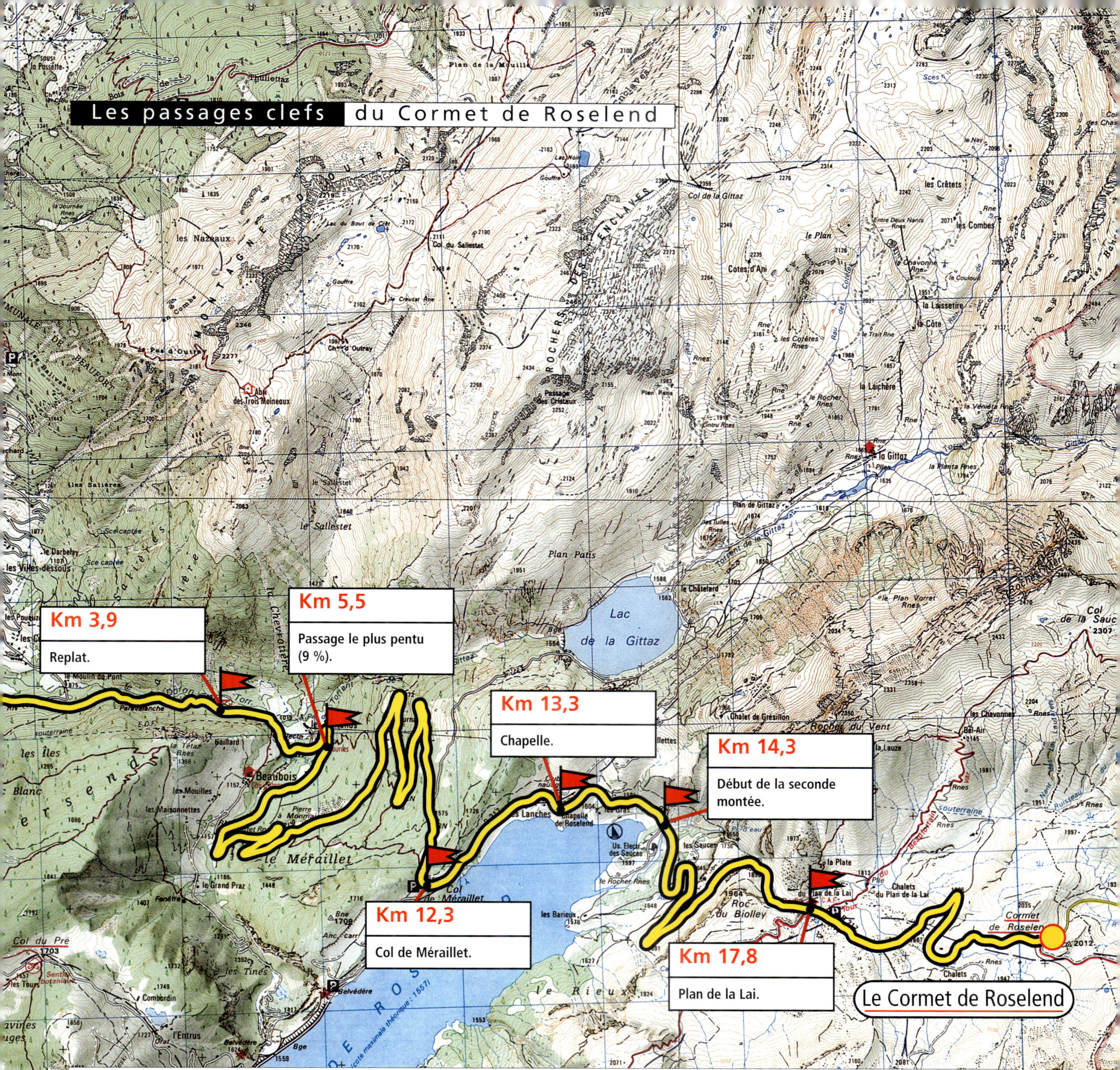

Le profil

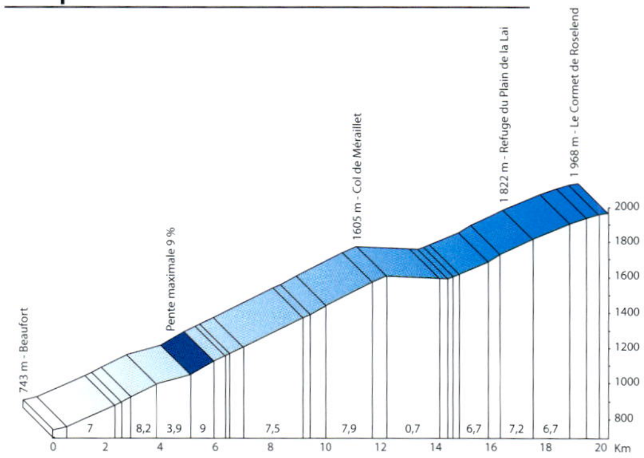

Pratique

- Département : Savoie (73).
- Ouverture : de juin à octobre.
- **Cartes : IGN n° 3531 OT et n° 3532 OT.**
- Accès : depuis Albertville, prendre la D 925 pour rejoindre Beaufort, qui se trouve à 20 kilomètres au nord-est et à 40 kilomètres au nord-ouest de Bourg-Saint-Maurice. L'ascension emprunte la D 925, puis la D 217 jusqu'au sommet.
- Train : gare SNCF d'Albertville. Tél. : 3635. Car jusqu'à Beaufort. Tél. : 04 79 38 10 50.
- Renseignements : office de tourisme de Beaufort. Route du Grand-Mont. 73270 Arêches-Beaufort. Tél. : 04 79 38 37 57. Internet www.areches-beaufort.com

1691 M

Joux-Plane

Un dur à cuire

Distance : **11,8 km** • Dénivelé : **988 mètres** • Pourcentage moyen : **8,4 %** • Pourcentage maximal : **13,5 %**

Parallèle à la route des Gets, cette terrible montée raccorde les villages de Samoëns et de Morzine, dans le nord de la Haute-Savoie. Le Tour de France l'a mise à l'honneur une dizaine de fois depuis 1978. Nichée dans la haute vallée du Giffre, à quelques kilomètres du célèbre cirque glaciaire du Fer-à-Cheval, Samoëns (703 m) mérite d'abord une visite prolongée. Cette attachante station (2 368 habitants) est un élément fort du domaine skiable du Grand Massif, fondé dans les années 1950, qui développe 265 kilomètres de pistes. Classée ville d'art et d'histoire, son patrimoine est encore marqué de l'empreinte laissée par le talent de la puissante confrérie locale des tailleurs de pierre (les frahans), dont l'origine remonte à 1659. Les bulbes de neuf chapelles s'étagent aussi dans la commune, dont le nom rappelle les sept monts ou alpages offerts par les seigneurs du Faucigny au Moyen Âge. Au-dessus de l'élégante église et de la halle séculaire de la Grangette, un jardin botanique (la Jaysinia) présente plus de cinq mille espèces montagnardes.

Vous quittez l'ombre du vénérable tilleul planté en 1438 sur la place du bourg pour attaquer le versant sud. Le col de Joux-Plane est l'un des plus durs obstacles de France (plus difficile encore que l'Alpe-d'Huez), puisque sa moyenne générale est de l'ordre de 8,4 %. Mais c'est surtout l'irrégularité du profil qui rend l'effort pénible. De tout petits braquets sont indispensables, sous peine de faire demi-tour ou de la marche à pied. Dans un premier temps, vous zigzaguez au milieu des chalets. C'est à partir du deuxième kilomètre que le pourcentage devient important, en affichant immédiatement 10 %. Vous progressez lentement dans un univers de plus en plus pastoral. La silhouette massive des falaises du Criou (2 207 m) barre l'horizon sur ce balcon panoramique agrémenté de fermes fleuries. Remarquez les balustrades et les linteaux sculptés, très typiques du terroir. Une grande courbe caractérise ensuite la combe aux Flés (985 m). Après cette rude entrée en matière de près de 5 kilomètres, profitez du bref seuil qui mène au carrefour de Mévoutier (1 122 m). Ici débouche l'autre variante plus facile. La vue plonge sur

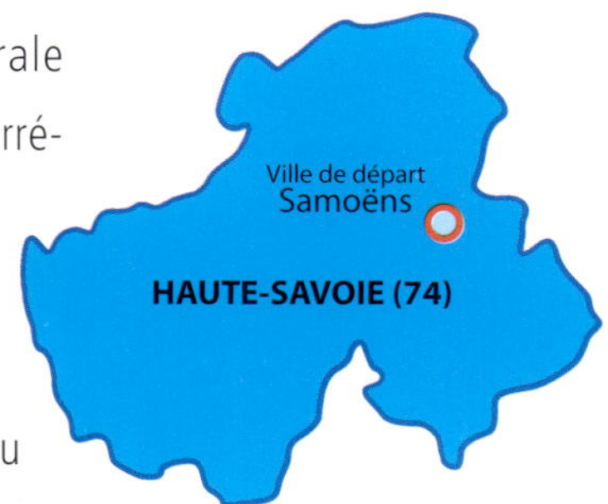

Dans cette montée, c'est surtout l'irrégularité du profil qui rend l'effort pénible.

Dans ce second tronçon, la route étroite décrit quelques lacets et impose de nouveau sa verticalité. Serrez les dents à l'approche du point kilométrique 6,5.

la plaine du Giffre, traversée par la grande ligne droite de la départementale.

Dans ce second tronçon, la route étroite décrit quelques lacets et impose de nouveau sa verticalité. Serrez les dents à l'approche du point kilométrique 6,5, car le maximum de la pente est atteint dans la combe Émeru (1 200 m). Vous affrontez, en effet, un terrible passage à 13,5 % pendant 200 mètres. Seule consolation : une vue superbe dévoile le massif de Platé, qui domine la station de Flaine avec la chaîne des Fiz et la tête de l'Âne (2 801 m). Face à la montagne de la Bourgeoise (1 768 m), surmontée d'une croix, l'ascension se poursuit, toujours aussi forte, en s'enfonçant dans la forêt. Seuls les deux derniers kilomètres se négocient à 8 %, en pleine lumière, au milieu de vastes et verdoyants herbages. Le dessin de la rampe devient alors plus rectiligne et l'on aperçoit le col.

Un chalet, un restaurant et un joli petit lac bleu occupent le sommet (1 691 m), dans une légère dépression à l'aplomb des pointes de Chamossière (1 887 m) et d'Angolon (2 090 m). Le véritable col géographique (1 713 m) se trouve de l'autre côté du plan d'eau. Le terme de « joux », fréquent de la Savoie au Jura (comme la Joux-Verte, à côté d'Avoriaz), signifie « la forêt de haute montagne », preuve qu'autrefois les résineux abondaient dans ces lieux. L'hiver, le plateau de la Joux-Plane se transforme en un très réputé site de ski de fond (30 kilomètres de pistes) et de balades à raquettes. On aperçoit aussi les remontées mécaniques des Gets. Pour vous remettre de vos émotions, admirez, dans ce cadre romantique, le fantastique panorama de la totalité de la chaîne du Mont-Blanc (4 808 m). C'est souvent au petit matin que le ciel est le plus dégagé. Côté Chablais, au départ de Morzine (960 m), la grimpée est également difficile, avec 12,3 km à 6,3 % (maximum 13 %), avec dans le final le franchissement en faible montée du col du Ranfolly (1 650 m).

la légende

Le grand numéro de Pantani

Deux jours après avoir explosé le record de la montée de l'Alpe-d'Huez, les jambes du « Pirate » (55 kilos) sont encore en forme, ce 21 juillet 1997, dans cette nouvelle étape alpestre qui relie Courchevel à Morzine. Sans fébrilité, il reste au contact des meilleurs dans les premières ascensions. Laurent Jalabert est rattrapé dans le col de la Colombière, au terme d'une longue fugue de 80 kilomètres. Puis les coureurs arrivent à Samoëns, au pied de la Joux-Plane. Au fil des virages, il ne reste plus que onze hommes en tête. Coiffé de son bandana fétiche, Pantani jaillit alors dans le passage le plus pentu de la combe Emeru et lâche le maillot jaune Ullrich. Auteur d'une belle descente, il s'impose en solitaire à Morzine, avec 1'17" d'avance sur Virenque (qui prendra sa revanche au même endroit en 2000). Cette prestation lui permet de s'installer durablement à la troisième place du général. Comme en 1994, le Romagnol grimpe sur la troisième marche du podium du Tour. En 1998, il remportera même la Grande Boucle. Curieusement, il n'a jamais pu obtenir le maillot de meilleur grimpeur, préférant se concentrer sur la victoire d'une étape (huit au total, avec quatre doublés) ou viser le classement général. C'est pourquoi, malgré son talent, il n'a franchi que quatorze grands cols en tête. Sachez enfin qu'en 2000 Lance Armstrong a connu ici l'une de ses rares défaillances, preuve de la rudesse de la Joux-Plane.

Les passages clefs de Joux-Plane

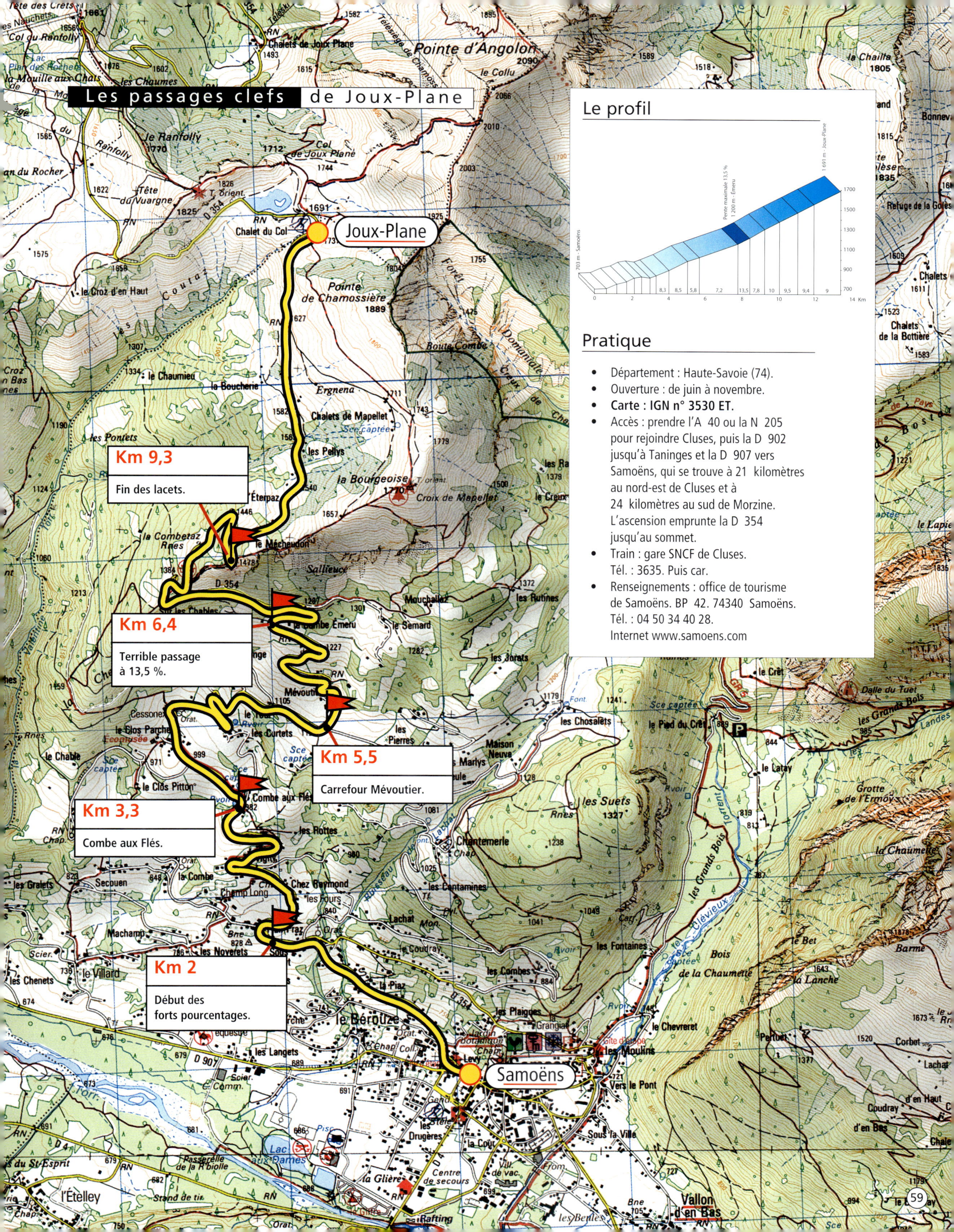

Le profil

Pratique

- Département : Haute-Savoie (74).
- Ouverture : de juin à novembre.
- **Carte : IGN n° 3530 ET.**
- Accès : prendre l'A 40 ou la N 205 pour rejoindre Cluses, puis la D 902 jusqu'à Taninges et la D 907 vers Samoëns, qui se trouve à 21 kilomètres au nord-est de Cluses et à 24 kilomètres au sud de Morzine. L'ascension emprunte la D 354 jusqu'au sommet.
- Train : gare SNCF de Cluses. Tél. : 3635. Puis car.
- Renseignements : office de tourisme de Samoëns. BP 42. 74340 Samoëns. Tél. : 04 50 34 40 28. Internet www.samoens.com

1630 M

Pra-Loup

Au soleil de l'Ubaye

Distance : **9,5 km** • Dénivelé : **930 mètres** • Pourcentage moyen : **5,6 %** • Pourcentage maximal : **10 %**

Au cœur de la vallée de l'Ubaye, Barcelonnette (3316 habitants) est un carrefour stratégique pour rayonner dans les grands cols des Alpes du Sud (Allos, Larche, Vars, Bonette, Cayolle...). Un brevet permanent vous permet d'ailleurs d'enchaîner toutes ces ascensions mythiques. L'histoire et le développement de la ville sont intimement liés à la fortune réalisée au Mexique, entre 1850 à 1950, par près de 30 000 à 50 000 enfants du pays. De retour au pays, ils se sont attachés à donner un style exotique à leurs maisons. Cette richesse décorative se retrouve aussi dans les tombeaux monumentaux de la vallée. Située à 1 132 mètres d'altitude, Barcelonnette favorise une acclimatation rapide à l'air pur de la montagne. L'été, les très colorées fêtes latino-mexicaines mettent une sacrée ambiance musicale. De quoi vous donner le rythme pour aborder l'ascension de la petite station de Pra-Loup, où le Tour ne s'est arrêté que deux fois (en 1975 et en 1980).

Échauffez-vous dans la longue courbe plate qui mène, en moins 3 kilomètres, au Pont-Rouge (1 144 m). C'est au niveau de la chapelle du Pied-de-la-Maure (1 144 m) que s'amorcent les premières pentes en surplombant le torrent du Bachelard et la route d'accès au col de la Cayolle. Vous progressez d'abord à 5 % sur une chaussée assez large pour recevoir les cars de touristes. Taillée dans un pan boisé, l'ascension décrit de longs lacets. Peu après la bifurcation du col d'Allos, le pourcentage s'accentue continuellement. Pour éviter d'exploser, il faut grimper lentement, tout en souplesse. Le maximum est atteint à la hauteur du deuxième virage. Une interminable portion à plus de 10 % qui dure plus d'une borne. Il faut attendre la sortie de la forêt pour obtenir un relatif soulagement à 7,5 %.

Profitez-en pour boire quelques gorgées. Les chalets des Molanès (1 500 m) accueillent les premiers skieurs. Ce village, baptisé Pra-Loup 1500, possède, sur la gauche, une chapelle datant du XVIIe siècle. Un hôtel occupe les vestiges d'un ancien couvent de bénédictines fondé en 1232. Majestueux, les sommets du Pain-de-Sucre (2 560 m) et du Chapeau-de-Gendarme (2 685 m) dévoilent toute leur grandeur sur le versant d'en face.

Pour éviter d'exploser dans la pente, il faut grimper lentement, tout en souplesse.

L'escalade reprend son caractère agreste en dominant le hameau de La Maure, puis en s'enfonçant

L'escalade reprend son caractère agreste en dominant le hameau de La Maure, puis en s'enfonçant à l'ombre du bois de la Sestrière. Mais le profil a repris de la vigueur et affiche 9,5 %.

de nouveau à l'ombre de l'épais rideau d'arbres du bois de la Sestrière. Mais le profil a repris de la vigueur en affichant 9,5 %. Vous franchissez le torrent de la Maure pour atteindre enfin les bâtiments en bois de Pra-Loup (1 630 m) qui s'inscrivent en arc de cercle sur un balcon panoramique souligné par une ceinture de mélèzes. Reliée à La Foux-d'Allos et au haut Verdon, cette station climatique, créée en 1962, dispose d'un très large choix de commerces et d'hébergements. Signifiant littéralement « pré aux loups », elle possède 175 kilomètres de pistes exposées au nord, pour profiter du meilleur enneigement. Fourmillant d'activités et d'animations, le fief de la championne de slalom Christel Pascal est aussi spécialisé dans l'accueil des enfants. L'impressionnante face rocheuse de la Grande-Séolane (2 909 m) dresse ses aspérités au sud en coiffant le col des Thuiles et la crête de Costebelle. En face, le Grand-Bérard (3 048 m) trône majestueusement au-dessus de la forêt domaniale du Riou-Bourdoux. Contemplez le ruban bleu de l'Ubaye, qui s'écoule 500 mètres plus bas, au milieu des prés, des gravières et des terres noires. La rivière prend sa source à la frontière franco-italienne. Du printemps à l'automne, trois saisons vous offriront un festival varié de couleurs et de senteurs avec l'accent provençal. Pour récupérer de ces émotions visuelles et sportives, dégustez autour d'une table conviviale le fumeton à base d'agneau séché, la tomme de l'Ubaye, et goûtez le célèbre génépi, boisson élaborée à partir de plantes cueillies sur les cimes environnantes, à plus de 2 000 mètres d'altitude. Et, en guise de digestion, des sentiers vous attendent pour compléter votre soif de paysages et de panoramas encore plus étendus.

la légende

L'exploit de Thévenet

En cette radieuse journée de juillet 1975, on se demande ce qui va bien pouvoir empêcher Eddy Merckx d'empocher un historique sixième tour de France. Comme à son habitude, « le Cannibale » est à l'attaque dans le col d'Allos, qu'il franchit avec six secondes d'avance sur Bernard Thévenet. Prenant tous les risques, le Belge possède 1'30" à Barcelonnette. Le maillot jaune entame alors la montée de Pra-Loup pour aller chercher une nouvelle victoire. Mais subitement, il subit une monumentale défaillance. Ne supportant plus la chaleur accablante, il est d'abord doublé par Gimondi. Derrière, Thévenet entame un sacré numéro. Mètre après mètre, le Bourguignon rattrape Merckx, Van Impe, Zoetemelk, puis Gimondi à 1,5 km de l'arrivée, pour une belle victoire en solitaire. Merckx ne termine que cinquième de l'étape, à 1'56". À vingt-sept ans, Thévenet troque son maillot à damier Peugeot pour le prestigieux maillot jaune, qu'il conservera jusque sur les Champs-Élysées. Le lendemain, il en remettra une couche dans l'Izoard, pour s'imposer à Serre-Chevalier et reléguer Merckx encore plus loin. Avec son style énergique qui chahutait sa grande carcasse, Nanar a conquis deux Tours de France, avec neuf étapes (dont sept de montagne).

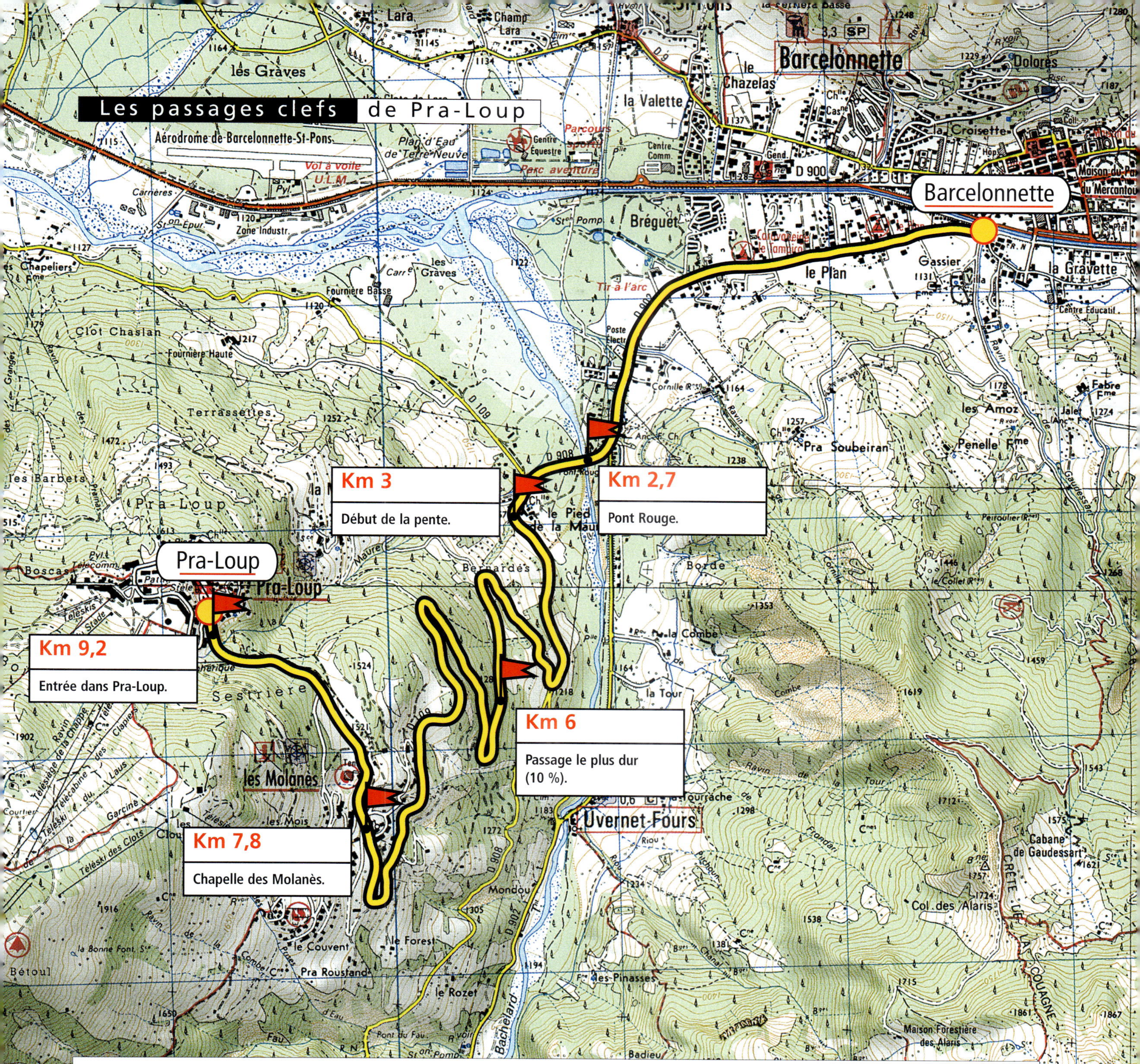

Le profil

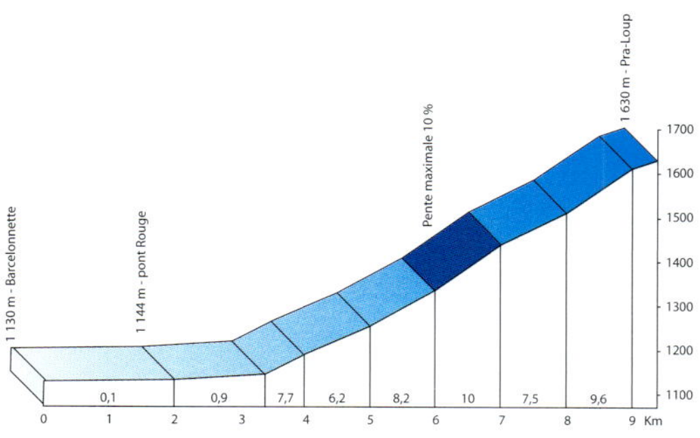

Pratique

- Département : Alpes-de-Haute-Provence (04).
- Ouverture : de mai à novembre.
- **Carte : IGN n° 3540 OT.**
- Accès : depuis Gap, prendre la N 85, la D 900 B, puis la D 900 jusqu'à Barcelonnette, qui se trouve à 69 kilomètres au sud-est et à 84 kilomètres au nord-est de Digne-les-Bains. L'ascension emprunte la D 908, puis la D 109 jusqu'au sommet.
- Train : gare SNCF de Gap, puis car. Tél. : 04 92 40 93 00 ou 3635.
- Renseignements : office de tourisme de Barcelonnette. Place Frédéric-Mistral. BP 4. 04400 Barcelonnette. Tél. : 04 92 81 04 71. Internet www.barcelonnette.com
- Office de tourisme de Pra-Loup. Maison de tourisme. 04400 Pra-Loup. Tél. : 04 92 94 10 04. Internet www.praloup.com

1538 M

Le Revard

Le balcon du lac du Bourget

Distance : **21,3 km** • Dénivelé : **1 295 mètres** • Pourcentage moyen : **6,1 %** • Pourcentage maximal : **8 %**

Aix-les-Bains (243 m) vous accueille pour ce classique souvent gravi par le Tour, le Dauphiné et de nombreuses courses régionales. Appréciant les bienfaits des sources chaudes, les Romains ont donné un sacré essor à la ville en bâtissant des thermes, un temple et une multitude d'infrastructures. Mais il faudra attendre le XIXe siècle pour que les lieux redeviennent à la mode et drainent artistes et têtes couronnées, comme en témoignent les palaces et les fastueuses villas au bord du lac du Bourget. Il s'agit du plus vaste plan d'eau naturel français (4 500 ha). Très poissonneux et très profond (145 m), il ne gèle jamais, et l'été, on apprécie la baignade à 25 °C. Aix (26 110 habitants) abrite aussi quelques musées et une église de style byzantin.

En passant à proximité de la gare, du casino et des thermes, vous mettez le cap à l'est. Plus nerveux, ce versant nord est le plus difficile. Après cette agréable mise en jambes urbaine à environ 3,5 %, la route s'élève rapidement à 6 %, pour franchir l'autoroute A 41 (Genève-Grenoble) et atteindre le village de Mouxy (400 m). Le paysage champêtre offre de riantes collines recouvertes de vergers, embellies par un microclimat qui fait pousser une végétation de type méditerranéen. Pendant 2 kilomètres, la déclivité marque un temps d'arrêt en changeant de direction et en empruntant une voie toute droite. Mais à l'approche de Chatenod (470 m), anticipez, car une première rampe à 7,5 % attaque le début d'une longue série de lacets. Un nouveau palier de transition conduit à Trévignin (620 m). La corniche ménage peu à peu de splendides vues sur le lac du Bourget, célébré par le célèbre poème de Lamartine. Sur la gauche s'étagent les hautes futaies de la forêt de Corset, surmontées de la montagne de la Biolle. Désormais assez régulier, le pourcentage s'établit durablement entre 7 et 8 %, de quoi vous permettre d'adopter un rythme de croisière. Au dixième kilomètre (800 m), la route disparaît sous un abondant couvert sylvestre constitué de hêtres, de sapins et d'épicéas. De nombreux gouffres et grottes s'ouvrent dans ce massif calcaire. Vous pénétrez alors dans les espaces protégés du Parc naturel régional du massif des Bauges, qui s'étend sur 81 000 hectares, jusqu'aux portes d'Annecy et de Chambéry. Dans les fruitières de ce territoire essentiellement agricole mûrissent d'onctueux

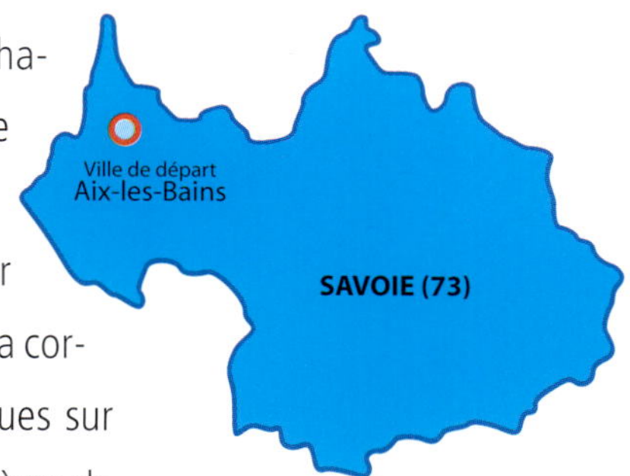

Après une agréable mise en jambes urbaine, la route s'élève rapidement à 6 %.

La corniche ménage peu à peu de splendides vues sur le lac du Bourget. Sur la gauche s'étagent les hautes futaies de la forêt de Corset surmontées de la montagne de la Biolle.

fromages authentiques. Sans qu'il y ait de rupture de pente particulière, la chaussée franchit le col de la Cluse (1 184 m). En cas de canicule, vous apprécierez l'ombre apaisante de la forêt.
Toujours aussi sinueuse et exigeante, l'ascension se poursuit en contournant la tour de l'Angle est (1 562 m), point culminant du secteur. Encore trois grandes épingles et vous débouchez presque en roue libre sur le plateau, qui s'abaisse à 4 %. C'était autrefois le royaume des bergers baujus. Mais, dès 1893, se construisent les premiers hébergements destinés aux curistes étrangers. Et, en 1908, une station de ski est créée sur les flancs du mont Revard. Ses 190 kilomètres de pistes forment aujourd'hui un maillage serré avec les villages de La Féclaz et de Saint-François-de-Sales. Quelques chalets et des petits ruisseaux animent la fin de la montée. Au carrefour des Déserts (1 448 m), empruntez, à droite, la petite route qui dessert, sur 1,4 km à 6,4 %, la station du Revard. En 1892, un spectaculaire train à crémaillère ralliait le sommet (1 538 m), remplacé par un téléphérique d'une seule portée de 1935 à 1969.
Le saisissant promontoire rocheux du Revard dévoile un panorama exceptionnel et très étendu. En face se dresse la masse sombre du mont du Chat, d'où émergent la dent du Chat (1 390 m) et le Molard-Noir (1 452 m). On distingue même les méandres du Rhône dans une échancrure. En contrebas s'étalent les jardins d'Aix-les-Bains et le lac, dont la couleur change suivant la lumière et le climat. Au nord se profilent le Grand-Colombier (1 534 m) et les cimes du Jura, avec en avant-plan les vignes et marais de Chautagne. Dans le sud, Chartreuse et Belledonne encadrent l'agglomération chambérienne. Enfin, tournez-vous vers l'est pour conclure en beauté avec la vision magique du mont Blanc surplombant les crêtes des Bauges. L'autre face du Revard, plus courte et donc moins dure, comprend 22,6 km à 5,5 % (maximum 9 %).

la légende

Gimondi au paradis

En 1965, le jeune Italien fait des débuts fracassants chez les pros en se classant troisième du Giro. Sélectionné sur le Tour à la dernière minute, il brille d'abord du côté de Rouen. Puis se présente un contre-la-montre inédit entre Aix-les-Bains et le mont Revard pour la cinquième et dernière étape alpestre. Le longiligne Bergamasque au style très élégant réalise une grosse performance en domptant la difficulté en moins d'une heure, à près de 27 km/h moyenne. Et pourtant, dès le début de la montée, une dent cassée de sa roue libre l'a contraint à emmener un braquet plus gros que prévu. Poulidor, qui s'était illustré sur ce même Revard dans le Dauphiné, concède, dépité, vingt-trois secondes, et Pingeon, 1'40". C'est une belle revanche pour Gimondi, battu jusque-là par Poupou dans les étapes de Châteaulin et du Ventoux. Le chef de file de l'équipe Salvarani conforte son maillot jaune. Cette victoire est un tremplin pour Gimondi (pas encore vingt-trois ans), qui remporte la Grande Boucle quelques jours plus tard, devant l'incontournable Poulidor. Au total, l'Italien aura porté la tunique or à dix-neuf reprises. Le début d'une très grande carrière qui comporte notamment trois Tours d'Italie et une Vuelta, et sept victoires d'étapes sur le Tour de France. Sept ans plus tard, en 1972, Felice Gimondi se classera encore deuxième de la Grande Boucle, entre Merckx et Poulidor.

Les passages clefs du Revard

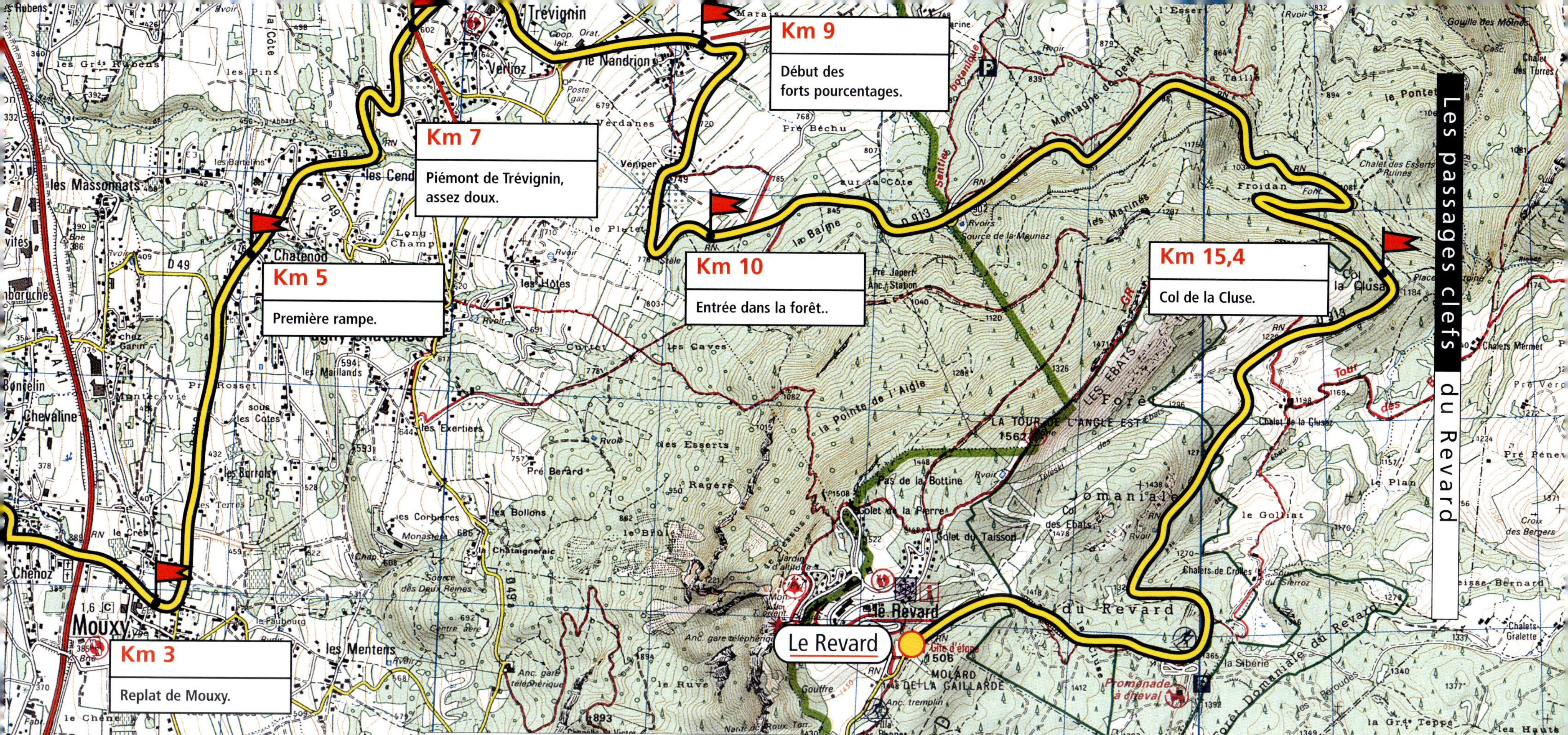

Le profil

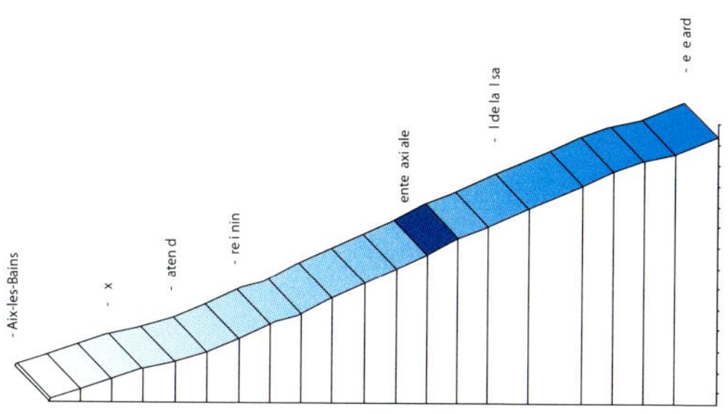

Pratique

- Département : Savoie (73).
- Ouverture : de juin à octobre.
- **Carte : IGN n° 3332 OT.**
- Accès : depuis Chambéry, prendre la N 201 pour rejoindre Aix-les-Bains, qui se trouve à 18 kilomètres au nord et à 34 kilomètres au sud-ouest d'Annecy. La route emprunte ensuite la D 913, puis un CV jusqu'au sommet.
- Train : gare SNCF d'Aix-les-Bains-le-Revard. Tél. : 3635.
- Renseignements : office de tourisme d'Aix-les-Bains. Place Maurice-Mollard. BP 132. 73101 Aix-les-Bains. Cedex. Tél. : 0479886800. Internet www.aixlesbains.com
- Parc naturel régional du massif des Bauges. Maison du Parc. 73630 Le Châtelard. Tél. : 0479548640. Internet www.parcdesbauges.com
- Savoie Grand-Revard. Office de tourisme. 73230 La Féclaz. Tél. : 04 79 25 80 49. Internet www.savoiegrandrevard.com

1 528 M

La Forclaz

Escapade en Suisse

Distance : **13,3 km** • Dénivelé : **1058 mètres** • Pourcentage moyen : **7,9 %** • Pourcentage maximal : **9 %**

Ce col, déniché par les organisateurs de la Grande Boucle en 1948, met en communication depuis des siècles le Valais suisse avec la vallée de Chamonix, en France. Dans son souci d'innovation et d'universalité, le Tour de France visite volontiers les grandes cimes des pays frontaliers. C'est le cas de ce sérieux client de la Forclaz. Une fois lancée, la pente est constamment autour de 8 % et n'offre aucun relâchement. Un amphithéâtre romain rappelle le caractère stratégique de Martigny (14000 habitants), installé au bord d'un coude formé par le Rhône qui se jette un peu plus loin dans le lac Léman. Bénéficiant d'un ensoleillement généreux, cette région francophone propice à l'épanouissement des vergers est surnommée la Californie de la Suisse.

La route traverse d'abord, du nord au sud, toute l'agglomération de Martigny (470 m), en passant à proximité de la monumentale église de style toscan et de la fondation Pierre-Gianadda, qui expose des chefs-d'œuvre de Manet, Miró, Picasso, Kandinsky, Van Gogh… En délaissant le chemin du col du Grand-Saint-Bernard, vous franchissez la rivière de la Dranse (500 m). Le ruban d'asphalte se dresse bien vite à 8 % dans les vignes, avant de disparaître dans les bois. C'est l'afflux des touristes en montagne qui a contraint de remplacer le mauvais sentier qui jusque-là joignait les deux pays. Il a fallu soixante ans de travaux titanesques, surtout sur le versant occidental, pour tailler une voie dans la roche avec le percement d'un tunnel. En 1827, les premiers voyageurs inaugurent ainsi la liaison, et les voitures suivent en 1920. Elles devaient jadis acquitter un péage pour franchir le col. La circulation est vite intense entre les deux vallées sur cet axe devenu incontournable.

Remontant une agréable combe forestière, remarquez les bisses qui drainent l'eau des sommets vers les cultures. Au bout de 3 kilomètres, arrêtez-vous dans le virage (652 m) pour contempler la belle vue sur la vallée maraîchère du Rhône, avec au premier plan la tour ronde de la Bâtiaz (XIIe siècle) qui surplombe le toit de lauzes de la chapelle Notre-Dame-de-la-Compassion (XVIIe). Plus à l'est surgit la dent de Pierre-Avoi (2473 m), à proximité de la station de Verbier. Sur la droite s'étagent une multitude de chalets nichés dans la verdure. Toujours aussi régulière et ombragée,

Une fois lancée, la pente oscille constamment autour de 8 %…

Un peu plus haut, c'est un autre éclairage de la vallée de la Drance et des virolets que vous venez de conquérir. Après un dernier effort à 8 %, vous débouchez dans la clairière du sommet.

l'escalade se poursuit en ondulant légèrement, avec cette fois-ci, sur la gauche, des perspectives sur les hameaux construits dans la pente. Peu après les maisons du Chanton (1 090 m), le col change de physionomie. Un enchaînement de quatre lacets vous hisse en effet à 7 % dans les alpages appréciés par les nombreux chamois. Dans le dernier virage (1 323 m), la vue plonge sur les vallons boisés et le torrent qui dessert de petits villages typiques. Un peu plus haut, c'est un autre éclairage de la vallée de la Drance et des virolets que vous venez de conquérir. Après un dernier effort à 8 %, vous débouchez dans la clairière du sommet (1 528 m). Le terme « forclaz » désigne généralement un relief en forme de petite fourche.

Du col, un téléphérique rejoint le plan de Gy, au pied du mont de l'Arpille (2 085 m). En face s'étalent les massifs de la Pointe-Ronde et de l'aiguille de Balme, avec, au premier plan, l'arête rocheuse de la Croix-de-Fer (2 343 m). La France ne se trouve qu'à 9 kilomètres. Dans une plaine fleurie en contrebas, le village de Trient se blottit auprès de son église blanche. Sur la frontière franco-suisse, vous admirez l'aiguille du Tour (3 540 m), qui domine le glacier des Grands et celui de Trient, dont la langue de séracs s'avance jusque dans la vallée toute proche. À l'opposé se devinent les cimes des Alpes bernoises, dont beaucoup dépassent 4 000 mètres. Vous croiserez sans doute de nombreux randonneurs qui parcourent le sentier du mythique Tour du Mont-Blanc, qui passe par le col de la Forclaz. Si vous voulez apprécier plus longuement ces superbes paysages de montagne, sachez que le col accueille un camping, un hôtel et un gîte d'étape. C'est le point de départ idéal pour de nombreuses excursions, notamment en direction du grandiose barrage d'Emosson. Via le col des Montets (1 461 m), le versant occidental n'a rien de difficile, avec 7,5 km à 5,8 % (maximum 8 %) en empruntant le défilé de Tête-Noire.

la légende

Anquetil mate les grimpeurs

Lors de ce cinquantième Tour 1963, Jacques Anquetil est contraint à l'attaque. Il ne reste plus que cinq jours de course, et c'est Federico Bahamontes qui porte le maillot jaune. Ce 10 juillet, l'étape alpestre Val d'Isère-Chamonix est assez copieuse. Après avoir franchi les cols du Petit- et du Grand-Saint-Bernard, tous les favoris se retrouvent en Suisse. Pour prendre un avantage décisif dans le col de la Forclaz, Anquetil enfourche un vélo plus léger. Dès les premières rampes, Bahamontes attaque. Poulidor coince. Et bientôt, seul Anquetil peut suivre le rythme de l'Espagnol restant à quelques longueurs. Le duel se poursuit jusqu'au sommet de la Forclaz. Dans le col des Montets, « l'Aigle de Tolède » place encore quelques banderilles, mais en vain. Finalement, le coup de théâtre se produit dans la descente, où Bahamontes, prenant trop de risques, chute. Anquetil se retrouve seul en tête, gagne l'étape et endosse le maillot jaune avec vingt-huit secondes d'avance. Dans cette bagarre, Poulidor a perdu plus de huit minutes. Cet épisode illustre les remarquables progrès accomplis en montagne par « Maître Jacques ». Trop vite catalogué rouleur, il est en passe de remporter le troisième de ses cinq Tours de France. Bien que n'ayant jamais basculé en tête au sommet d'un grand col au cours de sa carrière, Anquetil a toujours su faire la différence en restant dans le sillage des meilleurs grimpeurs.

Les passages clefs de La Forclaz

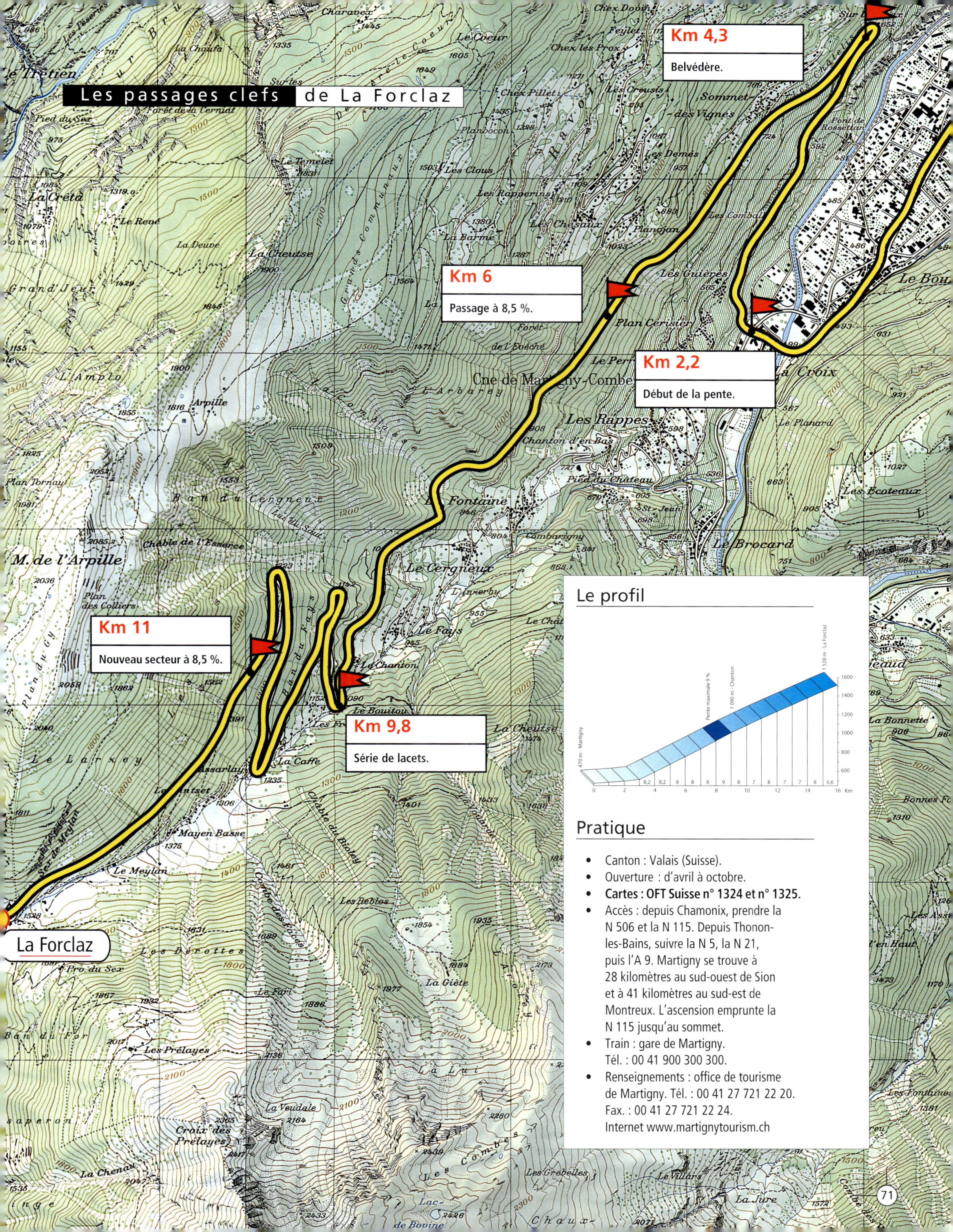

Le profil

Pratique

- Canton : Valais (Suisse).
- Ouverture : d'avril à octobre.
- **Cartes : OFT Suisse n° 1324 et n° 1325.**
- Accès : depuis Chamonix, prendre la N 506 et la N 115. Depuis Thonon-les-Bains, suivre la N 5, la N 21, puis l'A 9. Martigny se trouve à 28 kilomètres au sud-ouest de Sion et à 41 kilomètres au sud-est de Montreux. L'ascension emprunte la N 115 jusqu'au sommet.
- Train : gare de Martigny. Tél. : 00 41 900 300 300.
- Renseignements : office de tourisme de Martigny. Tél. : 00 41 27 721 22 20. Fax. : 00 41 27 721 22 24. Internet www.martignytourism.ch

1486 M

Les Aravis

Un plaisir bucolique

Distance : **18,9 km** • Dénivelé : **861 mètres** • Pourcentage moyen : **4,5 %** • Pourcentage maximal : **8 %**

À la frontière de la Savoie et de la Haute-Savoie, en plein milieu de la chaîne des Aravis, cet axe routier achevé en 1902 met en communication la vallée du Nom et le val d'Arly. Accessible une bonne partie de l'année, ce classique du genre a été gravi une quarantaine de fois par les géants du Tour depuis 1911. Les plus grands grimpeurs s'y sont mis en évidence. Rejoignez le clocher à bulbe ajouré de Thônes, la capitale du reblochon, pour aborder le versant nord. L'escalade, relativement facile, ne présente pas de piège et se caractérise par une longue approche bucolique. Un double plateau suffit largement. Au confluent du Fier, de superbes maisons à arcades datant du XVe siècle ceinturent la place principale du bourg (5 500 habitants). Un passionnant musée évoque l'artisanat et les coutumes locales.

Assez large, la route s'élève d'abord paresseusement au pied des chapelles perchées des Murailles et de Lorette. Puis, au fil du Nom, elle s'établit autour de 5 % dans les contreforts du mont Lachat (2 020 m) et de la pointe de Beauregard (1 544 m). L'architecture des chalets est vraiment propre à la région, avec une superposition de balcons fleuris et des toitures couvertes d'ancelles et de tavaillons. Vous arrivez ainsi rapidement, sans trop d'effort, au carrefour stratégique de Saint-Jean-de-Sixt (963 m), au pied de la station du Grand-Bornand. Depuis ce village authentique d'origine médiévale, l'itinéraire décrit alors un coude qui s'oriente vers le sud en se faufilant dans une sombre cluse boisée sur une très faible pente (2,5 %). Le paysage s'éclaircit au niveau de la chapelle du Parc. Ce sanctuaire est l'un des nombreux oratoires qui jalonnent le massif. À l'issue de cette première partie relativement aisée, vous atteignez le village traditionnel de La Clusaz (1 039 m), également protégé par un bulbe baroque, dont le domaine skiable propose 202 kilomètres de pistes, terre d'élection de nombreux champions olympiques. Les traditions y sont particulièrement vivaces, avec un riche calendrier de festivités. Le bélier qui figure sur les armoiries de la ville rappelle son passé rustique et autarcique avant l'arrivée de la manne de l'or blanc, en 1920.

Dans cette seconde partie, la route folâtre au pied du crêt du Loup (1 864 m), au milieu des fermes et des estives des vaches d'Abondance à la robe

L'escalade, relativement facile, ne présente pas de piège. Un double plateau suffit largement.

Sur la gauche se dessine la voie d'accès au col de la Croix-Fry qui rejoint Thônes. Quelques tours de roue plus loin survient le passage le plus critique, avec une première épingle à plus de 8 %.

acajou et blanc. Sur la gauche se dessine la voie d'accès au col de la Croix-Fry (1 467 m) qui rejoint Thônes par la vallée de Manigod. Quelques tours de roue plus loin survient le passage le plus critique, avec une première épingle à plus de 8 %. Changez de braquet pour enrouler cette succession de lacets qui surplombent toujours le fidèle torrent du Nom. À partir de cette altitude, les maîtres affineurs perpétuent, depuis le XIIe siècle, le caractère savoureux du reblochon. Peu à peu, d'impressionnantes barres rocheuses grises couronnent les sommets environnants entaillés de lapiaz. Ces verticales citadelles et dentelles minérales forment l'épine dorsale de la chaîne des Aravis, qui s'étend sur une quarantaine de kilomètres. Ne perdez pas la cadence, car les trois derniers kilomètres sont nettement plus doux. L'ultime borne, assez linéaire, s'efface, à seulement 4,5 %, avec le parfum de l'herbe fraîchement coupée, pour éviter les avalanches en hiver. Des cabanes de berger et la coquette chapelle Sainte-Anne signalent le sommet. Datant du XVIIe siècle, elle servait d'abri aux infortunés voyageurs. Aujourd'hui, plusieurs restaurants permettent de reprendre des forces.

Point culminant d'un large vallon verdoyant et fleuri de fleurs sauvages, le col (1 486 m) se trouve à l'aplomb des pointes des Aravis (2 325 m) et de Merdassier (2 313 m). Un majestueux et unique panorama laisse découvrir, au sud, le massif de l'Étale (2 483 m) et la pyramide du mont Charvin (2 409 m). Au nord, on distingue la pointe des Verres (2 616 m), la tête Pelouse (2 539 m) et, beaucoup plus loin, la pointe Percée (2 752 m), point culminant du massif, tandis qu'à l'est se découpent la chaîne du Mont-Blanc et les aiguilles de Chamonix. L'autre versant, nettement plus pentu, avec 11,5 km à 6,1 % (maximum 8 %), s'élance depuis Flumet, en traversant les gorges de l'Arondine.

la légende

Bartali décroche Bobet

Dix ans après avoir remporté le Tour de France, Gino Bartali (trente-quatre ans) affiche toujours la même soif de vaincre, malgré la coupure de la guerre. En 1948, son adversaire principal s'appelle Louison Bobet. Mais le jeune Breton cède par deux fois sa tunique d'or. Notamment dans les Alpes, où la foi de « Gino le Pieux » soulève des montagnes, puisqu'il remporte les trois étapes. Le coup de grâce est porté dans le col des Aravis, où il passe en tête et distance définitivement Bobet. Vainqueur à Lausanne, il prend encore quatre minutes au Français, qui, en trois jours, a perdu près d'une demi-heure. Cet exploit illustre le talent du Florentin, qui, cette année-là, remporte pas moins de sept étapes. Outre le maillot jaune final, il est sacré meilleur grimpeur, comme en 1938. Son dauphin Brik Schotte accuse un débours de plus de vingt-six minutes. Vainqueur de trois Giro, Gino Bartali a obtenu sur ses terres un record de sept maillots de meilleur voltigeur.

Les passages clefs des Aravis

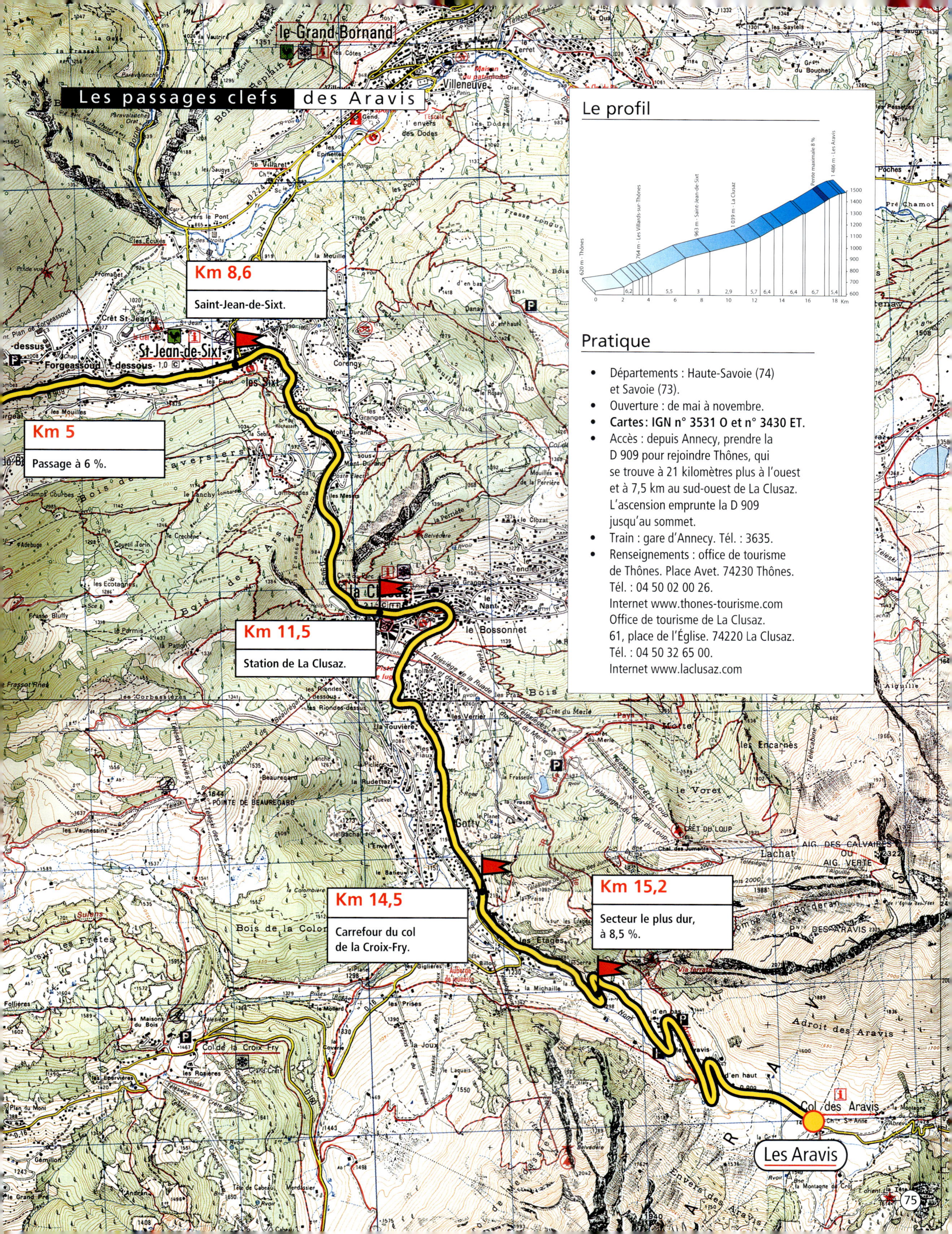

Pratique

- Départements : Haute-Savoie (74) et Savoie (73).
- Ouverture : de mai à novembre.
- **Cartes : IGN n° 3531 O et n° 3430 ET.**
- Accès : depuis Annecy, prendre la D 909 pour rejoindre Thônes, qui se trouve à 21 kilomètres plus à l'ouest et à 7,5 km au sud-ouest de La Clusaz. L'ascension emprunte la D 909 jusqu'au sommet.
- Train : gare d'Annecy. Tél. : 3635.
- Renseignements : office de tourisme de Thônes. Place Avet. 74230 Thônes. Tél. : 04 50 02 00 26. Internet www.thones-tourisme.com Office de tourisme de La Clusaz. 61, place de l'Église. 74220 La Clusaz. Tél. : 04 50 32 65 00. Internet www.laclusaz.com

1326 M

Le col de Porte

Merveilleuse Chartreuse

Distance : **17,4 km** • Dénivelé : **1 141 mètres** • Pourcentage moyen : **6,6 %** • Pourcentage maximal : **11 %**

Le massif montagneux de la Chartreuse, qui domine la plaine de l'Isère, sert de cadre grandiose à de nombreuses courses cyclistes. Depuis 1907, l'écho des exploits des plus grands champions résonne encore dans ces montagnes pittoresques et préservées. De nombreux monastères se nichent dans d'épaisses forêts où vous aurez peut-être la chance d'apercevoir des lynx, des chamois ou le vol d'un tétras. Le versant sud du col constitue la porte d'entrée de ce superbe parc naturel (69 000 ha), creusé de dizaines de kilomètres de galeries souterraines. L'endroit a été qualifié d'« émeraude des Alpes » par Stendhal. Les précipitations abondantes expliquent cette verdeur omniprésente. Cet obstacle a été vaincu dix-huit fois par le Tour, mais aussi très souvent par le Dauphiné.

Vous prenez votre envol depuis Grenoble (156 200 habitants), la capitale de l'Isère. L'accès s'effectue par le pont de la Citadelle (212 m). Admirez, en face, la vertigineuse falaise de la Bastille, reliée sur votre gauche par un téléphérique. La rive droite de l'Isère vous conduit jusqu'aux faubourgs de la Tronche (220 m), où Léon Trotski a séjourné en 1934. C'est ici, sur les flancs du mont Rachais, que s'engage la montée, avec, immédiatement, 7,5 %. Puis cette partie très urbanisée grimpe à 8 %, avec, sur la droite, le sévère château de Bouqueron, qui surplombe la vallée. Autrefois, ces coteaux étaient couverts de vignes. En face de l'église de Corenc, un virage très prononcé offre un premier belvédère sur l'agglomération grenobloise, la plaine du Grésivaudan et la chaîne de Belledonne. Un peu plus haut, le fort de Bourcet (470 m) est l'un des nombreux bastions qui surveillent la vallée depuis 1870. C'est dans ce lacet vicieux que Bernard Hinault a chuté dans le ravin, dans le Dauphiné 1977. Le décor est à présent entièrement naturel, avec des chênes, des châtaigniers et des genévriers. Moulinez, car la pente dicte sa loi, à plus de 9 % pendant deux longs kilomètres. Ce secteur usant est le plus dur de l'escalade. Prenez votre mal en patience et appréciez la trouée sur la gauche, qui dévoile les barres blanches des cimes du Vercors. Bordée de hêtres puis de sapins et d'épicéas, la route contourne largement le nid d'aigle du fort du Saint-Eynard et atteint le col de Vence (782 m), qui porte le nom du petit torrent qui creuse ce vallon étroit. En face se dresse l'anticlinal parfait de l'Écoutoux. En l'espace

L'endroit a été qualifié d'« émeraude des Alpes » par l'écrivain Stendhal.

Après avoir dépassé l'espace préservé du marais des Sagnes, la fraîcheur des résineux vous accompagne sur une pente plus irrégulière. Une nouvelle portion à 8 % rejoint le col de Palaquit.

de 2 bornes, le pourcentage a chuté à 5 %. Une joie de courte durée, avec un nouveau passage à 8,5 % qui s'interrompt à proximité du hameau de Pillonnières (922 m). Les villages se succèdent dans une vaste clairière qui forme un petit plateau. C'est ici que se niche Le Sappey (1 014 m), qui accueille des skieurs depuis 1907. Le domaine nordique est relié à trois autres villages de la Chartreuse. Le clocher roman a même assisté, en 1930, aux débuts du premier téléski de France. Admirez les magnifiques vitraux contemporains de l'artiste Arcabas. Après avoir dépassé l'espace préservé du marais des Sagnes, la fraîcheur et les senteurs des résineux vous accompagnent ensuite sur une pente plus irrégulière. Une nouvelle portion à 8 % rejoint le col de Palaquit (1 154 m), avec une auberge qui marque le carrefour de la route de Sarcenas, autre variante d'ascension. Une dernière ligne droite à 6,5 % et vous ralliez enfin le sommet du légendaire col de Porte (1 326 m), surplombé par les silhouettes typiques de la Pinéa (1 771 m), de Charmant-Som (1 867 m) et de Chamechaude (2 082 m), le point culminant du massif de la Chartreuse. Situé au cœur des sapins, le panorama est toutefois limité. La forêt tapisse en effet 60 % du massif cartusien. Ceux qui veulent vraiment un point de vue étendu devront prendre, en face, la montée forestière qui mène aux chalets de Charmant-Som. Autour d'un gîte et d'un grand hôtel-restaurant, une petite station de ski anime le col desservi par une poignée de remontées mécaniques. Par l'envoûtante route du Désert, l'autre face s'attaque au pied de Saint-Pierre-de-Chartreuse, soit 8 kilomètres à 6,6 % (maximum 8 %).

la légende

Gaul devient un « Ange »

À quatre jours de l'arrivée, ce 16 juillet 1958, Raphaël Geminiani porte le maillot jaune. Mais, dans la très longue étape qui conduit le peloton de Briançon à Aix-les-Bains, les conditions météorologiques sont épouvantables. Dans la première des cinq ascensions programmées, Bahamontes et Gaul, qui se trouve à plus de seize minutes au général, mettent le feu aux poudres. Le Luxembourgeois bascule en tête et possède déjà cinq minutes d'avance à Grenoble. Dans le col de Porte, Anquetil et Geminiani explosent. Sous la pluie glacée, Gaul poursuit sa formidable démonstration dans la trilogie des sommets de Chartreuse. Il s'impose en solitaire sur une chaussée détrempée. C'est la débandade chez les favoris, puisque Geminiani perd plus de quatorze minutes, Bobet, dix-neuf, et Anquetil, plus de vingt-trois minutes. Accusant plus d'une heure de retard, les derniers seront repêchés. L'Italien Vito Favero est de nouveau leader, mais Gaul est en embuscade à environ une minute et ne laissera pas passer l'occasion de remporter le Tour de France dans le dernier contre-la-montre. Comme en 1955, Gaul se classera encore troisième du Tour en 1961. Lors de ses dix participations, il a remporté dix étapes et été sacré deux fois roi de la montagne (1955 et 1956). Charly Gaul a aussi empoché deux Tours d'Italie, avec deux maillots de meilleur grimpeur en 1956 et en 1959.

Les passages clefs du col de Porte

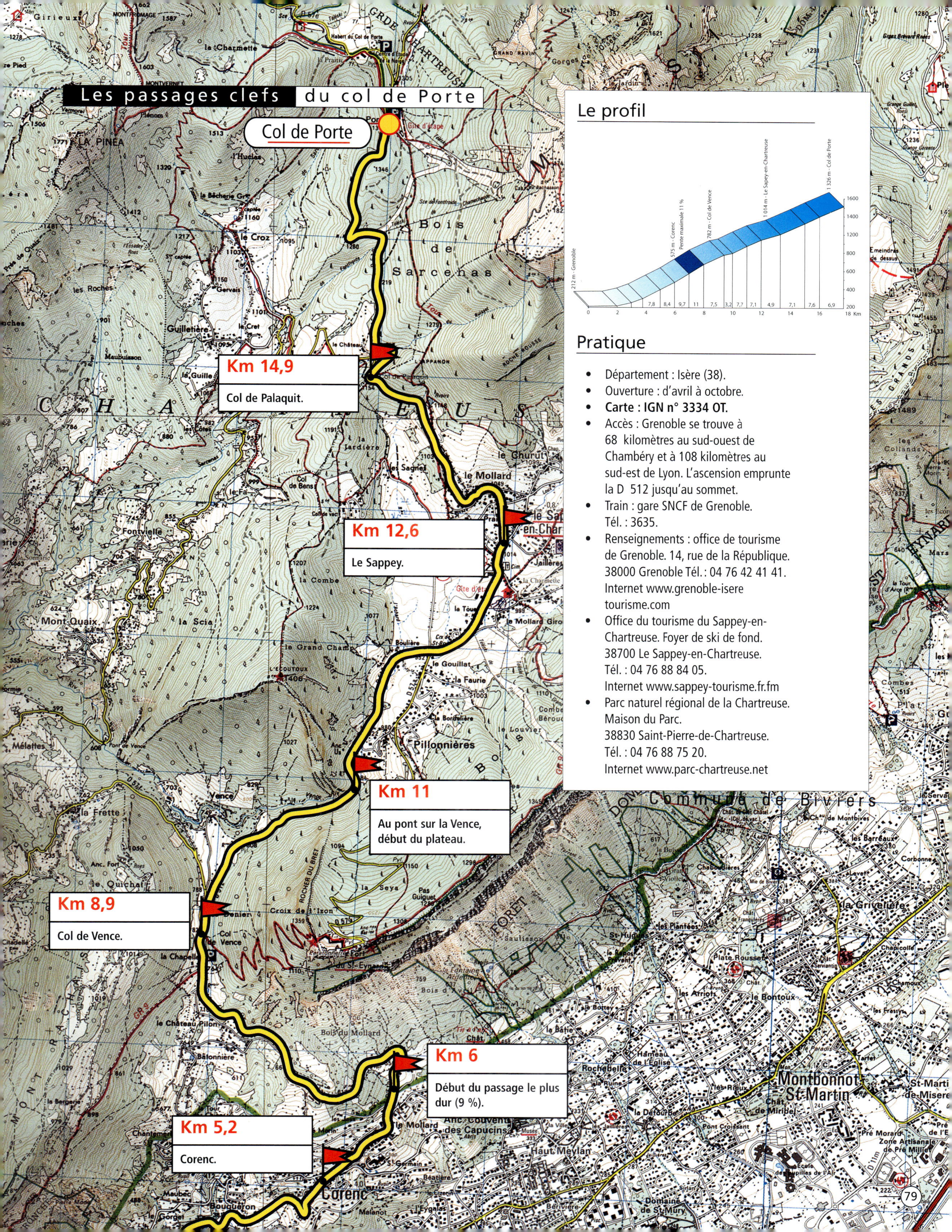

Le profil

Pratique

- Département : Isère (38).
- Ouverture : d'avril à octobre.
- **Carte : IGN n° 3334 OT.**
- Accès : Grenoble se trouve à 68 kilomètres au sud-ouest de Chambéry et à 108 kilomètres au sud-est de Lyon. L'ascension emprunte la D 512 jusqu'au sommet.
- Train : gare SNCF de Grenoble. Tél. : 3635.
- Renseignements : office de tourisme de Grenoble. 14, rue de la République. 38000 Grenoble Tél. : 04 76 42 41 41. Internet www.grenoble-isere tourisme.com
- Office du tourisme du Sappey-en-Chartreuse. Foyer de ski de fond. 38700 Le Sappey-en-Chartreuse. Tél. : 04 76 88 84 05. Internet www.sappey-tourisme.fr.fm
- Parc naturel régional de la Chartreuse. Maison du Parc. 38830 Saint-Pierre-de-Chartreuse. Tél. : 04 76 88 75 20. Internet www.parc-chartreuse.net

Les Pyrénées

Frontière naturelle entre la France et l'Espagne, les Pyrénées déploient leurs cimes sur 500 kilomètres entre l'océan Atlantique et la mer Méditerranée. Sur cette chaîne large de 50 à 150 kilomètres, on dénombre quatre cents cols routiers, dont une dizaine à plus de 2 000 mètres, dominés par le Vignemale (3 298 m), le sommet le plus élevé du versant français. Souvent sauvages, les ascensions se caractérisent ici par leurs irrégularités et leurs forts pourcentages.

L'Aubisque

- Distance : 29,1 km
- Dénivelé : 1365 mètres
- Pourcentage moyen : 5,2 %
- Pourcentage maximal : 10 %

Le Soulor

- Distance : 22,6 km
- Dénivelé : 1111 mètres
- Pourcentage moyen : 4,9 %
- Pourcentage maximal : 9 %

Hautacam

- Distance : 15,5 km
- Dénivelé : 1136 mètres
- Pourcentage moyen : 7,3 %
- Pourcentage maxi : 11 %

Aspin

- Distance : 11,9 km
- Dénivelé : 789 mètres
- Pourcentage moyen : 6,6 %
- Pourcentage maximal : 10 %

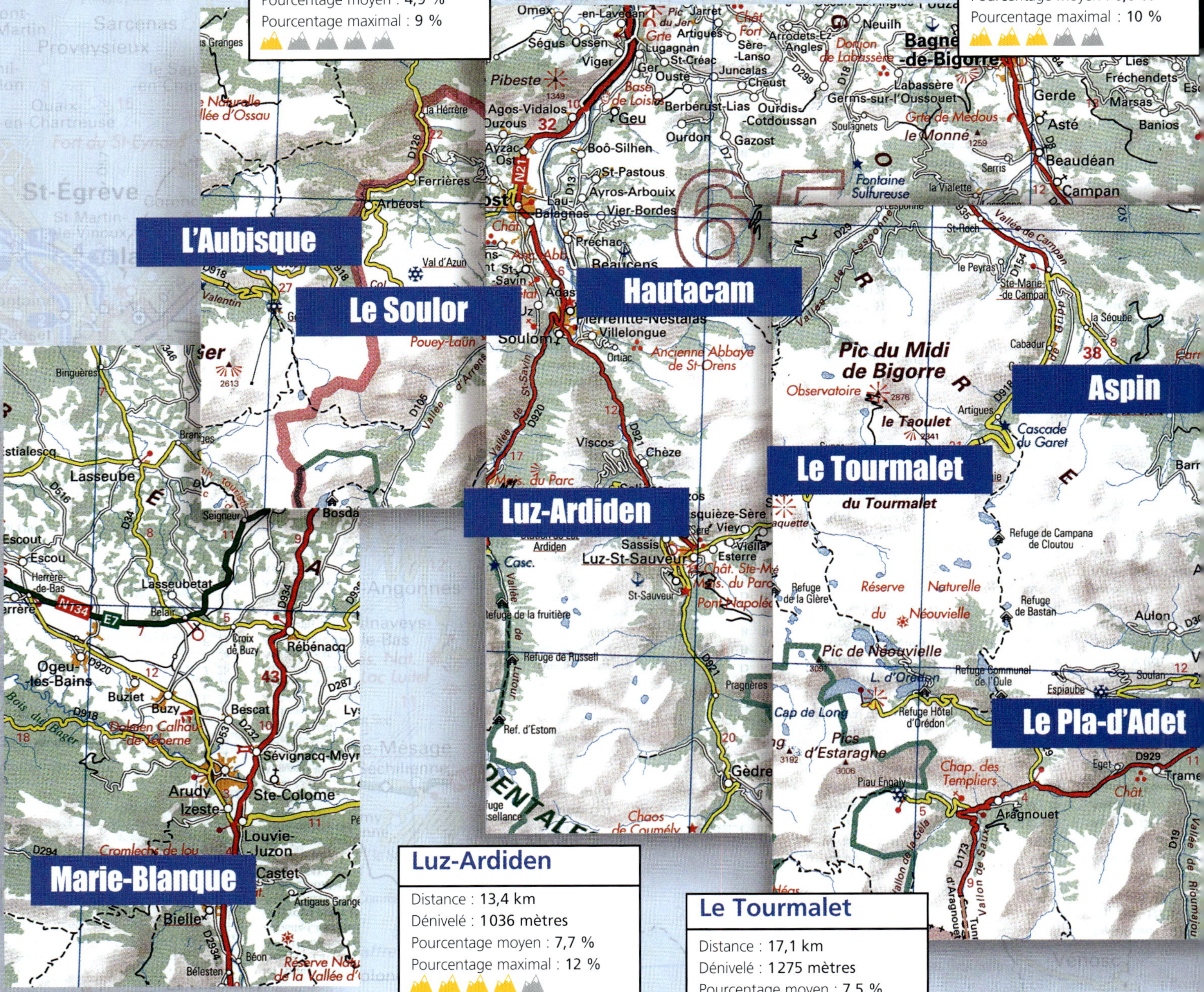

Luz-Ardiden

- Distance : 13,4 km
- Dénivelé : 1036 mètres
- Pourcentage moyen : 7,7 %
- Pourcentage maximal : 12 %

Le Tourmalet

- Distance : 17,1 km
- Dénivelé : 1275 mètres
- Pourcentage moyen : 7,5 %
- Pourcentage maximal : 11 %

Marie-Blanque

- Distance : 9,6 km
- Dénivelé : 700 mètres
- Pourcentage moyen : 7,3 %
- Pourcentage maximal : 12 %

Le Pla-d'Adet

- Distance : 11,6 km
- Dénivelé : 870 mètres
- Pourcentage moyen : 8,2 %
- Pourcentage maximal : 12 %

Les plus grands cols des Pyrénées

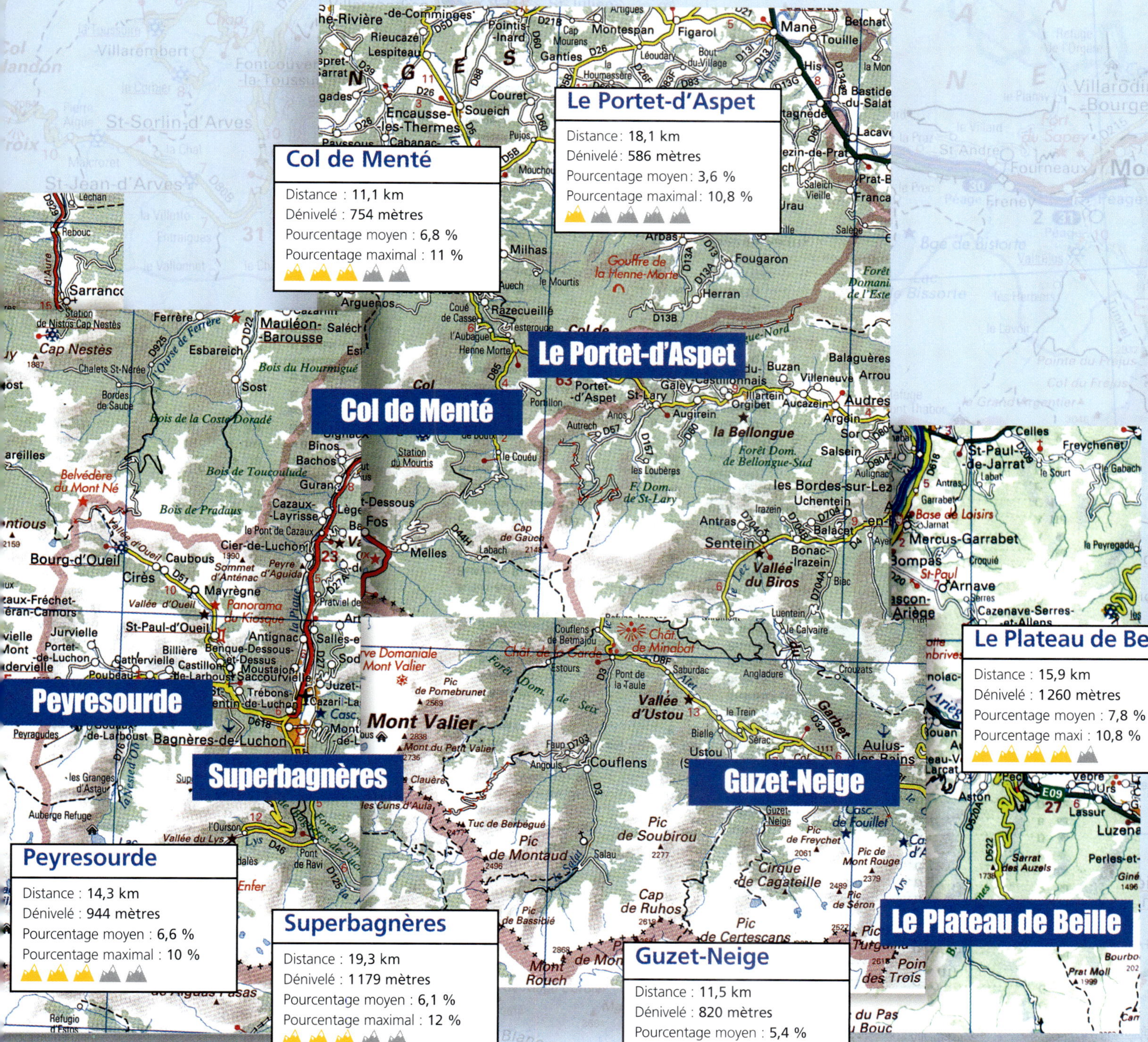

Le Portet-d'Aspet

Distance : 18,1 km
Dénivelé : 586 mètres
Pourcentage moyen : 3,6 %
Pourcentage maximal : 10,8 %

Col de Menté

Distance : 11,1 km
Dénivelé : 754 mètres
Pourcentage moyen : 6,8 %
Pourcentage maximal : 11 %

Le Plateau de Beille

Distance : 15,9 km
Dénivelé : 1 260 mètres
Pourcentage moyen : 7,8 %
Pourcentage maxi : 10,8 %

Peyresourde

Distance : 14,3 km
Dénivelé : 944 mètres
Pourcentage moyen : 6,6 %
Pourcentage maximal : 10 %

Superbagnères

Distance : 19,3 km
Dénivelé : 1 179 mètres
Pourcentage moyen : 6,1 %
Pourcentage maximal : 12 %

Guzet-Neige

Distance : 11,5 km
Dénivelé : 820 mètres
Pourcentage moyen : 5,4 %
Pourcentage maximal : 10 %

2115 M

Le Tourmalet

Le seigneur du Tour

Distance : **17,1 km** • Dénivelé : **1275 mètres** • Pourcentage moyen : **7,5 %** • Pourcentage maximal : **11 %**

Entre les vallées de l'Adour et du Gave de Pau, cette ascension mythique fait rêver plus d'un cycliste. Depuis le 21 juillet 1910, ce col le plus élevé de la chaîne des Pyrénées a été gravi près de soixante-quinze fois par le Tour de France et aussi, parfois, par le Tour d'Espagne. Il s'agit ainsi de l'obstacle le plus populaire. « Tourmalet » signifie « mauvais détour », car, jadis, ce sentier dangereux et très escarpé était emprunté lorsque les vallées étaient inondées. L'itinéraire a connu plusieurs phases d'aménagement en 1736, puis entre 1859 et 1864, sous l'impulsion de Napoléon III, pour relier les villes thermales. Ce périple très dépaysant mais particulièrement exigeant requiert un minimum d'entraînement.

Dans un décor constitué d'immenses prairies vertes (les courtaous), parsemées de quelques fermes et de granges coiffées de chaume, rejoignez le clocher de Sainte-Marie-de-Campan (840 m). Juste à l'entrée du village, une plaque commémore l'exploit d'Eugène Christophe, en 1913, qui, après avoir marché 14 kilomètres, passera quatre heures à se forger une nouvelle fourche.

Une approche bucolique caractérise ce versant est. Comme dans tous les grands cols pyrénéens, des panneaux scandent chaque kilomètre, indiquant le profil de la pente suivante. Pendant 3 bornes, le pourcentage se relève un peu, à 4,5 %. Encore quelques tours de roue tranquilles vers le hameau de Gripp (994 m), où débutent les difficultés. Tandis que s'échelonnent les gîtes et centres de vacances, la route s'élève brusquement. Le sommet est encore à plus de 12 kilomètres, et la pente ne descendra plus jamais en dessous de 8 %. L'interminable ligne droite du plateau de l'Artigues, agrémentée d'un petit lac bleu, accentue l'effet de fatigue. La route amorce enfin un large virage à gauche, pour s'enfoncer dans les sapins où crépite la cascade du Garet, aménagée en parc acrobatique. Vous êtes désormais dans la partie la plus pénible de l'ascension, avec 5 kilomètres à 10,2 %. Comme une lueur d'espoir dans un long bout droit, on aperçoit à droite, entre les arbres, la silhouette pyramidale du pic du Midi (2 865 m).

Quatre tunnels pare-avalanches où stationnent souvent quelques vaches placides franchissent le ravin du barrage de Castillon. Vous découvrez alors les grands immeubles de La Mongie (1 740 m), au pied des cimes de

Tourmalet signifie « mauvais détour ». Le Tour l'a parcouru soixante-quinze fois.

D'épaisses plaques de neige témoignent de la rigueur du climat, même en été. La pente est rude, mais le succès se devine au détour d'une dernière épingle, toujours aussi raide.

Taoulet et de Penne-Blanque. Un peu partout sur les hauteurs, des claies et des râteliers retiennent les éboulis. Les 11 % de la pente rendent usante la traversée de cette station créée en 1948 et jumelée avec celle de Barèges depuis 1973. Les petits bra-quets sont de rigueur. Pour les plus épuisés, ce sera l'occasion d'une petite halte, car il reste encore plus de 4 bornes à 9,2 % de moyenne. Ne soyez pas surpris de croiser des troupeaux de moutons, coutumiers des lieux depuis l'époque des monges, ou moines de l'abbaye de l'Escaladieu. Ce terme a donné son nom à la station. Vous grimpez à présent au milieu du plus vaste domaine skiable des Pyrénées (120 kilomètres de pistes), qui s'étend sur 1 700 hectares. Télésièges et téléskis s'entrecroisent au-dessus de vous. Une série de lacets nerveux burine les rochers couverts d'une herbe rase. D'épaisses plaques de neige et une brise glaciale témoignent de la rigueur du climat dans cette région, même en été. La pente est rude, mais le succès se devine au détour d'une dernière et sombre épingle, toujours aussi raide.

À 2 115 mètres d'altitude, vous voilà enfin parvenu au pied de la sculpture du géant du Tourmalet et de la stèle à la mémoire de Jacques Goddet, directeur du Tour de 1936 à 1988. Dans le virage en face du restaurant qui collectionne de vieux souvenirs du Tour, la vue porte jusqu'au pic d'Ardiden (2 988 m) et le glacier de Baïlatous. On lit aussi les derniers lacets tortueux du versant ouest qui dégringolent dans la vallée du Bastan, vers Barèges. Le col est encadré, au sud, par les pics de Campana (2 369 m) et de l'Espade (2 467 m), avec en arrière-plan celui des Quatre-Termes (2 724 m). Au nord, le passage est surplombé par l'arête du pic du Tourmalet (2 486 m). Une barrière s'ouvre sur un chemin (interdit aux vélos) qui rejoint en 5,5 km l'observatoire du pic du Midi de Bigorre (créé en 1873), pour disposer d'un panorama encore plus grandiose sur le massif de Néouvielle et de nombreux lacs. En venant de Luz-Saint-Sauveur, la montée occidentale, beaucoup plus âpre et sans possibilité de souffler, présente 18,7 km à 7,5 % de moyenne (maximum 10 %).

la légende

Jimenez en maître

Comme son illustre aîné Federico Bahamontes, Julio Jimenez a remporté le maillot à pois trois années de suite (de 1965 à 1967). Il réalise la même performance chez lui, sur la Vuelta, de 1963 à 1965. Ce brillant grimpeur s'est surtout révélé passé le cap de la trentaine. Dans les Pyrénées, le natif d'Ávila a souvent été impérial, avec une prédilection pour le col du Tourmalet, qu'il a franchi trois fois en solitaire. En 1964, Jimenez et Bahamontes se relaient dans une longue offensive entre Luchon et Pau. « L'Aigle de Tolède » laisse son jeune rival passer en tête de Peyresourde, de l'Aspin puis du versant oriental du Tourmalet, avant de reprendre les choses en main dans l'Aubisque et de s'imposer de justesse à Pau. Un an après, Jimenez, dans l'étape Dax à Bagnères-de-Bigorre, distance ses compagnons d'échappée dans le Soulor. Le natif d'Ávila accentue son avance dans la fraîcheur du Tourmalet, gravi cette fois-ci par Barèges, pour aller glaner un beau succès. Derrière, c'est l'hécatombe, avec une cascade d'abandons et l'autobus pointé à plus d'une demi-heure. Le champion espagnol s'illustre encore en 1967 entre Luchon et Pau, en empochant de précieux points dans le Tourmalet, au-dessus de La Mongie. Ses bonnes prestations lui permettent de se classer deuxième du Tour, derrière Roger Pingeon. À l'actif de Jimenez, on soulignera ses cinq victoires montagneuses de prestige dans la Grande Boucle et plus d'une vingtaine de grands cols passés en premier. Dans ce Tourmalet de légende, Bahamontes a réalisé un quadruplé, et Robic, Van Impe et Virenque, le triplé.

Les passages clefs du Tourmalet

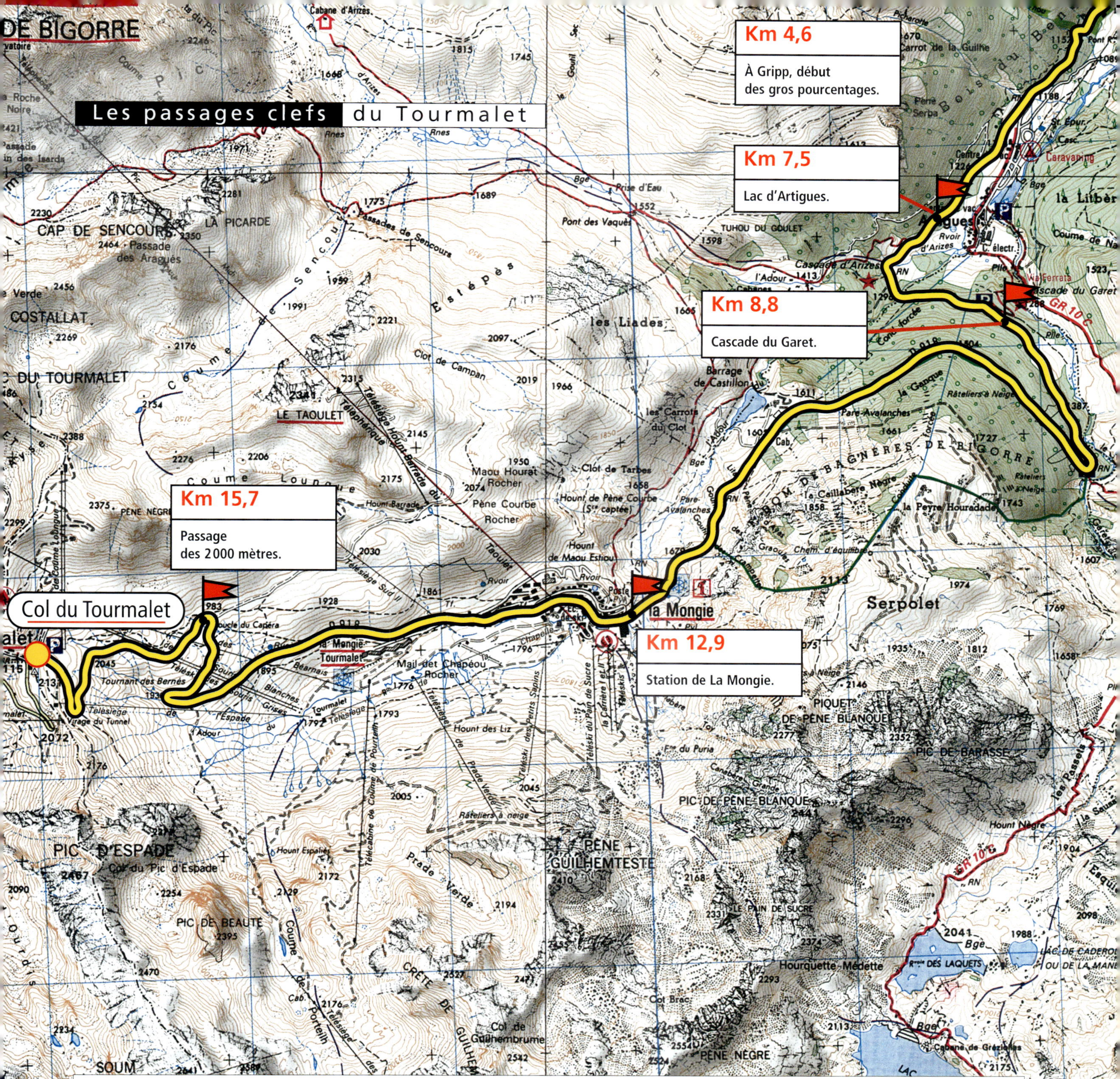

Le profil

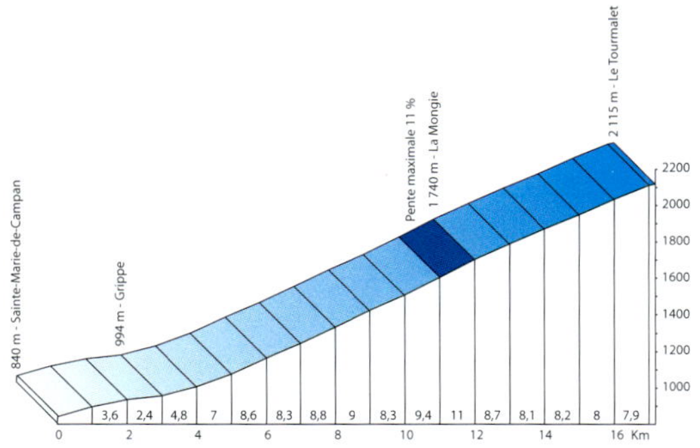

Pratique

- Département : Hautes-Pyrénées (65).
- Ouverture : de fin juin à octobre.
- **Carte : IGN n° 1747 ET.**
- Accès : depuis Bagnères-de-Bigorre, prendre la D 935 jusqu'à Sainte-Marie-de-Campan, située à 12 kilomètres au sud-est. L'ascension emprunte la D 918 jusqu'au sommet.
- Train : gare SNCF de Bagnères-de-Bigorre. Tél. : 3635.
- Renseignements : office de tourisme de la Vallée de Campan. 65710 Campan. Tél. : 05 62 91 70 36. Internet www.campan-pyrenees.com
- Office de tourisme de Bagnères-La Mongie. 3, allées Tournefort. BP 26-65202. Bagnères-de-Bigorre Cedex. Tél. : 05 62 95 81 81. Internet www.bagneresdebigorre lamongie.com ou www.tourmalet.fr

1035 M

Marie-Blanque

Le royaume des bergers

Distance : **9,6 km** • Dénivelé : **700 mètres** • Pourcentage moyen : **7,3 %** • Pourcentage maximal : **12 %**

Entre les vallées d'Aspe et d'Ossau se trouve un obstacle très coriace dont la pente ne fait que s'accentuer. Depuis 1978, il pimente épisodiquement le Tour de France. Ce chemin ancestral est un raccourci utilisé depuis la préhistoire, puis pendant les conflits successifs, et enfin par les exploitants de bois destinés à la construction des navires royaux, au XVIIIe siècle. Aujourd'hui, le col de Marie-Blanque constitue un élément remarquable de la route du savoureux fromage d'Ossau-Iraty. L'origine même du nom de ce passage donne lieu à plusieurs interprétations. Pour certains, Marie Blanque était une pleureuse mortuaire qui répandait son lyrisme dans toute la région. Pour d'autres, c'était le qualificatif attribué à une jeune femme à la peau très claire. Mais c'est aussi le surnom des vautours au plumage blanc et noir (les percnoptères d'Égypte) qui survolent les environs, en provenance de la falaise de Béon.

Une belle église blanche coiffée d'un dôme et d'une toiture d'ardoise datant du XVIIe siècle illumine les lieux du départ. Escot (335 m) commande le défilé rocheux stratégique qui mène à la route du fameux tunnel du Somport, inauguré en 2003. Le village marquait autrefois la frontière du Béarn. Au-delà, les habitants de la haute vallée d'Aspe jouissaient d'une sorte d'autonomie, régie par la constitution des fors. Les visiteurs devaient même se plier à un échange d'otages pour garantir leur protection. À proximité du pont du gave se trouvent les vestiges d'une ancienne station thermale ainsi que l'acrobatique voie ferrée qui rejoignait l'Espagne de 1928 à 1970. La branche d'Arles du chemin de Saint-Jacques-de-Compostelle emprunte aussi cette vallée très encaissée. Vous pénétrez d'abord dans le val champêtre du Barescou, où d'élégants panneaux bleu et blanc tout en hauteur mentionnent régulièrement les difficultés à venir. Vérifiez que vous avez les braquets adéquats, car vous allez grimper le versant le plus difficile. Au début, comme pour mieux vous imprégner de l'atmosphère, vous musardez dans un paysage verdoyant encore ouvert, avec des fermes et des bergeries typiques qui s'étagent dans l'adret. La pente douce se maintient autour de 4 %. Puis, après avoir franchi deux ruisseaux, elle s'établit à 6 %, avant de forcir à 8 %. Au terme de cette première partie de 5 kilomètres, vous ne vous êtes élevé que de 213 mètres.

Ce chemin ancestral est un raccourci utilisé depuis la préhistoire.

Dans la pénombre des bois touffus, il faut s'accrocher, car le tracé est assez monotone. Les falaises s'effritent sur la chaussée, tandis que chantonne le torrent.

C'est au niveau des campings (628 m) que l'enfer commence. L'hiver, une barrière ferme la route enneigée. Mettez tout à gauche et préparez-vous à escalader un mur de 3 500 mètres dont le pourcentage varie entre 11 et 12 %. La portion la plus dure (13 %) se situe à 2 bornes du sommet (785 m). La route bosselée se resserre, et l'horizon s'assombrit au pied des pins de la Pène d'Escot. Dans la pénombre des bois touffus, il faut s'accrocher, car le tracé est assez monotone, avec de grandes lignes droites. De la muraille de droite ruissellent de nombreuses petites cascades. Les falaises s'effritent sur la chaussée, tandis que chantonne le torrent. Un grand lacet signale toutefois la fin du calvaire. Cette courbe permet d'abaisser les cinq-cents derniers mètres à 7 %.

Le col est posé entre les pics d'Escurets (1 440 m) et de l'Ourlène (1 814 m), à proximité des sources de l'Arriou. Le point de vue, assez limité, ménage cependant, grâce à une providentielle clairière, quelques vues vers le nord. Se découpent la chaîne rocheuse du pic Mail-Arrouy (1 251 m), ainsi que de petits tertres et mamelons gazonnés, appelés turons ou turouns. Le brouillard est assez fréquent dans ce coin humide. Un peu plus bas s'étendent les espaces sauvages du vaste plateau de Bénou, paradis des skieurs de fond, des moutons et des chevaux.

Les abords de ce col pastoral sont aussi marqués par une trentaine de cromlechs, de mystérieux cercles de grosses pierres agencées à l'époque préhistorique. Plus au sud commence le territoire de l'ours des Pyrénées, dont il ne reste que quelques individus protégés. L'autre profil est beaucoup moins méchant, puisque de Bielle, on relève 11,5 km à 5,1 % (maximum 10 %), avec un appréciable palier de récupération.

la légende

Delgado grâce au « Blaireau »

Après onze jours de plaine, le peloton aborde enfin la montagne, ce 15 juillet 1986. Parti en éclaireur dans les cols rugueux du Pays basque, Ronan Pensec laisse la place aux costauds. Emmené par Bernard Hinault, un petit groupe se détache dans la vallée d'Aspe. Dans les terribles pentes du col de Marie-Blanque, le « Blaireau » et Pedro Delgado sont au-dessus du lot et creusent des écarts considérables. Le duo se relaie efficacement dans la vallée d'Ossau. À Pau, grand seigneur, le Breton s'efface pour laisser gagner l'Espagnol. Grâce à cette bonne entente, Bernard Hinault prend alors le maillot jaune. Bien que n'ayant pas toujours exploité son potentiel de grimpeur, Périco a participé à onze Tours de France, en étant souvent aux avant-postes. Sa constance lui permet de remporter la Grande Boucle en 1988 et de finir deuxième en 1987 et troisième en 1989. Pedro Delgado compte quatre victoires d'étape, dont deux dans les Pyrénées. Deux Vueltas (1985 et 1989) sont aussi tombées dans son escarcelle, ainsi qu'une belle collection de succès en altitude.

Les passages clefs de Marie-Blanque

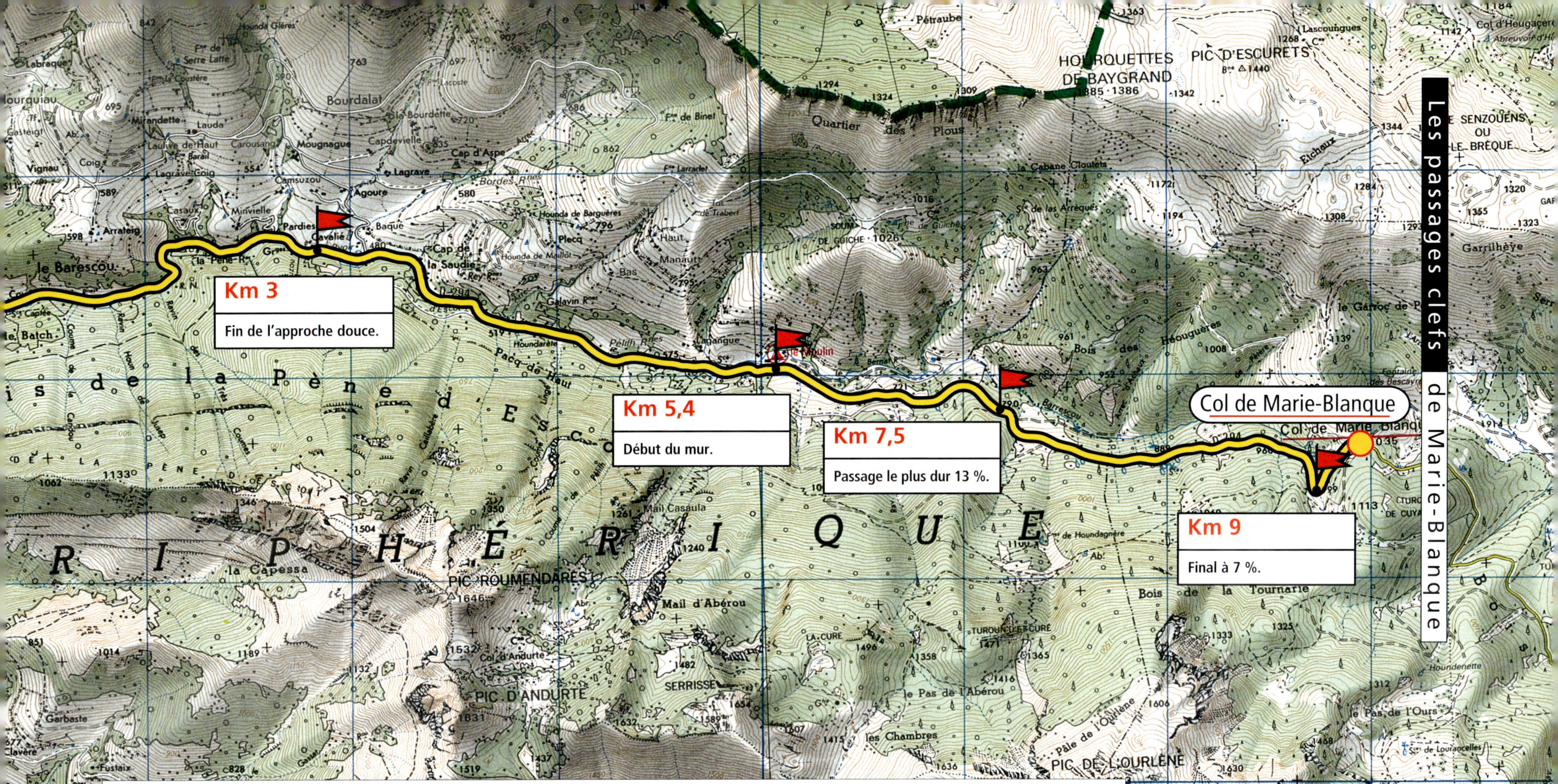

Le profil

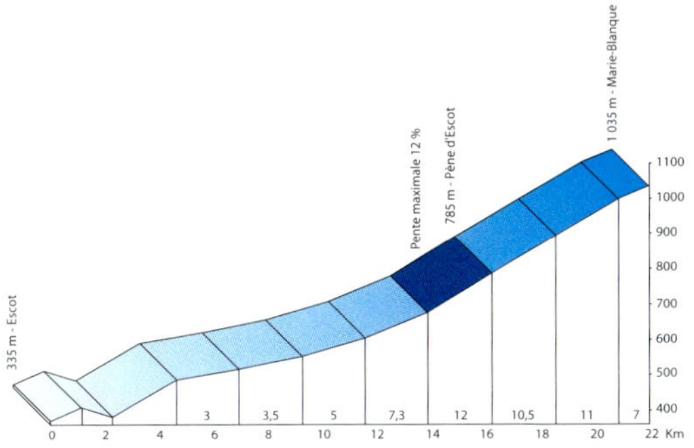

Pratique

- Département : Pyrénées-Atlantiques (64).
- Ouverture : de février à novembre.
- **Carte : IGN n° 1546 OT.**
- Accès : depuis Pau, prendre la N 134 jusqu'à Escot, qui se trouve à 49 kilomètres au sud-ouest et à 15 kilomètres au sud d'Oloron-Sainte-Marie. L'ascension emprunte la D 294 jusqu'au sommet.
- Train : gare SNCF d'Oloron-Sainte-Marie. Tél. : 3635.
- Renseignements : office de tourisme de la Vallée d'Aspe. Place Saraillé. 64490 Bedous. Tél. : 05 59 34 57 57. Internet www.aspecanfranc.com

1709 M

L'Aubisque

Une symphonie d'images

Distance : **29,1 km** • Dénivelé : **1365 mètres** • Pourcentage moyen : **5,2 %** • Pourcentage maximal : **10 %**

Depuis le 21 juillet 1910, l'Aubisque a été près de soixante-dix fois au programme de la Grande Boucle par l'une ou l'autre de ses trois voies d'accès. Pour l'heure, vous abordez le versant oriental, le plus long, qui s'élance d'Argelès-Gazost (465 m). Cette translation montagneuse qui relie la Bigorre au Béarn se décompose en quatre parties. La sortie du village sur les contreforts du mont de Gez est tout d'abord assez pentue. Mais elle se déroule sur des lacets qui surplombent l'église et le cœur historique de la cité avant de se transformer en une longue ligne droite monotone. Cet effort d'un peu plus de 3 bornes culmine à 7,5 %. Au sommet de ce verrou glaciaire, Arras-en-Lavedan (695 m) marque ensuite un net fléchissement pendant 3 kilomètres. Vous débouchez sur le plateau du val d'Azun, joliment baptisé « Val de lumière » en raison de son ensoleillement privilégié. Au kilomètre 7, vous bénéficiez même d'une légère descente sur une chaussée toujours aussi large. Appréciez, en lisière du Parc national des Pyrénées, ce terroir ensoleillé encore préservé du modernisme. Bordés d'ardoises, de petits canaux irriguent les cultures sur cette portion de route relativement plate qui se prolonge. Une grosse tour médiévale défend l'entrée d'Aucun (865 m), dont l'église abrite un bénitier et une cuve baptismale illustrés d'une étonnante profusion de personnages sculptés. Juste à côté, le musée du Lavedan raconte l'histoire et la vie quotidienne des habitants. Aux embranchements débouchent les petites routes touristiques qui mènent à Saint-Savin, au lac d'Estaing ainsi qu'aux cols des Bordères et de Couraduque. Sans une once de difficulté, vous atteignez la station verte d'Arrens-Marsous (878 m), la principale bourgade du secteur au pied du pic du Midi d'Arrens (2 267 m). Juste après l'église romane, qui possède de remarquables boiseries, un brusque virage à droite met fin à cette bucolique transition de plus de 6 kilomètres. Pour cette troisième étape, vous devrez en effet affronter 7,5 km à près de 8,5 % de moyenne. Une pente très forte qui vous fera bien transpirer et risque de faire couiner votre dérailleur. Mais la route décrit de nombreux virages dans les prés d'où l'on aperçoit le sanctuaire perché de Pouey-Laün. Il ne faut surtout pas forcer, car il n'y a aucun salut dans cette éprouvante verticalité. Enfin, l'horizon s'éclaircit pour franchir le col du Soulor (1 474 m). Au pied du pic Gabizos (2 639 m), soufflez et appréciez le panorama sur la route de la vallée

Appréciez sans retenue ce terroir ensoleillé encore préservé du modernisme.

La route décrit de nombreux virages dans les prés, d'où l'on aperçoit le sanctuaire perché de Pouey-Laün. Il ne faut surtout pas forcer, car il n'y a aucun salut dans cette éprouvante verticalité.

de l'Ouzom qui débouche au carrefour de l'Auberge au milieu de quelques vaches rousses peu farouches. Dépourvu du moindre arbuste, l'environnement pastoral offre des camaïeux de vert et de jaune qui tranchent avec le bleu du ciel. Vous plongez alors pendant 2,6 km à 4,4 % dans un merveilleux univers. Bordé de saisissants précipices, le verdoyant cirque du Litor (1 358 m) dévoile en effet toute sa splendeur. Au point le plus bas, vous quittez les Hautes-Pyrénées pour entrer dans le département des Pyrénées-Atlantiques. Pour le quatrième et dernier acte, il vous reste encore 7,5 km à 4,6 % à gravir. Mais la déclivité est plutôt douce, contrastant avec la sévérité de cette corniche étroite et légendaire taillée dans la roche. Émaillée de deux tunnels, elle a été entreprise en 1860 dans le dessein de créer une route thermale de Luchon aux Eaux-Bonnes. Autrefois, les voyageurs cheminaient au fond du vallon. En cas de brouillard, la plus grande prudence est recommandée, car le parapet n'est pas bien haut. C'est décidément le royaume des animaux puisque des chevaux sauvages mérens viennent à votre rencontre, tandis que des combes retentit le bêlement de brebis et de moutons surveillés par les grands chiens patous des Pyrénées. Une large courbe contourne la base du mont Laid. Vous apercevez plus haut le restaurant du col. Le tronçon terminal est plus raide, avec un peu plus de 3 kilomètres à 7 %. Mais le merveilleux panorama du col d'Aubisque (1 709 m) efface instantanément toute fatigue. Couvrez-vous, car le vent frais est souvent bien présent. Vous êtes entre le Soum de Grum (1 870 m) et surtout la masse grise des pics de Ger (2 613 m) et de Penne-Blanque (2 550 m). Une quantité d'autres sommets à plus de 2 000 mètres s'organisent dans le sud. À l'est, la vue porte jusqu'aux cimes du Baïlatous et à l'arête du pic du Midi de Bigorre. Du côté du soleil couchant, le pays d'Ossau est souligné de montagnes vertes. Le nom d'Aubisque proviendrait d'une plante locale appelée « aubiscou » ou *Carex*. Depuis Laruns et la vallée d'Ossau, l'ascension occidentale se résume à un effort plus soutenu de 18,4 km à 6,4 % (maximum 10 %) qui passe par les thermes d'Eaux-Bonnes et la station de ski de Gourette avant d'achever sa course au milieu des Crêtes-Blanches.

la légende

La folle échappée de Merckx

Surnommé le « Cirque de la mort », l'Aubisque a donné lieu à de nombreuses défaillances mais aussi à des exploits, comme celui réalisé par Eddy Merckx le 15 juillet 1969 entre Luchon et Mourenx. Déjà solide leader avec plus de huit minutes d'avance, le maillot jaune se porte en tête dans le Tourmalet. Personne ne le suit. Alors commence une incroyable échappée de 140 kilomètres. Dans l'Aubisque, il a plus de douze minutes d'avance. Malgré une défaillance dans le final, Merckx triomphe avec sept minutes d'avance. Pingeon, deuxième du classement général, se retrouve désormais à plus de seize minutes. Un vrai festival en cette année érotique qui voit le Belge (vingt-quatre ans) rafler tous les maillots distinctifs et le premier de ses cinq Tours de France. L'occasion de saluer le talent du « Cannibale » qui, malgré sa grande taille, s'est toujours bien comporté en montagne avec deux maillots à pois (1969 et 1970). Et, sur ses trente-quatre victoires d'étape, plus d'une douzaine ont été acquises sur des terrains très accidentés. Sur le Giro, il a été aussi sacré roi de la montagne en 1968. Mais le seigneur de l'Aubisque demeure Bahamontes, qui l'a franchi quatre fois en tête, contre trois à l'Italien Bottechia. Quant à Stephen Roche, il a remporté l'unique étape qui arrivait au sommet en 1985.

Les passages clefs d'Aubisque

Le profil

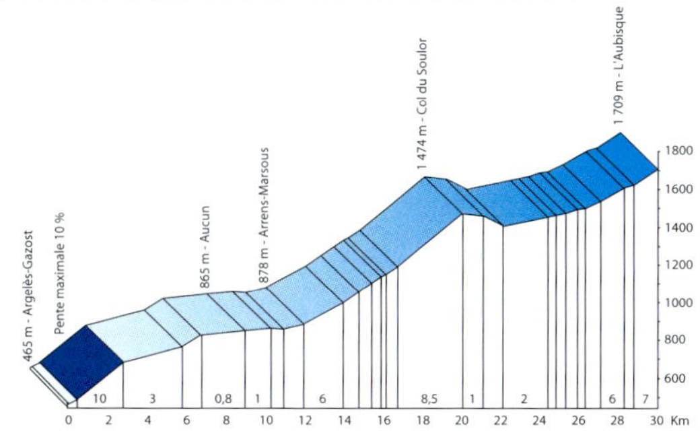

Pratique

- Départements : Hautes-Pyrénées (65) et Pyrénées-Atlantiques (64).
- Ouverture : de juin à octobre
- **Cartes : IGN n° 1647 ET et n° 1546 ET.**
- Accès : de Lourdes, prendre la N 21 jusqu'à Argelès-Gazost qui se trouve à 13 kilomètres au sud-ouest. L'ascension emprunte la D 918 jusqu'au sommet.
- Train : gare SNCF de Lourdes, Tél. : 3635, puis car.
- Renseignements : office de tourisme d'Argelès-Gazost. Grande-Terrasse. BP 35-65400 Argelès-Gazost. Tél. : 05 62 97 00 25. Internet www.argeles-gazost.com
Maison du val d'Azun et du Parc national des Pyrénées. 65400 Arrens-Marsous. Tél. : 05 62 97 49 49. Internet www.valdazun.com

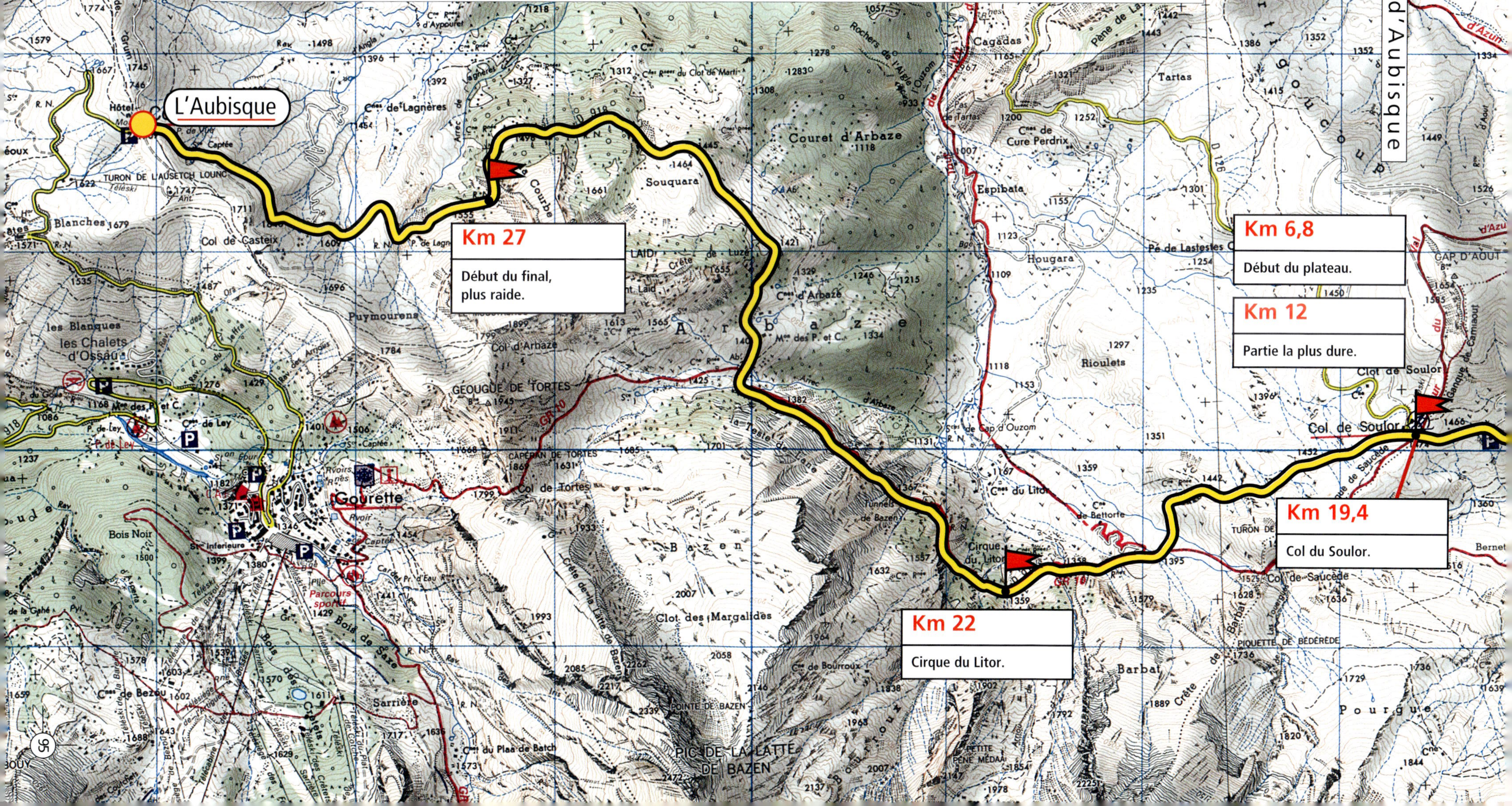

1069 M

Le Portet-d'Aspet

Le seigneur des soulanes

Distance : **18,1 km** • Dénivelé : **586 mètres** • Pourcentage moyen : **3,6 %** • Pourcentage maximal : **10,8 %**

La sauvage région du Couserans abrite pas moins de dix-huit vallées, reliées par une belle collection de cols. Comme celui-ci, qui met en communication les vallons du Ger et du Salat, où se trouve Saint-Girons, le chef-lieu de l'Ariège. Bien que très court, le Portet-d'Aspet est le plus fameux passage du secteur. Redouté, il opère immanquablement une impitoyable sélection presque chaque été depuis 1910. Au confluent du Lez et de la Bouigane, un campanile ajouré coiffe l'église ornée d'un porche peint et de superbes fresques catalanes, ainsi que d'étranges figures dessinées par les pèlerins. Notre-Dame-de-Tramezaygues (qui signifie « entre deux eaux ») veille ainsi sur le village d'Audressein (508 m). Admirez-y aussi l'habileté des sabotiers qui perpétuent un art ancestral. Les hameaux pittoresques s'échelonnent dans cette vallée de la Bellongue pleine de vie dont les hauteurs sont couronnées d'épaisses forêts, dominées à droite par le Tuc de Graué (1 417 m) et à gauche par les pics de l'Arraing (1 674 m) et de Sérau (1 720 m). Menuisiers et papetiers gèrent depuis des siècles cet exceptionnel patrimoine boisé où le hêtre supplante le sapin. Ce territoire, qui appartenait autrefois à la châtellenie médiévale de Castillon, est devenu une destination favorite des adeptes du tourisme vert. Chaque année, un festival vocal profite de l'acoustique des églises romanes.

Lors de cette sympathique approche, au milieu des granges foraines et au fil de la très poissonneuse Bouigane, la pente n'excède jamais 3,5 %. Elle redescend même quelques hectomètres après Orgibet (645 m). Ne vous emballez pas et conservez des forces pour plus tard. De l'autre côté de la rivière, le musée d'Augirein (635 m) évoque l'histoire de la vallée et la chasse traditionnelle du pigeon sauvage. Affichant une belle unité, les maisons de la Bellongue sont recouvertes de fines ardoises et agrémentées de fours à pain en saillie, et de lucarnes ou capucines variées et décoratives. Elles s'étagent le plus souvent sur les soulanes, c'est-à-dire les prés exposés au soleil. Parvenu à Saint-Lary (675 m), l'ancienne capitale du pays, il va falloir changer de rythme et de vallée. Car désormais se présente un sacré morceau de 5,6 km à 7 %. En 1829, une révolte a éclaté ici en protestation d'un code forestier très contraignant, prélude à ce que l'on appellera la guerre des Demoiselles. Les contes-

Bien que très court, le Portet-d'Aspet est le plus fameux passage du secteur.

Le contournement de la croupe de Castéra offre une récupération bienvenue. Vous pouvez faire une halte au pied du clocher du village du Portet-d'Aspet avant d'affronter le terrible final.

la légende

Fuente venge Ocaña

Ce 12 juillet 1971, après avoir réalisé un festival dans les Alpes, Luis Ocaña possède encore une avance confortable sur Eddy Merckx. Mais le temps est à l'orage lors de cette première étape pyrénéenne. Profitant du duel entre le Belge et l'Espagnol, José Manuel Fuente est passé en tête du Portet-d'Aspet et poursuit son effort solitaire. Pendant ce temps, une grêle d'une rare violence s'abat sur les coureurs. Dans la descente du col de Menté, Merckx chute et se relève. Ocaña tombe à son tour, puis est percuté ensuite par Zoetemelk. Le maillot jaune est contraint à un abandon dramatique. Le vengeant en quelque sorte, son compatriote Fuente franchit seul le col du Portillon et s'impose finalement à Luchon. Les favoris ne passent la ligne que plus de six minutes plus tard. Le lendemain, il signera une autre victoire significative sur les hauteurs de Superbagnères. Ses deux seuls succès dans le Tour de France. Néanmoins, ses talents de grimpeurs lui vaudront de remporter la Vuelta en 1972 et en 1974, et quatre maillots de roi de la montagne dans le Giro (1971 à 1974). En 1973, le destin a remis Ocaña en selle, qui gagne le Tour devant Thévenet et l'infatigable Fuente, qui complète cette domination ibérique.

tataires étaient affublés de peaux de mouton, de chemises de lin, avec le visage maquillé de rouge et de noir. Saint-Lary est également réputé pour son fromage de vache au lait cru baptisé pic de Callabasse, comme la cime voisine. Le pont sur la Goute de Sipet (739 m) marque l'entrée dans le département de la Haute-Garonne et une portion à 7 %. Mais, comme depuis le départ, votre escalade se déroule au milieu d'une abondante végétation. Le contournement de la croupe de Castéra offre une récupération bienvenue à 5 %. Vous pouvez faire une halte au pied du clocher massif du village du Portet-d'Aspet (860 m), qui a donné son nom au col, avant d'affronter avec bravoure le terrible final. Une fontaine décorée de deux lions et de petites chapelles jalonnent ce calvaire qui, en quatre lacets et 2 500 mètres, passe de 7 à plus de 10 % (avec une pointe à 10,8 %). Cette altitude de moyenne montagne vous fait toutefois bénéficier d'un ombrage appréciable dans ces derniers efforts pénibles.

En lisière d'une superbe forêt domaniale, le col est installé près d'un hôtel, au pied du pic de la Paloumère (1 608 m) et du Puech (1 669 m). Pardessus le couvert boisé, le panorama embrasse, à l'ouest, la Maladeta espagnole d'où surgit le pic d'Aneto (3 408 m), point culminant des Pyrénées. Au nord, on observe les crêtes de Cornudère (1 579 m), d'où s'envolent les parapentistes. Le pic de la Calabasse (2 210 m) se distingue au sud, tandis que la pyramide du mont Valier (2 838 m) se détache à l'horizon oriental. Dans ce massif, le terme de « port » ou de « portet » remplace généralement celui de « col ». Dans la descente très raide qui plonge vers le Comminges, une stèle rend hommage à l'Italien Fabio Casartelli, disparu dans le Tour 1995. Il s'agit d'ailleurs du versant le plus ardu, avec 5,3 km à 8,8 % de moyenne et même de brefs passages à 17 %.

Les passages clefs du Portet-d'Aspet

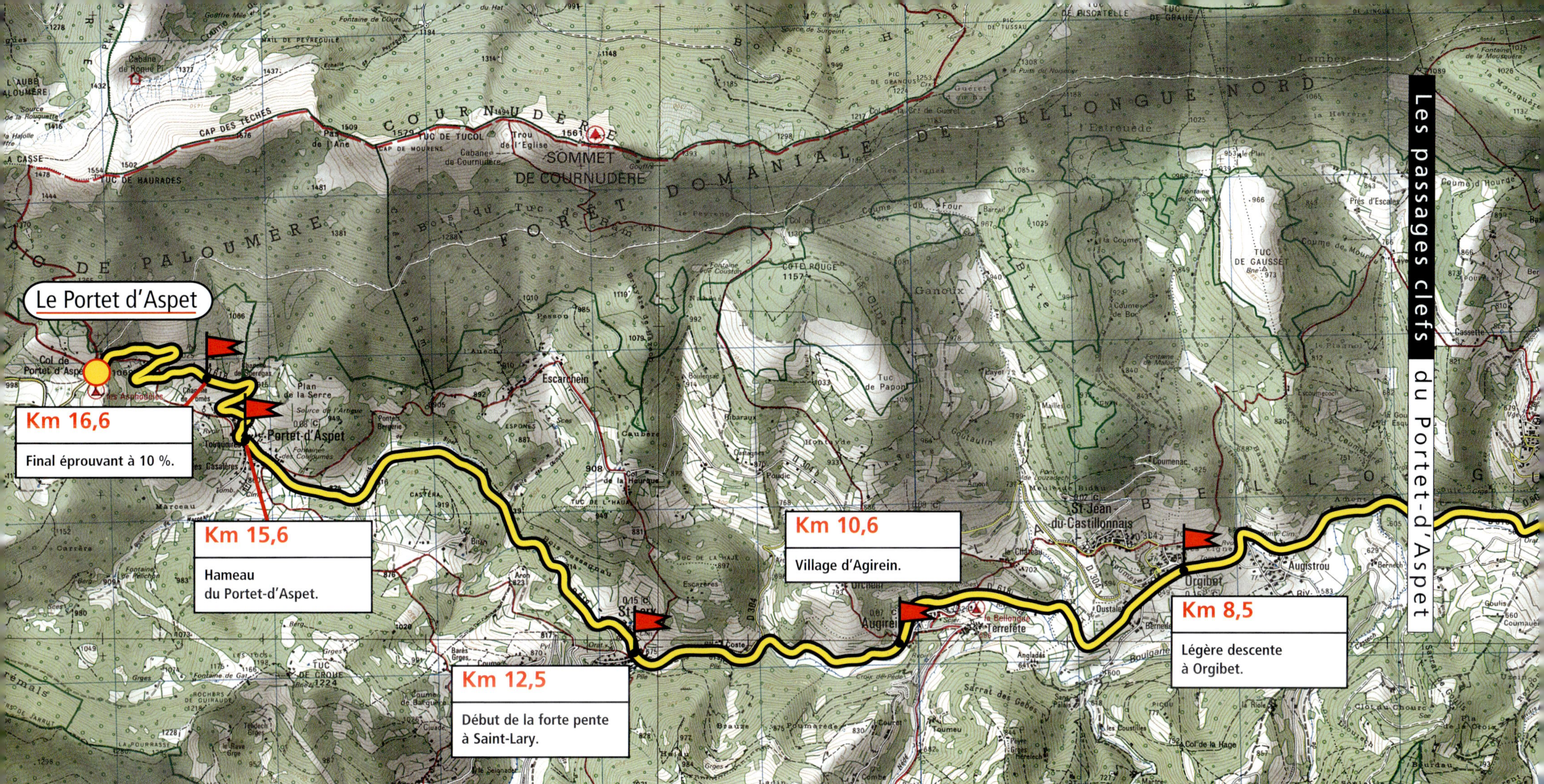

Le profil

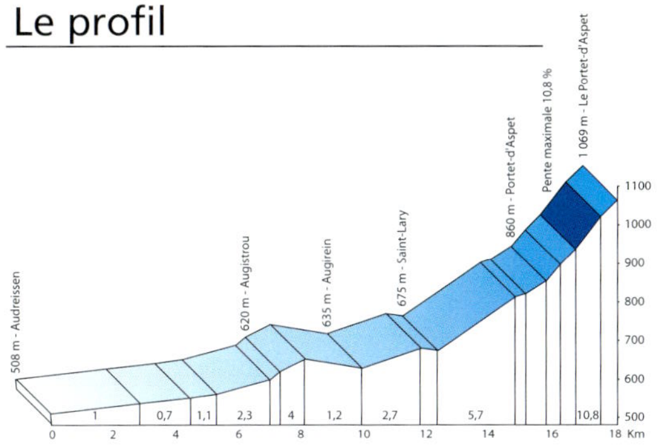

Pratique

- Départements : Ariège (09). et Haute-Garonne (31).
- Ouverture : de mai à novembre.
- **Carte : IGN n° 1947 OT.**
- Accès : depuis Saint-Girons, prendre la D 618 pour rejoindre Audressein, qui se situe à 12 kilomètres au sud-ouest. L'ascension emprunte la D 618 jusqu'au sommet.
- Train : gare de Saint-Gaudens. Tél. : 3635.
- Renseignements : office de tourisme de Castillon-en-Couserans. Avenue Noël-Peyrevidal. 09800 Castillon-en-Couserans. Tél. : 05 61 96 72 64. Internet www.ot-castillon-en couserans.fr

1804 M

Superbagnères

À la source du plaisir

Distance : **19,3 km** • Dénivelé : **1 179 mètres** • Pourcentage moyen : **6,1 %** • Pourcentage maximal : **12 %**

Cette station des Pyrénées centrales a été conquise, entre 1961 et 1989, à six reprises, par de grands coureurs. Elle se trouve au-dessus de Bagnères-de-Luchon, occupée depuis l'âge du bronze. Adossée à la frontière espagnole, la ville (3 039 habitants) s'inscrit dans un cirque enchanteur d'une quinzaine de cimes qui dépassent 3 000 mètres d'altitude. Les Romains ont, les premiers, compris l'intérêt des sources thermales. Luchon est sacrée reine des Pyrénées au XVIIIe siècle, après de considérables travaux d'aménagements routiers et touristiques. Notables et vedettes se pressent pour apprécier le site et profiter des eaux sulfurées bénéfiques, qui jaillissent à 65 °C et 74 °C dans le sous-sol du parc des Quinconces. Témoin des fastes d'antan, l'architecture typique se traduit par un casino, de luxueuses villas et de grands hôtels construits à l'époque de Napoléon III. Un musée raconte cette passionnante saga historique. Aujourd'hui encore, plus de 32 000 curistes affluent chaque année et testent notamment l'étonnant vaporarium souterrain. Au confluent de l'One et de la Pique, Bagnères-de-Luchon (625 m) est le point de départ d'autres ascensions, comme celles de Menté, de Peyresourde ou du Portillon. Depuis les larges allées d'Étigny, bordées de tilleuls, les Champs-Élysées locaux, vous prenez la direction du sud, en remarquant le petit lac et l'abondante statuaire qui agrémente des espaces verts. De 1912 à 1966, un petit train à crémaillère se hissait au sommet, avant qu'en 1993 des télécabines modernes ne relient directement la vallée à la station.

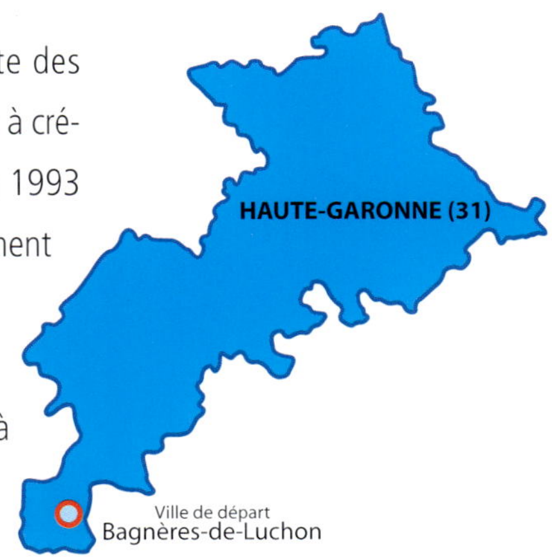

Passé les rochers d'escalade Costes et une chapelle, une première borne se négocie à 7 %. La tour médiévale de Castel Vieil se dresse au débouché des lacets du Portillon qui dévalent en face le vallon de Burbe. La route s'enfonce dans la forêt domaniale, pour remonter en pente douce la vallée de la Pique à un rythme nonchalant, qui oscille entre 4 et 5 %. Au pont de Ravi (864 m), vous obliquez à droite pour vous engager dans le merveilleux vallon du Lys. Très encaissé et d'origine glaciaire, il est totalement protégé de la morsure du soleil.

La seconde partie, nettement plus accidentée, comporte encore 8,4 km à 7,6 %.

Alimenté par un torrent qui dégringole du pic de Sacroux (2 676 m), vous découvrez sur la gauche le spectaculaire gouffre Richard. Tandis que le vacarme aquatique s'éloigne, vous progressez sur

Les arabesques qui suivent serpentent à 6,5 % sur une large chaussée bordée d'une balustrade. Mais, au milieu des télésièges, une interminable ligne droite à 9 % scie les jambes jusqu'au sommet.

un terrain irrégulier à la base du mont du Lys (2 234 m). Une nouvelle portion à 7,5 % s'estompe en vue des granges de Cabillat (1 048 m).
Une dizaine de bornes étant parcourues, vous quittez la gorge au lieu-dit l'Ourson (1 090 m), pour partir à l'assaut de la montagne. Ce nom rappelle le début du XXe siècle, où l'ours brun était très présent dans les parages. L'unique route d'accès a été ouverte en 1961. Cette seconde partie, nettement plus accidentée, comporte encore 8,4 km à 7,6 %. Désormais, ce sont des lacets qui s'enroulent de façon désordonnée à travers les sapins noirs. Alors que les arbres ont disparu, vous abordez, au niveau d'une carrière (1 400 m), le secteur le plus difficile, avec 2 bornes à plus de 9 % (avec un petit mur à 12 %). Dans un virage serré (1 582 m), un magnifique point de vue arrive à point nommé pour souffler. Les arabesques qui suivent serpentent à 6,5 % dans les prés verdoyants, sur une large chaussée bordée d'une élégante balustrade en bois. Mais, au milieu des télésièges, une interminable ligne droite de nouveau à 9 % scie les jambes jusqu'au sommet. Ne courbez pas l'échine, moulinez et admirez plutôt le somptueux paysage agreste. C'est précisément ici qu'en 1986 et 1989 Laurent Fignon fera craquer Greg LeMond.
La vie de la station de Superbagnères s'articule autour du Grand Hôtel, édifié en 1922 au tout début de l'aventure hivernale. Cet immense bâtiment contient une centaine de chambres. Le domaine skiable comprend vingt-six pistes. Le panorama incomparable tutoie une grande quantité de sommets, du pic du Céciré (2 403 m) au pic d'Aneto (3 404 m), sur la frontière espagnole. Acérés et granitiques, la plupart sont couverts de neige et ourlés de glaciers scintillants, comme ceux de la Maladeta. On distingue aussi les emblématiques mont Perdu et pic des Crabioules, qui dominent un chapelet de lacs. En contrebas s'étendent, d'un côté, le lac d'Arbesquens et, de l'autre, l'agglomération luchonnaise. Superbagnères a pour racine « baigneries », qui signifie « au-dessus des bains ». Pour reprendre des forces, n'hésitez pas à déguster le pétéram ou la pistache, solides spécialités gastronomiques à base de mouton et de haricots, accompagnés d'eau minérale de Luchon.

la légende

Le bon Tour de LeMond

Après avoir subi, la veille, la loi de Bernard Hinault, son équipier, l'Américain est bien décidé à se racheter dans cette deuxième étape des Pyrénées. Ce 16 juillet 1986, la treizième étape porte chance à LeMond. Dès le départ de Pau, « le Blaireau » en remet une couche en rêvant secrètement de remporter un sixième Tour. Après avoir attaqué dans la descente du Tourmalet et dans l'Aspin et basculé en tête au sommet de Peyresourde, il se relève à l'approche de Luchon. LeMond, qui ne s'est pas affolé, profite de cette défaillance et s'impose au sommet de Superbagnères. Dans cette usante montée, il a repris 4'39" à Hinault, qui, au général, ne le devance plus que de quarante secondes. De toute sa carrière, c'est sa seule victoire en montagne. Après moult péripéties, troisième en 1984, deuxième en 1985, il monte, à vingt-cinq ans, sur la plus haute marche du podium pour ce qui constitue le premier succès américain sur le Tour de France. Il remportera deux autres éditions en 1989 et en 1990, en portant vingt-deux jours le maillot jaune.

Les passages clefs de Superbagnères

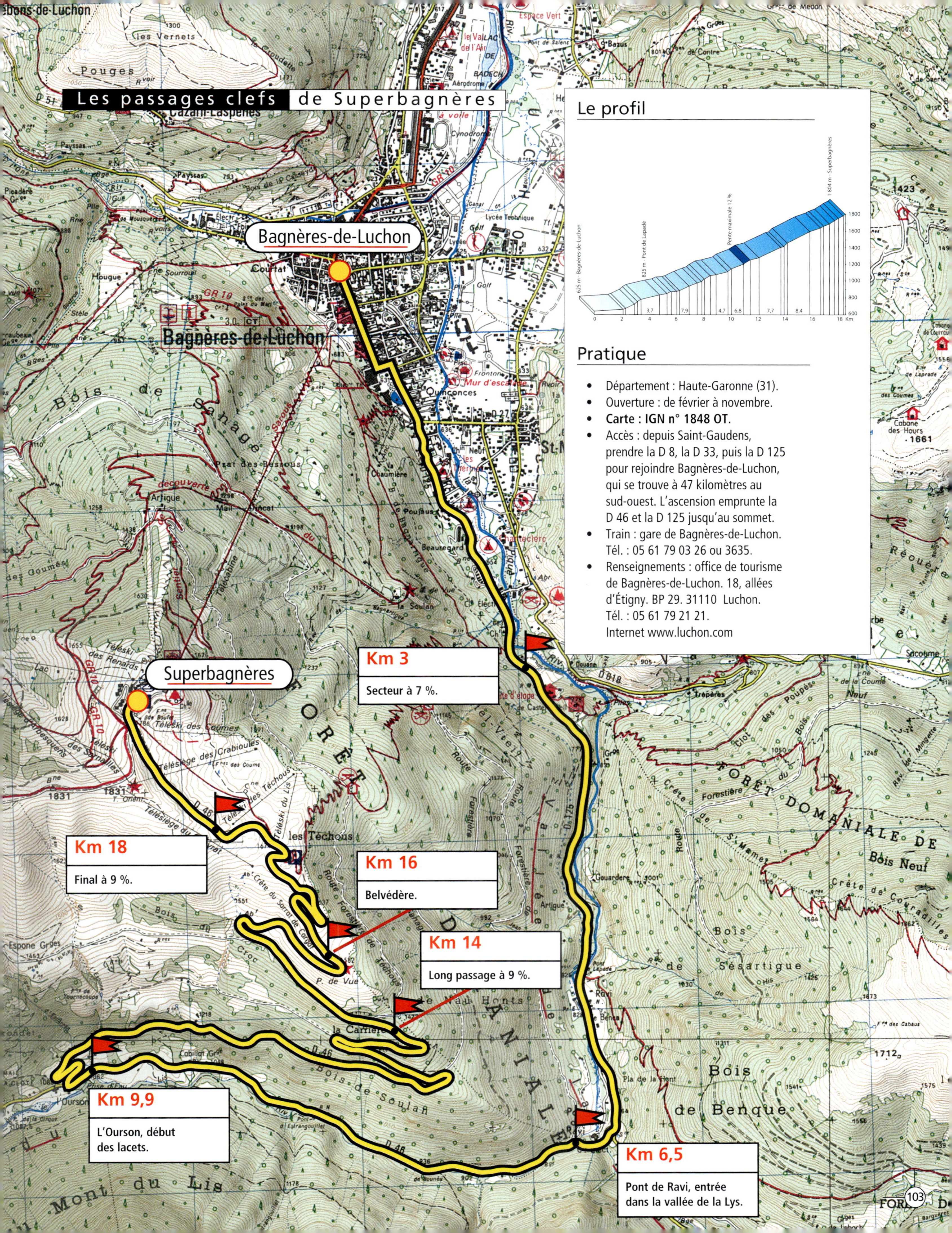

Pratique

- Département : Haute-Garonne (31).
- Ouverture : de février à novembre.
- **Carte : IGN n° 1848 OT.**
- Accès : depuis Saint-Gaudens, prendre la D 8, la D 33, puis la D 125 pour rejoindre Bagnères-de-Luchon, qui se trouve à 47 kilomètres au sud-ouest. L'ascension emprunte la D 46 et la D 125 jusqu'au sommet.
- Train : gare de Bagnères-de-Luchon. Tél. : 05 61 79 03 26 ou 3635.
- Renseignements : office de tourisme de Bagnères-de-Luchon. 18, allées d'Étigny. BP 29. 31110 Luchon. Tél. : 05 61 79 21 21. Internet www.luchon.com

1790 M

Le plateau de Beille

Le gardien des forêts

Distance : **15,9 km** • Dénivelé : **1 260 mètres** • Pourcentage moyen : **7,8 %** • Pourcentage maximal : **10,8 %**

En seulement trois actes, cette montée forestière est devenue un juge de paix classique du Tour de France. Inaugurée par Marco Pantani en 1998, elle se situe entre Tarascon et Ax-les-Thermes, en plein cœur de la haute Ariège. Culminant au pic de Soularac (2 368 m), la montagne de Tabe surplombe la vallée et la route des Corniches qui dessert des hameaux pittoresques, ainsi que la gigantesque carrière de talc à ciel ouvert de Trimouns. La voie ferrée qui longe la rivière date de 1888. Elle s'est prolongée, bien plus tard, en 1929, vers l'Espagne, via le Puymorens, avec une débauche de tunnels et d'ouvrages d'art. Toute cette partie de l'Ariège abrite de remarquables églises romanes et des grottes dont certaines sont fortifiées. Le développement économique s'est organisé autour des forges, du charbon, puis de la métallurgie et de la houille blanche. C'est à proximité d'un de ces barrages de l'Ariège que se situe la commune des Cabannes (530 m), qui s'est constituée sur la base des abris des bûcherons de la région. Cette ancienne baronnie (376 habitants) a intégré le marquisat de Gudanes, qui regroupait une dizaine de villages, en 1693. De nombreux commerces animent ce lieu de vacances au carrefour d'innombrables ruisseaux. Les cloches de l'église Saint-Martial sont placées dans les lucarnes d'un élégant portique. Dans la nef, un exceptionnel tableau du XVIIe siècle est attribué à un élève du Caravage. Les vestiges du château de Verdun sont encore visibles sur la rive droite de l'Aston.

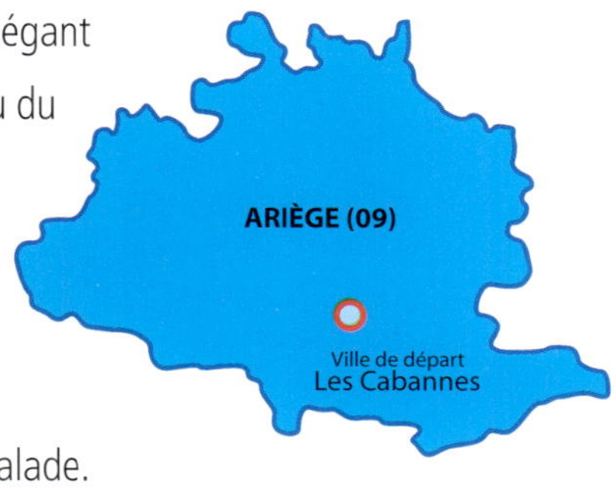

Après ce prélude culturel, vous attaquez l'escalade. Préparez les petits braquets pour affronter le point d'orgue de nombreuses courses. La pente ne descend en effet jamais en dessous de 7 %. D'emblée, la route décrit quelques lacets panoramiques qui dévoilent le village de Pech, de l'autre côté de la rivière. Les amoureux de la nature seront séduits par l'environnement boisé et très sauvage qui vous accompagne en permanence. L'occasion de surprendre quelques chevreuils ou sangliers au petit matin. Essayez de trouver la bonne carburation, car cette ascension est vraiment irrégulière, comme en témoignent ces difficiles courbes à plus de 9,8 % au bout de seulement 3 bornes. La barre des 1 000 mètres

Préparez les petits braquets : la pente ne descend jamais au-dessous de 7 %.

La barre des 1 000 mètres d'altitude marque le retour d'une certaine sagesse du profil. Une série de petits lacets nerveux caractérisent ensuite l'approche de la Coste d'Or.

d'altitude marque le retour d'une certaine sagesse du profil à 7 % en surplombant le ravin de Rescalabade. Une série de petits lacets nerveux caractérise ensuite l'approche de la Coste d'Or. Des cabanes de pâtres ponctuent le paysage et les jasses, sorte de replats. Peu après le huitième kilomètre, alors que la pente a repris son envol à plus de 8 %, un nouvel épisode sérieux affiche 9,4 %. Humez les parfums qui se dégagent des résineux qui vous entourent. Les eaux abondantes des sources et des torrents sont récupérées et acheminées par des galeries souterraines vers les retenues de la vallée. Un peu dissimulée par la végétation, la fontaine Henri-IV (1 360 m) sera, sur la droite, votre seul point de rafraîchissement. Survenant après quelques instants de plat dans une clairière, le passage le plus ardu se situe après le douzième kilomètre (1 530 m), avec 10,8 % pendant 800 mètres. L'épingle de la jasse de Mounégou vous hisse sur le rebord du plateau herbu. La chaussée s'affaisse ainsi pour franchir le pas de Roland (1 696 m). Profitez-en, car c'est le dernier moment de répit avant d'aborder les ultimes hectomètres à 6,2 %, délimités par des piquets rouges.

Un refuge, un restaurant et un grand parking se trouvent à l'extrémité de la route goudronnée. La table d'orientation dispense d'agréables points de vue sur les vallées qui ceinturent le plateau. Au sud, une multitude d'arêtes hérissent le massif de l'Aston, formant frontière avec la principauté d'Andorre. Du pic de Port (2 903 m) au pic de la Cabanette (2 847 m), en passant par le pic de Rulhe (2 783 m), le spectacle est superbe. À l'opposé se découpent les monts d'Olmes et la montagne de Tabe. Le plateau de Beille conserve son aspect pastoral séculaire. Les estives rassemblent encore des vaches gasconnes, des brebis tarasconnaises et des chevaux de Mérens. Une flore fragile s'épanouit sur les croupes bien exposées au soleil. Ces immenses pâturages sont plantés de quelques arbres isolés et parsemés de quelques rochers. L'hiver, les skieurs apprécient ce vaste espace nordique créé en 1990 et qui s'étend sur 1 100 hectares en proposant 70 kilomètres de pistes. Élevage de rennes, chiens de traîneaux, activités et balades ne manquent pas.

la légende

L'arrivée préférée d'Armstrong

L'Américain a toujours su se jouer des difficultés et des embûches placées en travers de sa route. Coureur très complet, il se débrouille très bien en montagne et y marque souvent des avantages décisifs. Ses deux succès au sommet du plateau de Beille sont à cet égard significatifs. En 2002, il met fin à la longue échappée de 143,5 km de Laurent Jalabert, parti chasser les points du maillot à pois. Son groupe le rattrape à 9 kilomètres du sommet. Puis, des fourmis dans les jambes, Armstrong s'en va quérir une victoire en solitaire de prestige avec plus d'une minute d'avance. En 2004, alors que ses rivaux abandonnent les uns après les autres, le patron de l'US Postal opère une nouvelle démonstration. Accompagné, comme la veille, d'Ivan Basso, Armstrong s'impose au sprint, après une montée très rapide du plateau de Beille. Cette stratégie offensive dans les étapes accidentées lui a permis d'empocher un record de six Tours de France. Onze des vingt et une étapes de l'Américain ont d'ailleurs été gagnées en montagne, dont cinq dans les Pyrénées. Même si ce n'était pas son objectif, Lance Armstrong n'a jamais été loin de remporter un maillot à pois en terminant deuxième de ce challenge en 2004, et quatrième de 2001 à 2003.

Les passages clefs du plateau de Beille

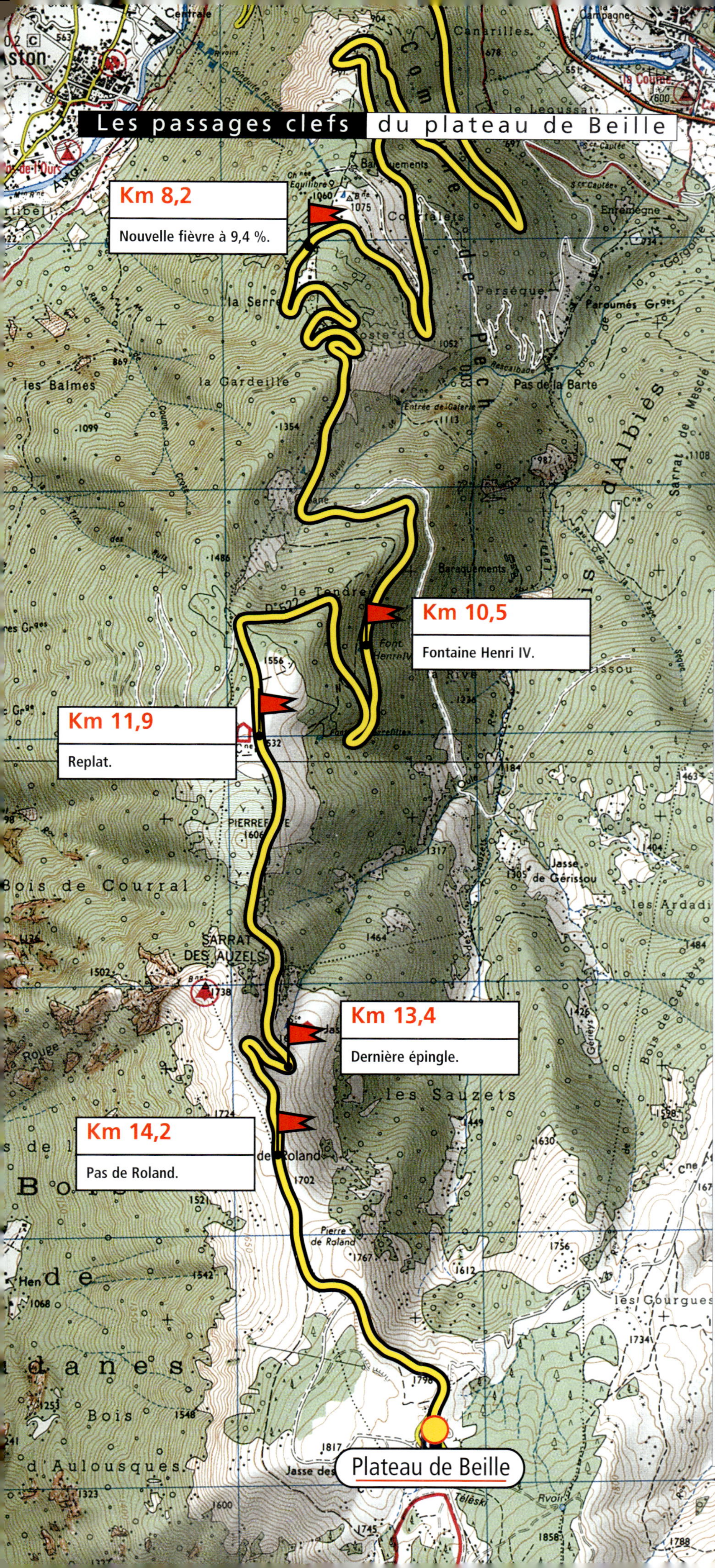

Le profil

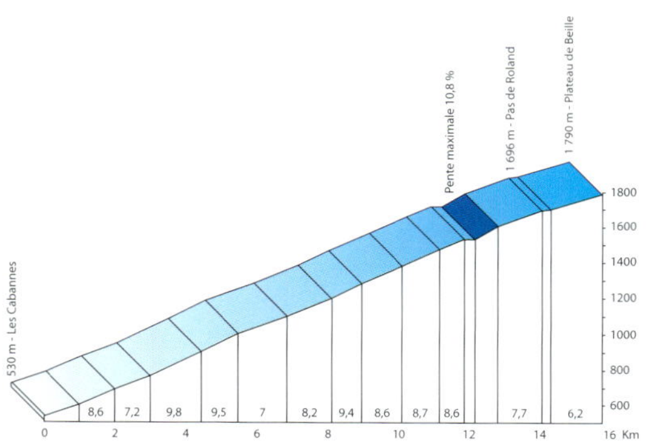

Pratique

- Département : Ariège (09).
- Ouverture : de mai à novembre.
- **Carte : IGN n° 2148 OT.**
- Accès : prendre la N 20 pour rejoindre les Cabannes, qui se trouvent à 10 kilomètres au sud-est de Tarascon-sur-Ariège et à 15,5 km au nord-ouest d'Ax-les-Thermes. L'ascension emprunte la D 522 jusqu'au sommet.
- Train : gare SNCF des Cabannes. Tél. : 3635.
- Renseignements : office de tourisme des Cabannes. 9, rue Principale. 09310 Les Cabannes. Internet www.mairielescabannes09.fr ou www.plateau-de-beille.com
- Office de tourisme du Pays des vallées d'Ax. La Résidence. 6, avenue Théophile-Delcassé. 09110 Ax-les-Thermes. Tél. : 05 61 64 60 60. Internet www.vallees-ax.com

1720 M

Luz-Ardiden

Les lacets du panache

Distance : **13,4 km** • Dénivelé : **1036 mètres** • Pourcentage moyen : **7,7 %** • Pourcentage maximal : **12 %**

Cette exigeante grimpée donne souvent lieu à de sérieuses empoignades où la moindre défaillance se paye au prix fort. Depuis 1985, les projecteurs du Tour de France s'y sont braqués à sept reprises. La Vuelta et la Grande Boucle féminine se rendent également régulièrement dans cette station pyrénéenne fondée en 1974. L'ascension de Luz-Ardiden est plus facile que sa voisine d'Hautacam, car la pente est plus régulière. Mais elle nécessite un effort soutenu avec plus de 1 000 mètres de dénivelé. Votre point de départ, Luz (711 m), s'inscrit dans un petit bassin naturel entre les vallées de Barèges et de Gavarnie, au pied du Tourmalet et des grands cirques glaciaires. C'est la capitale du très ancien pays Toy (1 119 habitants), qui fonctionnait de façon indépendante au Moyen Âge. Sur une hauteur se dressent les ruines du château de Sainte-Marie, ancien fief des seigneurs de Bigorre. Ceinturée d'une muraille crénelée, l'étonnante église Saint-André, fortifiée au XIVe siècle par les chevaliers de l'ordre des Hospitaliers, mérite le détour. Un casino et de belles demeures anciennes décorées de frontons de marbre égayent la cité.

Dans une légère descente, levez la tête sur la gauche pour admirer la chapelle de Solferino (XIXe siècle). Vous franchissez le gave (684 m) de façon moins spectaculaire que le pont Napoléon, qui se trouve en amont. Vous passez à proximité des thermes de Saint-Sauveur, créés à l'époque de Napoléon III. Un panneau du conseil général donne le signal du départ. Les premières rampes rectilignes affichent entre 5 et 6 % et dominent peu à peu la vallée avec des chèvres et brebis pour compagnie. Juste après un torrent (803 m), cinq virolets rattrapent ensuite Sazos (830 m), blotti autour de son église romane au tympan sculpté. La commune possède une vingtaine de moulins, dont deux ont été minutieusement restaurés. C'est à la sortie du village que les choses sérieuses commencent, avec une ligne droite à 8 %. En surplombant le verdoyant pays de Luz, la route grimpe vers les arcades du clocher du remarquable hameau de Grust (960 m), juché sur un rocher. Par temps clair, on aperçoit la cime blanche du pic du Midi de Bigorre. Vous attaquez une nouvelle série de petits lacets nerveux à plus de 10 %. Serrez les dents dans cette portion la plus dure de l'escalade,

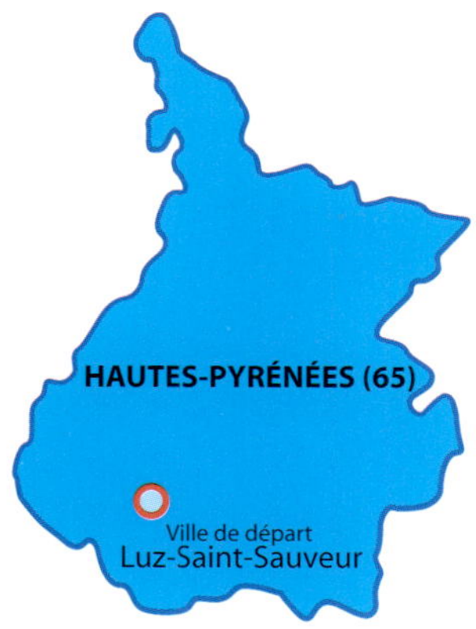

Dans cette exigeante grimpée, la moindre défaillance se paye au prix fort.

Par temps clair, on aperçoit la cime du pic du Midi de Bigorre. Vous attaquez une nouvelle série de petits lacets nerveux. Serrez les dents dans cette portion la plus dure de l'escalade.

car on relève de brusques passages à 12 %. Vous évoluez au milieu des estives parsemées de quelques fermes et de granges aménagées en gîtes. Les courbes deviennent plus paresseuses et s'in-

la légende

La naissance d'Indurain

Les Espagnols ont souvent été à leur avantage dans cette montée, à l'image de Miguel Indurain en 1990. Ce 17 juillet, dans le dernier épisode montagneux du Tour, une dizaine de coureurs se présente au pied de Luz-Ardiden. Tous les favoris sont là, notamment le maillot jaune, Chiappucci, et l'Américain LeMond, vainqueur du Tour l'année précédente. Le diablotin paye ses efforts d'échappée dans l'Aspin et le Tourmalet. Le Colombien Parra place un démarrage foudroyant, dans lequel s'engouffre LeMond. L'Américain est irrésistible et s'envole à 8 kilomètres du sommet. Seul Indurain (vingt-six ans la veille) peut le suivre. Le Navarrais place la banderille fatale dans les deux cents derniers mètres. Cette victoire révèle le talent prometteur de l'équipier de Delgado, héros de cette pente en 1985. Cette maturité lui permettra, dès l'été suivant, d'entamer sa série de cinq Tours victorieux. Toujours « tranquilo », le géant baladait avec aisance et panache sa formidable puissance en montagne. Parmi son énorme palmarès figurent deux étapes pyrénéennes (Cauterets et Luz-Ardiden). Mais, grand seigneur, il laissait souvent les meilleurs grimpeurs, comme Chiappucci ou Rominger, franchir les cols ou la ligne d'arrivée en premier.

fléchissent à 5 % en traversant le petit plateau de Cureille (1 275 m). Entre ombre et lumière, le parcours alterne alors de bois en prairies. Mais, de nouveau, de forts pourcentages culminent à 9 %, juste après le carrefour de la route qui monte de Viscos (1 410 m). Le caractère montagnard s'affirme alors avec la roche qui se dénude, des petites cascades et des vues de plus en plus dégagées sur les grands lacets panoramiques qui s'enchaînent. Sur ce tronçon, une nouvelle borne à 9 % impose un peu d'humilité. Vous serez récompensé de votre patience avec un profil moins raide autour de 6 à 7 %. Peu après le débouché de la voie menant au stade de ski de fond de Bédéret (1 610 m), le dernier kilomètre est beaucoup plus roulant. Encore un effort, et un dernier virage à droite rejoint le cirque d'Aulian, d'où démarrent tous les télésièges de Luz-Ardiden.

Une soixantaine de kilomètres de pistes de ski se lovent sur les flancs des Soums des Aulhères (2 168 m) et d'Arriou Né (2 577 m). L'environnement, jalousement préservé, ne comporte que très peu de bâtiments. Depuis le grand parking de la station, le panorama est exceptionnel sur les sommets environnants, qui s'étagent entre les pics d'Ardiden (2 988 m) et de Viscos (2 141 m), avec l'imposante stature du Vignemale (3 298 m) planant au-dessus. L'autre aire de stationnement offre une vue imprenable sur les cinq dernières bornes de l'ascension avec, en face, le Soum de Nère (2 394 m). Et l'on se remémore les images de l'arrivée solitaire de Richard Virenque en 1994, au terme d'une très longue chevauchée. Sa première grande victoire sur le chemin des sept maillots à pois.

Les passages clefs de Luz-Ardiden

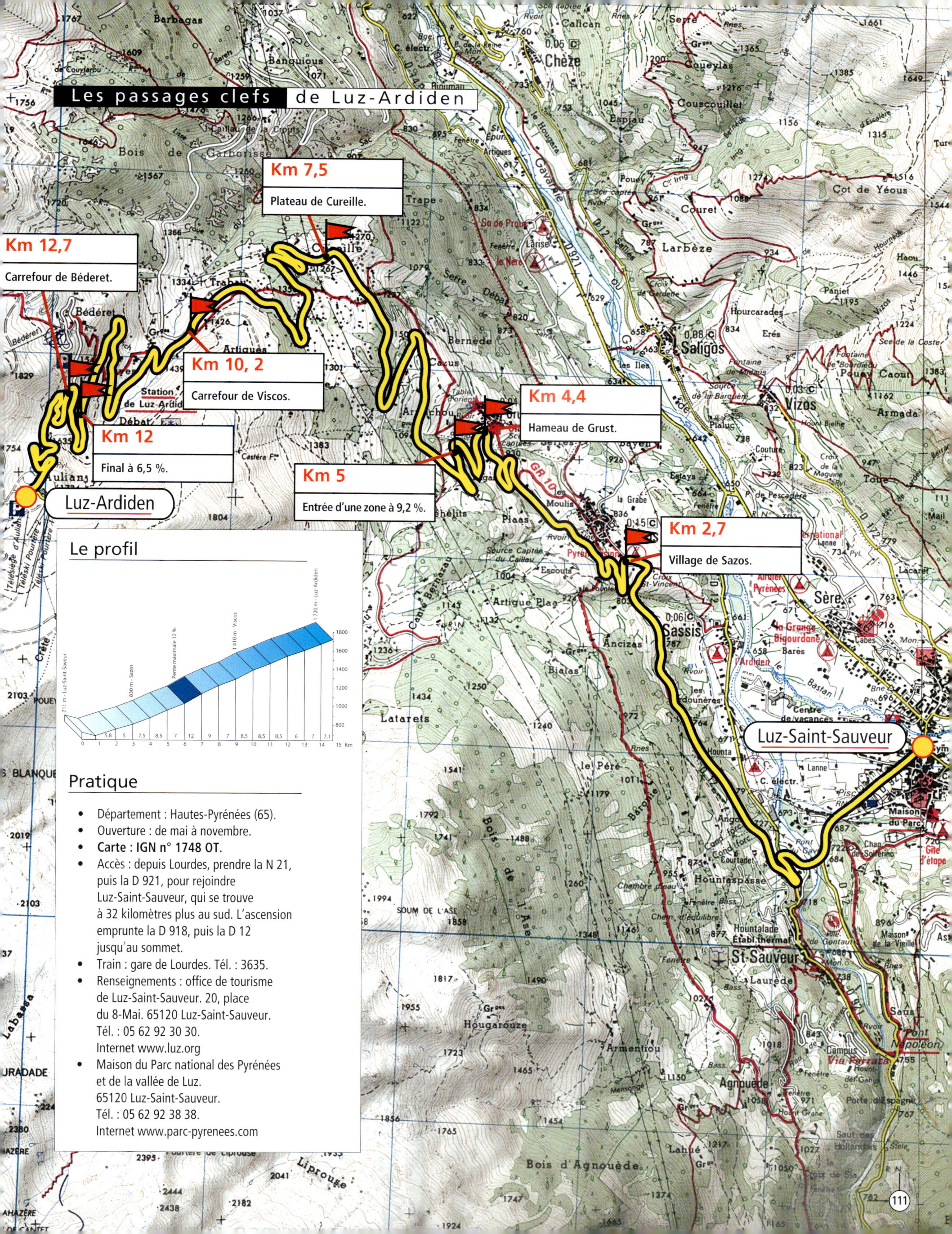

Le profil

Pratique

- Département : Hautes-Pyrénées (65).
- Ouverture : de mai à novembre.
- **Carte : IGN n° 1748 OT.**
- Accès : depuis Lourdes, prendre la N 21, puis la D 921, pour rejoindre Luz-Saint-Sauveur, qui se trouve à 32 kilomètres plus au sud. L'ascension emprunte la D 918, puis la D 12 jusqu'au sommet.
- Train : gare de Lourdes. Tél. : 3635.
- Renseignements : office de tourisme de Luz-Saint-Sauveur. 20, place du 8-Mai. 65120 Luz-Saint-Sauveur. Tél. : 05 62 92 30 30. Internet www.luz.org
- Maison du Parc national des Pyrénées et de la vallée de Luz. 65120 Luz-Saint-Sauveur. Tél. : 05 62 92 38 38. Internet www.parc-pyrenees.com

1680 M

Le Pla-d'Adet

L'ogre des Pyrénées

Distance : **11,6 km** • Dénivelé : **870 mètres** • Pourcentage moyen : **8,2 %** • Pourcentage maximal : **12 %**

Au bout de la vallée d'Aure et au pied du tunnel de Bielsa, qui mène en Espagne, ralliez le bourg de Saint-Lary (1042 habitants). Sa position géographique au milieu de la chaîne pyrénéenne attire des milliers de touristes, autant l'hiver que l'été. Groupé autour de la vénérable tour Hachan, le cœur historique restauré abrite de superbes demeures bâties en ardoise et pierre de taille enjolivées par des colombages. Le patou, le sympathique chien des bergers du coin, figure sur l'emblème de la cité thermale (810 m). Après la visite de la Maison de l'ours, vous serez incollable sur la vie du célèbre plantigrade des Pyrénées. Plusieurs stations en perpétuelle évolution dominent la ville, comme celle du plateau d'Adet, fondée dans les années 1950. Cette terrible montée, empruntée depuis 1974 par les plus grands champions, nécessite des braquets adéquats et un minimum d'entraînement montagnard. Il s'agit, en effet, de l'un des plus durs obstacles des Pyrénées. Dans un premier temps, vous traversez la plaine alluviale en passant devant le grand parc des thermes créés en 1989. Un petit pont sur la Neste (812 m) vous conduit au pittoresque village de Vignec (819 m). Sur les maisons anciennes, quelques coquilles sculptées jalonnent cette branche du chemin de Saint-Jacques-de-Compostelle. Dans toute cette vallée auroise, poussez la porte des églises peintes pour découvrir de précieux retables baroques.

Un dernier regard à la chapelle romane, et la portion plate s'achève. L'escalade commence juste après le rond-point. En contrebas se trouvent les anciennes mines de manganèse de Vieille-Aure, exploitées au XIXe siècle. Peu à peu, la nature reprend ses droits, avec un agréable épisode boisé avec les premiers hectomètres à 7 %. Mais, au niveau de la coume de Trauassère, on relève vite 10 % au bout de la ligne droite. Arc-bouté sur votre machine, seule la beauté du site vous aidera à pédaler. Car vous devez subir plus de 3 bornes à plus de 10 % sur un tracé assez tortueux et de fréquentes portions à 12 %. Tout en grimpant vers l'ouest, admirez, face à vous, la splendeur des cimes du massif de Néouvielle illuminées par le soleil. Fruit d'une tradition pastorale vivace, les prés sont entretenus par des troupeaux de vaches et de moutons.

L'église romane du hameau traditionnel de Soulan

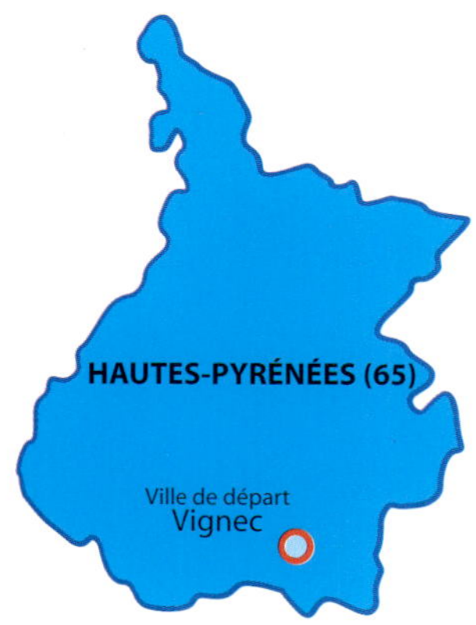

Cette terrible montée constitue l'un des plus durs obstacles des Pyrénées.

Passant sur la rive méridionale du torrent se profile le troisième traquenard. Sans fioritures, la route taille à 7,8 % directement dans la forêt de sapins. Soufflez et adoptez le plus petit braquet.

la légende

Poulidor se fait la belle

Le 15 juillet 1974, le robuste Limousin (trente-huit ans) a été le premier à inscrire son nom au palmarès de cette montée inédite. Il s'agissait de l'étape reine des Pyrénées, avec cinq cols répartis sur 209 kilomètres. Après une ennuyeuse course d'attente, tout va se jouer au-dessus de Saint-Lary-Soulan. Voyant que, comme dans le Tourmalet, Merckx coince, Poupou attaque à 8 kilomètres du sommet et rattrape l'échappé belge Van Neste à 3 bornes du but. Sur son vélo rose fétiche, la pédalée est très efficace. Au Pla-d'Adet, il triomphe en solitaire, avec quarante et une secondes d'avance. Merckx, le grand battu du jour, accuse un retard de 3'48". Cet authentique exploit résume bien l'exceptionnelle longévité de Poulidor, qui a couru dix-sept années au plus haut niveau. Au cours de sa formidable carrière, ponctuée de cent quatre-vingt-neuf victoires de prestige, il a démontré ses talents d'escaladeur à maintes reprises. En quatorze participations au Tour, il est monté huit fois sur le podium, en se classant trois fois deuxième. En 1976, à plus de quarante ans, Raymond Poulidor épatera encore les jeunots en terminant troisième de la Grande Boucle, justifiant parfaitement sa popularité.

(1 275 m) propose enfin un relâchement à 7 %. Cette temporisation se poursuit jusqu'aux éboulis de Bernardets, dans un décor assez âpre et sauvage, souligné sur l'autre versant par la crête sylvestre de Coudet. Puis survient le second coup de massue avec un long kilomètre à plus de 9 % qui s'élève dans la rocaille. Aux granges d'Espiaube (1 485 m), vous laissez la route qui monte à droite vers le domaine skiable du même nom, pour virer à gauche. Dans cet interlude plus tranquille, une auberge de jeunesse se trouve à quelques centaines de mètres. Passant sur la rive méridionale du torrent, vous voyez se profiler le troisième traquenard. Sans fioritures, la route achevée en 1964 taille à 7,8 % directement dans la forêt de sapins. Soufflez et adoptez le plus petit braquet. À intervalles réguliers, quelques mètres en danseuse permettent de décontracter les jambes et évitent l'apparition de crampes. Les chalets de la Cabanne (1 622 m) marquent la fin du havre de verdure. Un raidard supplémentaire à 9,1 % achèvera les plus téméraires. La route grimpe entre les téléskis, et les résidences s'échelonnent dans des proportions plus raisonnables, pour déboucher enfin sur le plateau de la station (1 680 m). Un peu fourbu, ébrouez-vous et gagnez le rebord de la falaise de la montagne d'Auria, qui s'avance jusqu'au pic Lumière (1 585 m). Un téléphérique rejoint, un kilomètre plus bas, le centre-ville en cinq minutes. Appréciez les vues plongeantes sur les vallées d'Aure, du Louron et du Rioumajou, encadré par le pic de Tramezaigues (2 572 m) et celui de Berdalade (2 703 m). Les champs de neige, striés de cinquante-deux pistes, s'étendent sur 700 hectares en dévalant des contreforts du Soum de Matte (2 377 m) et du pic d'Arrouye (2 556 m). Le panorama grandiloquent porte jusqu'au pic Long (3 192 m).

Les passages clefs du Pla-d'Adet

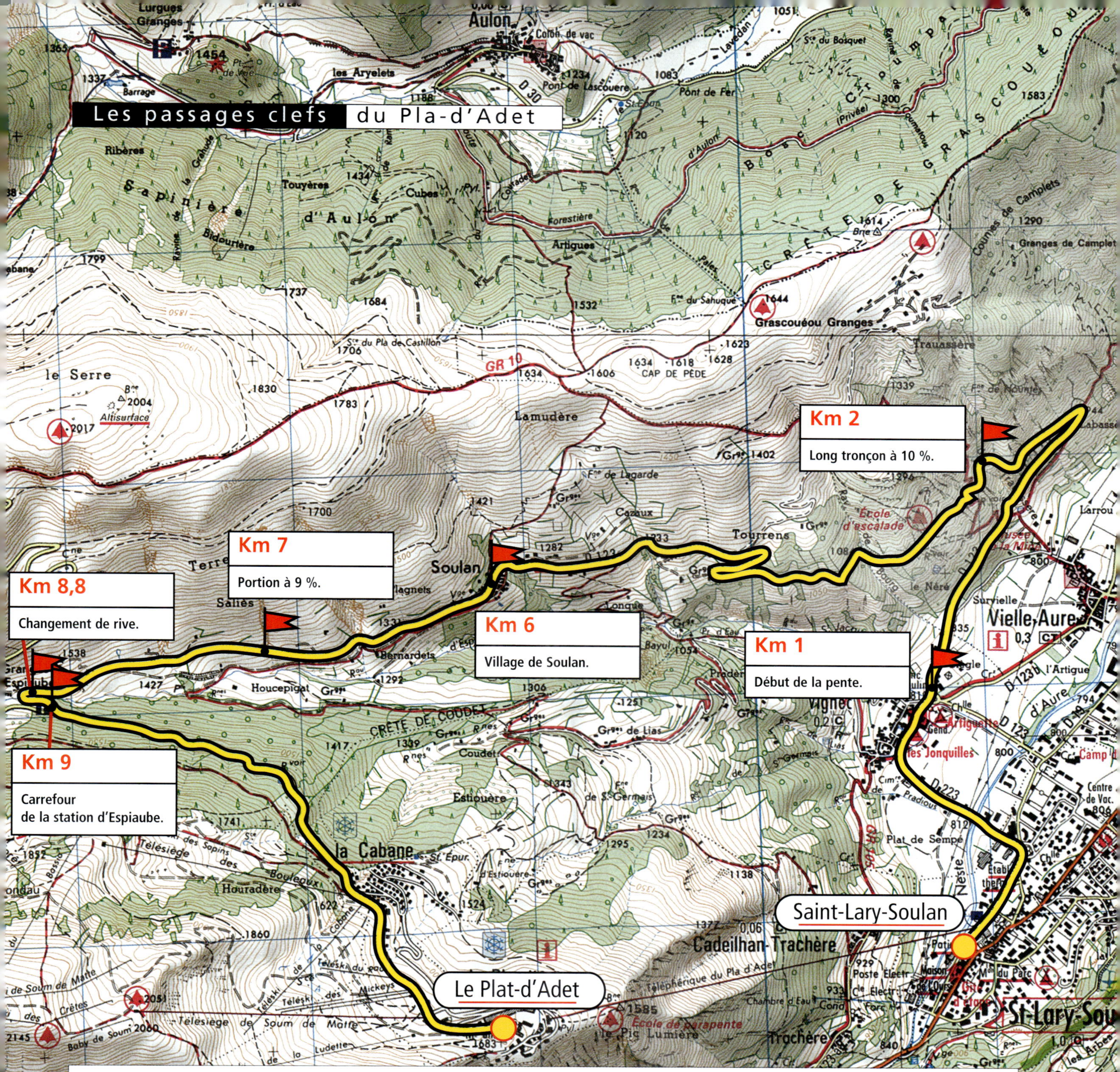

Le profil

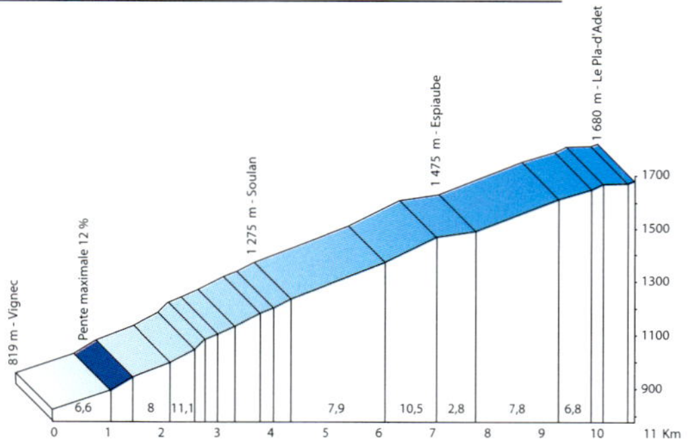

Pratique

- Département : Hautes-Pyrénées (65).
- Ouverture : d'avril à novembre.
- **Carte : IGN n° 1448 ET.**
  Accès : depuis Lannemezan, prendre la D 929 pour rejoindre Saint-Lary, qui se trouve à 38 kilomètres au sud-est. L'ascension emprunte la D 19, la D 223 et la D 123 jusqu'au sommet.
- Train : gare de Lannemezan. Tél. : 3635.
- Renseignements : office de tourisme de Saint-Lary-Soulan. 37, rue Vincent-Mir. BP 39. 65171 Saint-Lary Cedex. Tél. : 05 62 39 50 81. Internet www.saintlary.com
- Maison du Parc national des Pyrénées. Tour Hachan. Place de la Mairie. 65171 Saint-Lary. Tél. : 05 62 39 40 91.

1569 M

Peyresourde

Le chemin des oratoires

Distance : **14,3 km** • Dénivelé : **944 mètres** • Pourcentage moyen : **6,6 %** • Pourcentage maximal : **10 %**

Ce classique du genre met en communication les vals d'Aure et du Louron, à la frontière de la Haute-Garonne et des Hautes-Pyrénées. Le Tour n'avait que sept ans lorsqu'il a été franchi pour la première fois le 21 juillet 1910, lors de la mythique étape Luchon-Bayonne. Une sacrée épopée qui eut lieu sur des sentes poussiéreuses et ravinées par les intempéries. Depuis, les coureurs y sont passés à cinquante-cinq reprises. Cette rude ascension représente un beau défi qui attire dès les beaux jours un nombre important de cyclistes.

Vous quittez tranquillement la large vallée de la station thermale de Luchon (625 m) par ses faubourgs occidentaux. Les premiers hectomètres conduisant à la centrale électrique du pont de Mousquères se déroulent sans anicroche. La route s'engage alors dans l'étroit défilé boisé de l'One avant de connaître un premier épisode à 6,5 % dans l'épingle qui change de rive. Un petit répit à 3 % se maintient jusqu'au pont de Debach (753 m), puis la pente se redresse à un bon 8 %. Depuis l'Auberge de la Colonne (824 m), trois lacets effacent l'embouchure de l'Oueil (824 m), qui dévale du mont Né. Vous atteignez ainsi Saint-Aventin (929 m), dont la sublime église de style lombard mérite une visite. Ce joyau de l'art roman est orné de magnifiques sculptures, d'un retable séculaire et de bas-reliefs gallo-romains. Appréciez, malgré le relief persistant, cette région qui occupe le site d'une ancienne moraine glaciaire avec plein sud le cap de Pouy (1 802 m) et le pic de Céciré (2403 m), toit de la station de Superbagnères. Sans forcer votre talent grâce à un bref palier à 4 %, voici quelques hectomètres plus loin Castillon (978 m), siège d'un ancien château qui surveillait le vallon de l'Oô. Reliés par de petites routes bordées de hêtres et de noyers, onze villages composent depuis le Moyen Âge cette charmante vallée du Larboust qui coule au pied de la montagne d'Espiau.

Vous abordez maintenant la seconde moitié de l'escalade. Un challenge nettement plus difficile puisqu'il reste encore 7 kilomètres à parcourir à 8,1 % de moyenne. De fait, vous êtes rapidement dans le dur avec une rampe à plus de 8 %. En guise de respiration, admirez le trésor de la paroisse de Cazeaux (995 m), constitué de précieuses fresques remontant au XVe siècle. Une grande courbe contourne le pré du Lia parsemé de

Le profil garde toute sa rigueur, mais procure de superbes vues panoramiques.

Trois grands lacets partent à l'assaut des cimes vertes abruptes qui s'organisent en amphithéâtre. Quelques arbres jalonnent même ces virages, apportant une ombre réconfortante.

gros rochers pour se hisser à Garin (1 100 m), homonyme fortuit du premier vainqueur du Tour de France. À la sortie de ce village très pittoresque, il faut suivre la route principale qui oblique à gauche vers les maisons de Saint-Tritous dont les pierres prennent au soleil une belle patine dorée. L'élégante chapelle romane Saint-Pé-de-la-Moraine surgit des champs avec à l'horizon le glacier des Spijeoles (3 065 m). Vous poursuivez votre effort dans un milieu naturel qu'affectionnent les perdrix grises. Sur la gauche s'amorce la chaussée de la station des Peyragudes, née de la fusion en 1988 des domaines skiables des Agudes et de Peyresourde. Pas moins de 1 500 hectares font ainsi le bonheur des adeptes de la glisse. L'ascension devient plus austère, avec de longues lignes droites toujours aussi ardues. La physionomie du terrain change toutefois à la bifurcation (1 419 m) qui mène au hameau de Portet-de-Luchon. Trois grands lacets partent en effet à l'assaut des cimes vertes abruptes qui s'organisent en amphithéâtre. Quelques arbres jalonnent même ces virages, apportant une ombre réconfortante. Le profil garde toute sa rigueur, mais procure de superbes vues panoramiques sur la vallée dans laquelle vous étiez quelques instants auparavant. Ce balcon bucolique est un endroit stratégique de choix pour les spectateurs du Tour de France. Au bout d'une dernière ligne droite, vous apercevez au loin la silhouette du panneau du col (1 569 m).

Peyresourde, aux syllabes chantantes, signifierait « la pierre qui jaillit » ou « qui se dresse » dans le langage gascon. Du sommet, une voie s'élève sur la gauche vers un altiport et les téléskis de Peyresourde-Balestas. Sur la droite, un chalet-restaurant et une petite forêt domaniale essentiellement constituée de sapins apportent un peu de repos. Le col se situe entre la Pêne de la Soulit (2 031 m) et le sommet de Pouyaue (2 062 m). La vallée du Louron dévoile un peu plus bas ses atours champêtres autour du grand lac de Genos. Plus court, l'autre versant, qui grimpe depuis Loudenvielle, présente néanmoins un final similaire au niveau des pourcentages et s'achève en lisière de la sapinière de Balestas.

la légende

Hinault assomme le Tour

Quelques semaines après avoir écrasé ses adversaires dans le Dauphiné, Bernard Hinault (vingt-quatre ans) est en confiance au départ de ce Tour 1979. Cette année-là, les coureurs abordent presque immédiatement les Pyrénées. Le Breton porte un premier coup dans le contre-la-montre de Superbagnères. Puis, entre Luchon et Pau, Hinault donne sa garde dans le col de Peyresourde pour laminer les ambitions de ses opposants. Il bascule en tête, accompagné d'un groupe de costauds qu'il règle au sprint après avoir passé l'Aspin et le Soulor sans encombre. Le podium final sera identique à 1978, mais les écarts sont bien plus considérables, avec à la clef sept victoires d'étape. « Le Blaireau » détient d'ailleurs un joli total de vingt-huit succès, dont quelques-uns acquis sur des sommets de prestige. Toujours au combat en montagne, il rivalisait avec les meilleurs grimpeurs, ce qui explique ses cinq Tours de France et ses deux places de deuxième. En 1986, Bernard Hinault s'est retiré en grande pompe de la Grande Boucle en s'octroyant le maillot à pois. Les rois de l'escalade Jean Robic et Federico Bahamontes se sont illustrés à quatre reprises chacun sur les pentes du Peyresourde.

Les passages clefs de Peyresourde

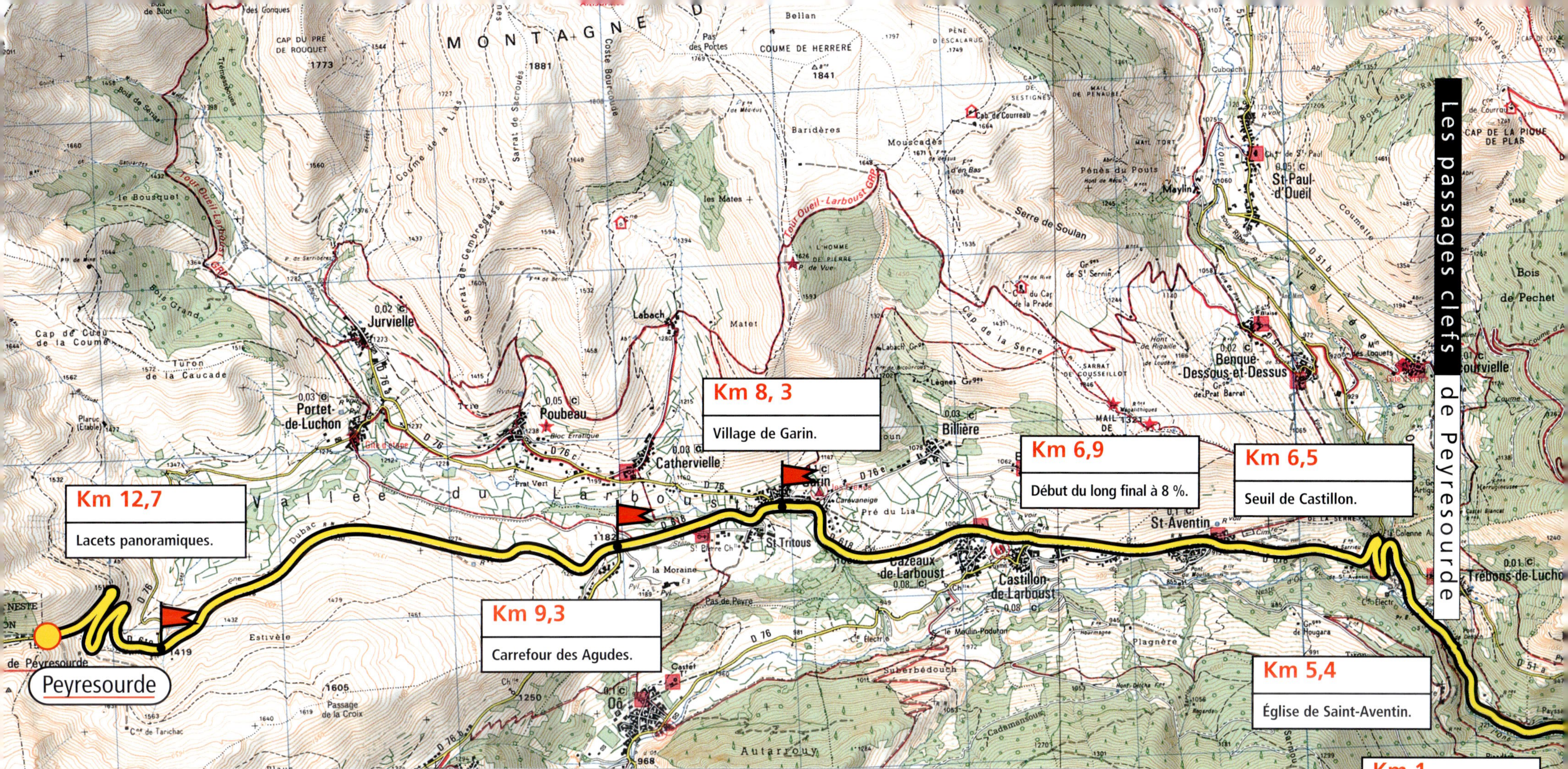

Le profil

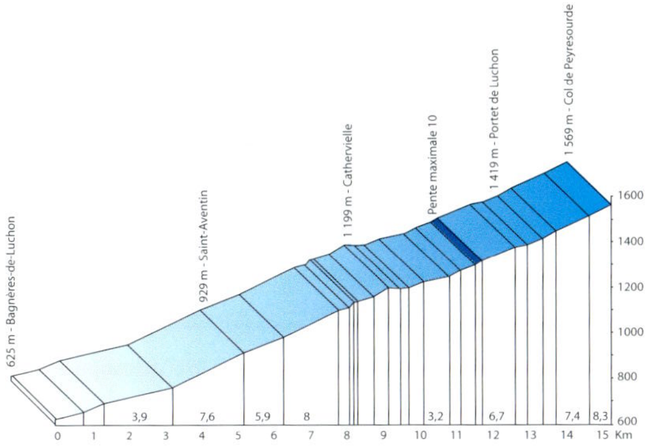

Pratique

- Départements : Haute-Garonne (31). et Hautes-Pyrénées (65).
- Ouverture : de juin à octobre.
- **Carte : IGN n° 1848 OT.**
- Accès : depuis Saint-Gaudens, prendre la D 8, la D 33, puis la D 125 pour rejoindre Bagnères-de-Luchon qui se trouve à 47 kilomètres au sud-ouest. L'ascension emprunte la D 618 jusqu'au sommet.
- Train : gare de Bagnères-de-Luchon. Tél. : 05 61 79 03 26 ou 3635.
- Renseignements : office de tourisme de Bagnères-de-Luchon. 18, allées d'Étigny. BP 29-31110 Luchon. Tél. : 05 61 79 21 21. Internet www.luchon.com

1615 M

Hautacam

Taillé pour les costauds

Distance : **15,5 km** • Dénivelé : **1136 mètres** • Pourcentage moyen : **7,3 %** • Pourcentage maximal : **11 %**

Seulement trois fois au programme du Tour depuis 1994, ce sommet proche de Lourdes a délivré de superbes passes d'armes. La pente irrégulière de la station de Hautacam oblige à d'incessantes relances, mais le revêtement de cette route construite entre 1965 et 1966 est régulièrement refait. Compte tenu de ses forts pourcentages, cet obstacle hors catégorie mérite le respect. Carrefour touristique stratégique pour partir à la conquête des nombreuses cimes de la région, Argelès-Gazost (465 m) domine la vallée du gave de Pau qui s'élargit ici en une vaste plaine encadrée de montagnes vertes et bleues. Au hasard des ruelles étroites de la capitale du Lavedan, remarquez d'anciens manoirs et une coquette église. Glissez vers le casino et le parc thermal avant de franchir la rivière (424 m). Sur l'autre rive, on s'élève d'abord nonchalamment vers le village d'Ayros (482 m) en surplombant des pâtures à moutons et un parc forestier à la route acrobatique. Une kyrielle de villages préservés s'égrène dans la première partie de la montée. La pente atteint rapidement 8,5 % pour rejoindre l'église romane d'Arbouix (562 m). La traversée de chaque village offre toutefois 200 à 300 mètres de plat pour souffler et surtout récupérer. En contrebas s'étalent la vallée du gave de Pau, l'agglomération d'Argelès-Gazost et l'ancienne voie ferrée transformée en superbe piste cyclable. Au hameau de Souin (715 m), la route s'incline à 5 % pendant 2 bornes en toisant un piton rocheux, le donjon des Aigles de Beaucens. Mais, immédiatement après Artalens (791 m), se profile le secteur le plus difficile de cette ascension. L'épingle qui contourne un calvaire marque en effet les prémices d'un terrible tronçon de 3 kilomètres à près de 10 %. Filant plein nord, le morceau le plus coriace se situe à Saint-André (920 m). Restez zen, car vous n'avez accompli que la moitié de la grimpée. La disparition progressive des arbres dévoile ensuite une succession de virages à la déclivité variée souvent supérieure à 8 %. Dur d'adopter un rythme de croisière au milieu des granges typiques. Dans les longs bouts droits, la brise thermique peut être aussi un facteur pénalisant. Ne flanchez pas, car ces lacets sont malgré tout autant de belvédères qui dévoilent différents aspects du pic de Pibeste (1349 m) ou de l'entrée des gorges de Luz et de

Compte tenu de ses forts pourcentages, cet obstacle hors catégorie mérite le respect.

Quelques cabanes et chalets donnent un peu de vie à cet environnement désolé. On note encore dans les parages des portions à 11 % sur un tracé toujours aussi tarabiscoté.

Cauterets. Dans la zone des bergeries des Artigaus, on relève une très légère faiblesse à 7,5 %, qui vous permettra d'enrouler plus facilement votre petit braquet. Vous serez peut-être survolé par des parapentistes qui affectionnent le virage de la falaise de Pène de Sérères (1 260 m). Quelques cabanes et chalets donnent un peu de vie à cet environnement désolé, tandis que la pédalée se fait plus heurtée. On note encore dans les parages des portions à 11 % sur un tracé toujours aussi tarabiscoté et traversé par des ruisseaux. Les courbes s'enchaînent, et les jambes deviennent bien lourdes. Une auberge indique la flamme rouge, signe de votre délivrance. La dernière borne s'avale en effet à 5 %. Les arrivées sont en général jugées à l'entrée du grand parking (1 560 m) qui conduit aux remontées mécaniques à côté du petit restaurant. Mais, pour finir en beauté, gravissez les quelques hectomètres qui prolongent la route bitumée jusqu'au col de Tramassel (1 615 m). Au-delà, c'est une piste qui rejoint le pic de Moulata (1 719 m) pour surplomber les lacs du superbe vallon d'Isaby.

À taille humaine, cette station de moyenne montagne a été créée en 1972. Elle propose 41 kilomètres de pistes de fond et de descente. Au nord se dresse la masse verte du pic du Hautacam (1 745 m) qui a donné son nom au plateau, qui s'appelait auparavant le Carlouet. Les escarpements méridionaux des pointes de Nerbiou (1 747 m) et de Léviste (2 463 m) s'étagent de l'autre côté. En récompense de votre dépense d'énergie, un idyllique panorama assez étendu domine un environnement de forêts de sapins, de collines champêtres et de crêtes rocheuses par lesquelles cheminaient autrefois les habitants de Lourdes.

la légende

Leblanc dans le brouillard

Regonflés par la victoire de Jacky Durand à Cahors, les Tricolores nourrissent ce 13 juillet 1994 de nouvelles ambitions. Le premier contact avec la montagne est l'inédite montée d'Hautacam. Comme à son habitude, le maillot jaune Miguel Indurain ne laisse à personne le soin d'accélérer le rythme sous la bruine. Après onze journées de plaine, le contact avec la rampe est terrible. Le peloton vole en éclats. Malgré une attaque de Pantani, le solide Indurain poursuit imperturbablement son ascension rapide. Bientôt, il n'est plus flanqué que des inséparables et frêles équipiers de Festina, Virenque et Leblanc. Alors que la pente et la purée de pois s'accentuent, Lucho place une mine avec la fougue qui le caractérise. Meilleur grimpeur de la Vuelta, il est sur son terrain de prédilection. Seul Indurain est en mesure de suivre le rythme. Le suspense est à son comble parmi les supporters lorsque Luc Leblanc (vingt-huit ans) surgit victorieux du brouillard, quelques mètres devant Indurain. À quelques tours de roue de Lourdes, sa foi est récompensée. Pantani est à dix-huit secondes, et Virenque à près d'une minute. Les grands battus sont Rominger, qui perd 2'21", et surtout Chiappucci, qui concède près de vingt-quatre minutes ! Cette performance de Leblanc conditionnera sa quatrième place finale du Tour, alors qu'en 1991 il s'était également illustré sur le versant espagnol des Pyrénées en obtenant le maillot jaune. L'extraordinaire saison 1994 de ce talentueux puncheur s'achèvera en apothéose sur les pentes siciliennes d'Agrigente par un titre de champion du monde.

Les passages clefs d'Hautacam

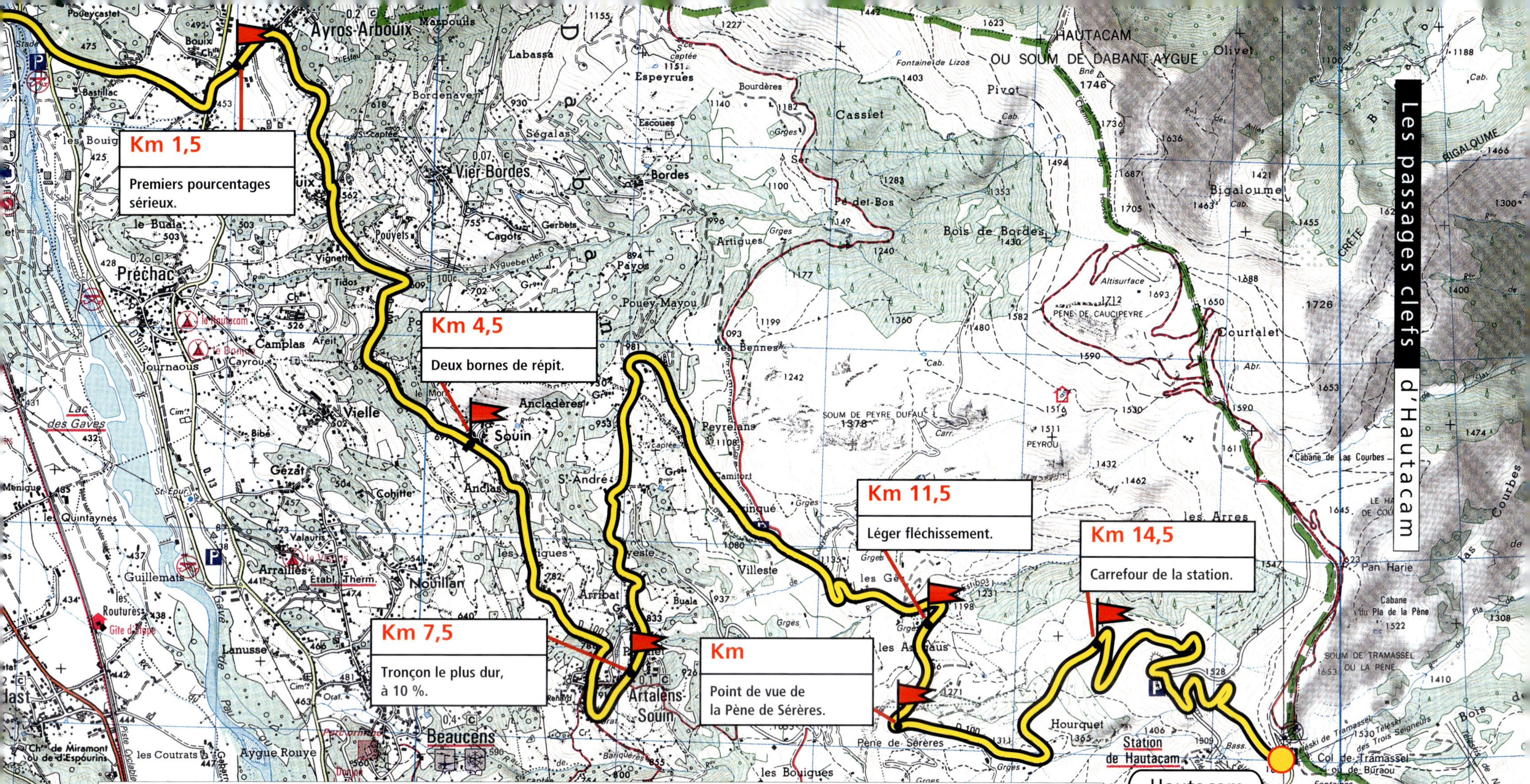

Le profil

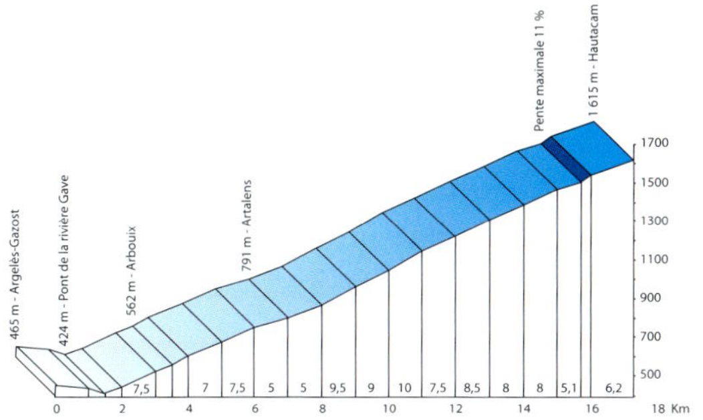

Pratique

- Département : Hautes-Pyrénées (65).
- Ouverture : de mai à novembre.
- **Carte : IGN n° 1647 ET.**
- Accès : de Lourdes, prendre la N 21 jusqu'à Argelès-Gazost qui se trouve à 13 kilomètres au sud-ouest. L'ascension emprunte la D 100 jusqu'au sommet.
- Train : gare SNCF de Lourdes. Tél. : 3635, puis car.
- Renseignements : office de tourisme d'Argelès-Gazost. Grande-Terrasse. BP 35-65400 Argelès-Gazost. Tél. : 05 62 97 00 25. Internet www.argeles-gazost.com Station de Hautacam. Tél. : 05 62 97 10 16.

1489 M

Aspin

Un bonheur pastoral

Distance : **11,9 km** • Dénivelé : **789 mètres** • Pourcentage moyen : **6,6 %** • Pourcentage maximal : **10 %**

Entre les vals d'Aure et d'Adour, le nom de ce col claque comme un étendard depuis 1910. Ne vous fiez pas à son altitude modeste, car ce morceau de bravoure comporte une sérieuse pente aux arabesques très pittoresques. Fertile en péripéties, l'Aspin occupe déjà dans la légende soixante-quatre chapitres. Ainsi, le 25 juillet 1950, mécontente du sort réservé aux coureurs français dans l'étape italienne, une bande d'excités avinés bloque le passage du col d'Aspin. Des injures et des coups sont échangés, ce qui provoque le retrait des équipes italiennes, dont le maillot jaune Fiorenzo Magni. Antique étape sur la route du commerce, des invasions, des pèlerinages et des migrations, Arreau (900 habitants) a connu une histoire mouvementée. Au confluent des deux Nestes, les maisons, généralement fleuries, possèdent des toitures d'ardoise à l'angle très prononcé. Colombages, encorbellements, fenêtres à meneaux illustrent la richesse de son passé de capitale du pays des Quatre-Vallées (705 m). Le château des Nestes abrite dans une ancienne commanderie un musée consacré à la vie locale et à l'étrange population médiévale des cagots. Des halles remarquables, une chapelle romane et une élégante église complètent cet abondant patrimoine.

En suivant la rive gauche de la Neste d'Aure (700 m), vous prenez la direction du nord en laissant à droite la route du Peyresourde pour aborder à gauche les premières pentes du versant oriental du col d'Aspin. Au niveau d'un calvaire, la chaussée s'élève en corniche au-dessus de la vallée à 5 %. Puis elle se faufile dans le vallon du ruisseau de l'Aspin à un rythme très doux en lisière d'une épaisse sapinière. Un petit pont (760 m) vous transporte sur l'autre versant. Le carrefour marque la première des deux voies d'accès au hameau d'Aspin-Aure. Vous attaquez une partie beaucoup plus sérieuse avec une forte déclivité, supérieure à 7 %. Les épingles virevoltent autour des coteaux verdoyants couverts d'herbe grasse. Une légère inflexion se produit toutefois au bord des falaises d'escalade de la Hillère. Puis, après le virage de la ferme Bourric (900 m), vous bénéficiez d'un rythme de croisière autour de 6,5 % pendant 3 kilomètres, entrecoupé de la bifurcation d'Aspin-Aure (1 025 m). Au-dessus des granges de Sempé, la série de lacets ensoleillés s'interrompt sur un bel-

Ce morceau de bravoure comporte une pente aux arabesques très pittoresques.

Vous débouchez alors au milieu des ânes, des vaches et des chevaux sur ce haut lieu de transhumance. Ici, la nature est préservée puisqu'il n'y a aucune construction.

la légende

Le récital de Robic

Surnommé « Tête de cuir » en raison de son caractère et de son étrange casque, le Breton a décidé de frapper les esprits ce 13 juillet 1947, entre Luchon et Pau. Il attaque pratiquement dès le départ et décramponne bien vite Brambilla sur les pentes du Peyresourde. Robic entame alors une folle chevauchée solitaire de plus de 190 kilomètres. Les écarts se creusent dans le col d'Aspin alors que la chaleur et la poussière rendent l'effort particulièrement pénible. Se sortant les tripes, il ne flanche pas dans le Tourmalet et l'Aubisque. Une démonstration éclatante puisqu'il a écrasé ses adversaires. Biquet triomphe à Pau avec près de onze minutes sur le maillot jaune René Vietto, pourtant bon grimpeur. Cette victoire lui permet de faire un bond au classement général et de rester en embuscade. Ce qu'il fera le dernier jour en s'arrachant dans les dernières côtes pour remporter à vingt-six ans ce Tour de France de l'après-guerre. Escaladeur hors pair, Robic est passé douze fois sur vingt et une en tête d'un sommet pyrénéen avec une triple réussite au col d'Aspin. En 1953, il gagnera à Luchon une autre étape de prestige qui empruntait ces grands cols, mais dans l'autre sens, avec à la clef un éphémère maillot jaune. Au cours de ses dix Grandes Boucles, le Morbihannais teigneux a glané six bouquets.

védère imprenable (1 091 m) qui plonge sur la vallée auroise. Ensuite survient le passage le plus pentu, avec une longue borne à 9,5 %. Ce secteur assez rectiligne donne un sacré coup au moral. Accrochez-vous et savourez le silence et la quiétude des lieux. De ce côté-ci de l'Aspin, vous ne rencontrez aucun village. La courbe qui surplombe les éboulis de la coume de l'Estanque (1 246 m) offre une vue aérienne sur les charmantes maisonnettes d'Aspin-Aure. Désormais, la route reprend ses évolutions à la Maronha ou Fer-à-Cheval (1 304 m), au milieu des ravins et des granges foraines. Ses virages sont un peu moins éprouvants puisque l'on y relève entre 7,5 et 8 %. Plus linéaire, le final se déroule dans une ambiance sylvestre, avec une pente toujours aussi constante.

Vous débouchez alors au milieu des ânes, des vaches et des chevaux sur ce haut lieu de transhumance. Ici, la nature est préservée puisqu'il n'y a aucune construction dans cette zone périphérique du Parc national des Pyrénées. Dans ce décor pastoral, le col (1 489 m) est placé sur la ligne de crête qui relie le Plo-del-Naou (1 754 m) au Monné-Rouye (1 755 m). Du parking de ce site particulièrement panoramique, admirez au loin les silhouettes de l'Arbizon (2 831 m), du pic du Midi de Bigorre (2 872 m) et du signal de Bassia (1 921 m). À vos pieds s'étendent les sapinières de Payolle ainsi que les vallées des Nestes et du Louron. Les carrières qui s'ouvrent à proximité produisent du marbre vert utilisé pour de nombreux monuments, comme le château de Versailles ou l'Opéra de Paris. De l'autre côté, l'ascension démarre à Sainte-Marie-de-Campan. En passant par le plateau des Coumes et le lac de la station de Payolle, le profil est moins méchant, soit 12,4 km à 5,2 % (maximum 9 %).

Les passages clefs d'Aspin

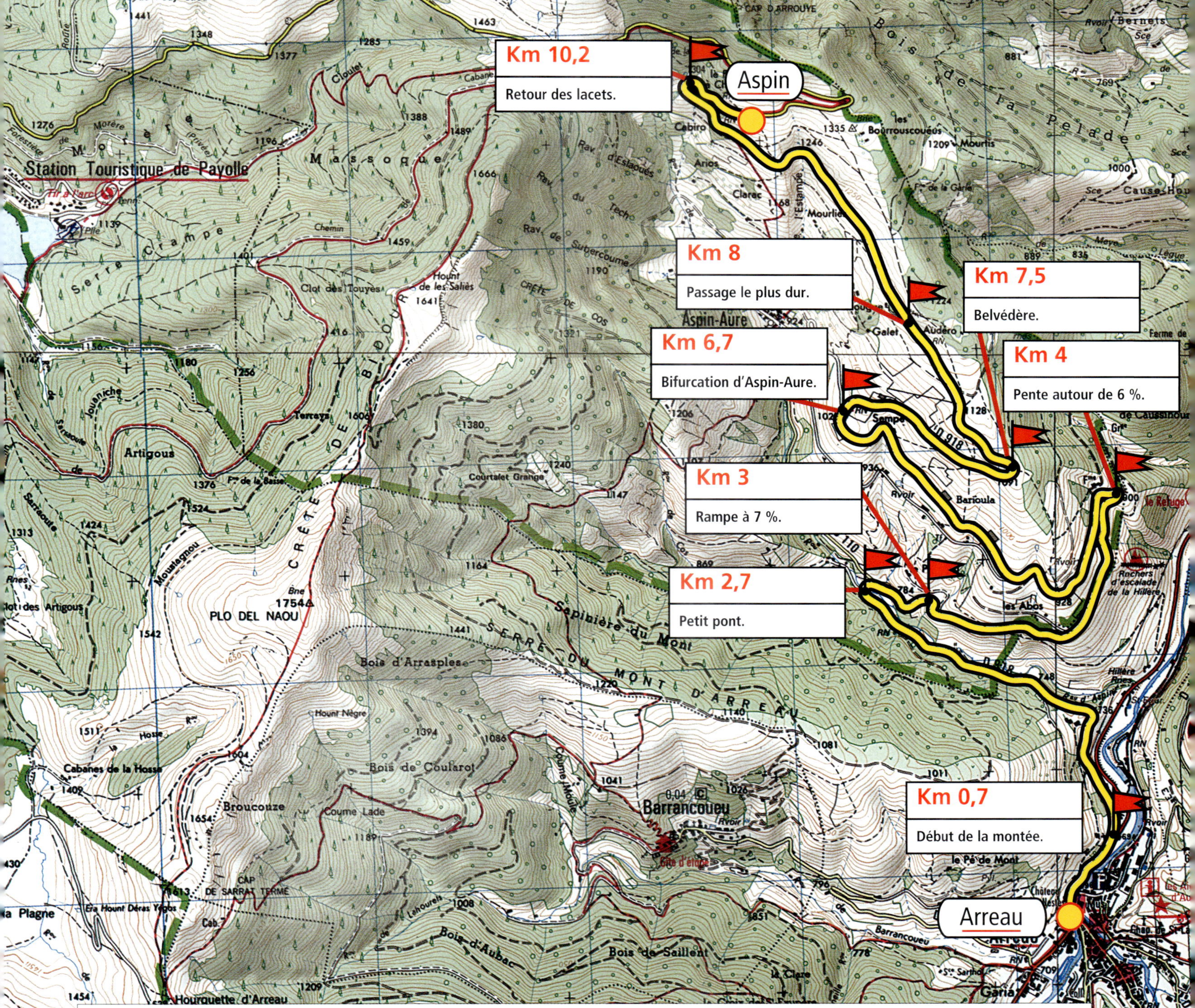

Le profil

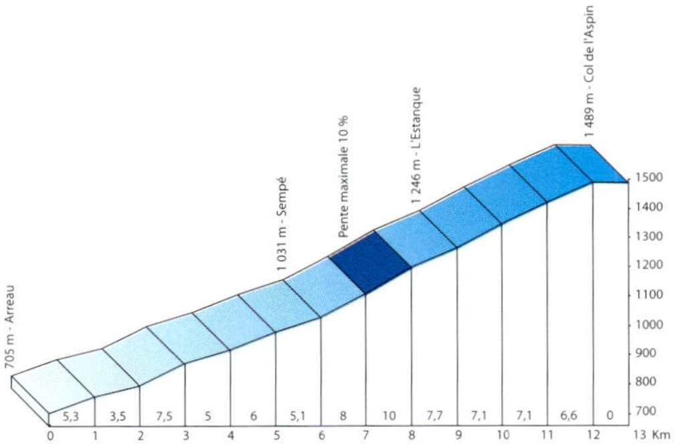

Pratique

- Département : Hautes-Pyrénées (65).
- Ouverture : de juin à novembre.
- **Carte : IGN n° 1747 ET.**
- Accès : prendre la D 929 pour rejoindre Arreau qui se trouve à 12 kilomètres au nord-est de Saint-Lary et à 27 kilomètres au sud de Lannemezan. L'ascension emprunte la D 918 jusqu'au sommet.
- Train : gare SNCF d'Arreau. Tél. : 3635.
- Renseignements : office de tourisme d'Arreau. Château des Nestes. 65240 Arreau. Tél. : 05 62 98 63 15. Internet www.vallee-aure.com

1480 M

Guzet-Neige

Un plaisir authentique

Distance : **11,5 km** • Dénivelé : **820 mètres** • Pourcentage moyen : **5,4 %** • Pourcentage maximal : **10 %**

La station de sports d'hiver de Saint-Girons a été le cadre de trois arrivées d'altitude dans ce coin reculé de l'Ariège. Au cœur du haut Couserans, le dépaysement est garanti. La montée présente un final particulièrement ardu. Les ruines féodales de Lagarde surveillent le confluent du Salat et de l'Alet. Le pont de la Taule (567 m) marque le début d'une longue mais superbe approche en pente douce qui oscille entre 2 et 3 %. Vous progressez tout d'abord dans des gorges encaissées. Puis, au Planech (590 m), la vallée s'élargit. Une multitude de granges piquettent les prés de ce terroir à la vocation rurale ancestrale. Tout aussi attrayant les uns que les autres, les hameaux se succèdent dans cette riante vallée d'Ustou. Profitez de ce paisible échauffement pour détailler l'architecture ariégeoise avec les caractéristiques pignons en gradins. Alimentée par les bois environnants, une forge faisait travailler une bonne partie des villageois. Cette harmonieuse authenticité favorise le développement d'une faune et d'une flore sauvages. Vous rejoignez ainsi sans trop transpirer les commerces du bourg du Trein (680 m).

En passant au pied du monticule boisé du Tuc de Gaspard et en franchissant un petit pont (715 m), vous abandonnez l'Alet qui file vers le merveilleux cirque de Cagateille. Le village de Sérac (700 m) est le véritable point de départ de la montée. Quatre lacets s'élèvent rapidement à 7,5 % pour rejoindre le lit d'un petit torrent.

Quelques cabanes sont solidement campées dans les estives. Le temps d'un court palier (1030 m), débouche l'autre variante qui grimpe depuis les thermes d'Aulus, via le col de Latrape (1 111 m), avec deux sérieux murs à 10 %. Suivent 2 bornes plutôt tranquilles, à 5,5 %, agrémentées dans la courbe du Pla du Rieu (1 150 m) d'un magnifique panorama sur toute la vallée d'Ustou. Puis, graduellement, une certaine verticalité s'instaure. Ne perdez pas l'équilibre, car c'est dans la pénombre du bois de Toujech que se trouve la rampe la plus impitoyable, qui affiche 9 %. Malgré les ondulations acrobatiques de la route à découvert,

Cette ascension sans concession présente un final particulièrement ardu.

Graduellement, une certaine verticalité s'instaure. Ne perdez pas l'équilibre, car c'est dans la pénombre du bois de Toujech que se trouve la rampe la plus impitoyable, qui affiche 9 %.

la pente se maintient à 8 % tandis que dégringole le ruisseau de Guzet. Cette seconde partie, vraiment difficile, atteint le premier étage de la station de Guzet-Neige (1 360 m), où convergent les télésièges au pied du Picou de la Mire (1 751 m). Mais l'ascension n'est pas encore finie. Il vous faut encore vous colleter avec une interminable ligne droite qui s'enfonce de nouveau dans la forêt pour se hisser au sommet de la crête de Prat-Mataou (1 520 m). La station est constituée d'un ensemble harmonieux de trois cent cinquante chalets traditionnels nichés sous les sapins. Elle a été créée par étapes successives à partir du col de Latrape en 1962, la route terminale étant achevée en 1969.

Réparties sur trois domaines, trente-quatre pistes s'étagent entre 1 100 et 2 100 mètres d'altitude. Un petit embranchement sur la droite conduit au col d'Escots (1 618 m).

Ce balcon naturel découvre la vallée du Garbet et de nombreux cirques montagneux. Au sud se distinguent le pic de Freychet (2061 m), le mont Rouge (2379 m) et la dent de Mede (2352 m) avec en arrière-plan le pic de Certascan (2840 m) qui délimite la frontière espagnole toute proche.

Vous apercevez également dans le même secteur Estats (3 144 m) et Montcalm (3077 m), les plus hautes cimes de l'Ariège. Dans les nombreux restaurants, vous pourrez reprendre des forces devant une assiette de garbure au chou et un verre de vin chaud.

la légende

Millar en spécialiste

Le 9 juillet 1984, sous une chaleur accablante, la caravane du Tour attaque les Pyrénées. Après le Portet-d'Aspet, sur les routes ariégeoises, Robert Millar fait partie d'une petite échappée dans laquelle Jean-René Bernaudeau semble le plus actif. Mais l'Écossais attend les pentes de Guzet-Neige et distance rapidement le Vendéen et le Hollandais Gérard Veldscholten. Cependant, la menace vient de l'arrière avec Luis Herrera, le champion de Colombie, qui grimpe à toute allure. Mais, grimaçant dans son maillot Peugeot, Millar (vingt-cinq ans) réussit à préserver quarante et une secondes d'avance et un peu plus d'une minute sur Pedro Delgado. Il endosse alors le maillot à pois rouges qu'il conservera à Paris, avec à la clef une superbe quatrième place du Tour, juste derrière les vedettes Fignon, Hinault et LeMond. Ayant participé à onze Tours de France, de 1983 à 1993, il acquit ses trois succès d'étapes dans les Pyrénées. Le reste de sa carrière est constellée d'exploits montagnards sur toutes les courses à étapes de la Suisse à l'Espagne, en passant par un titre de meilleur grimpeur du Giro en 1987.

Les passages clefs de Guzet-Neige

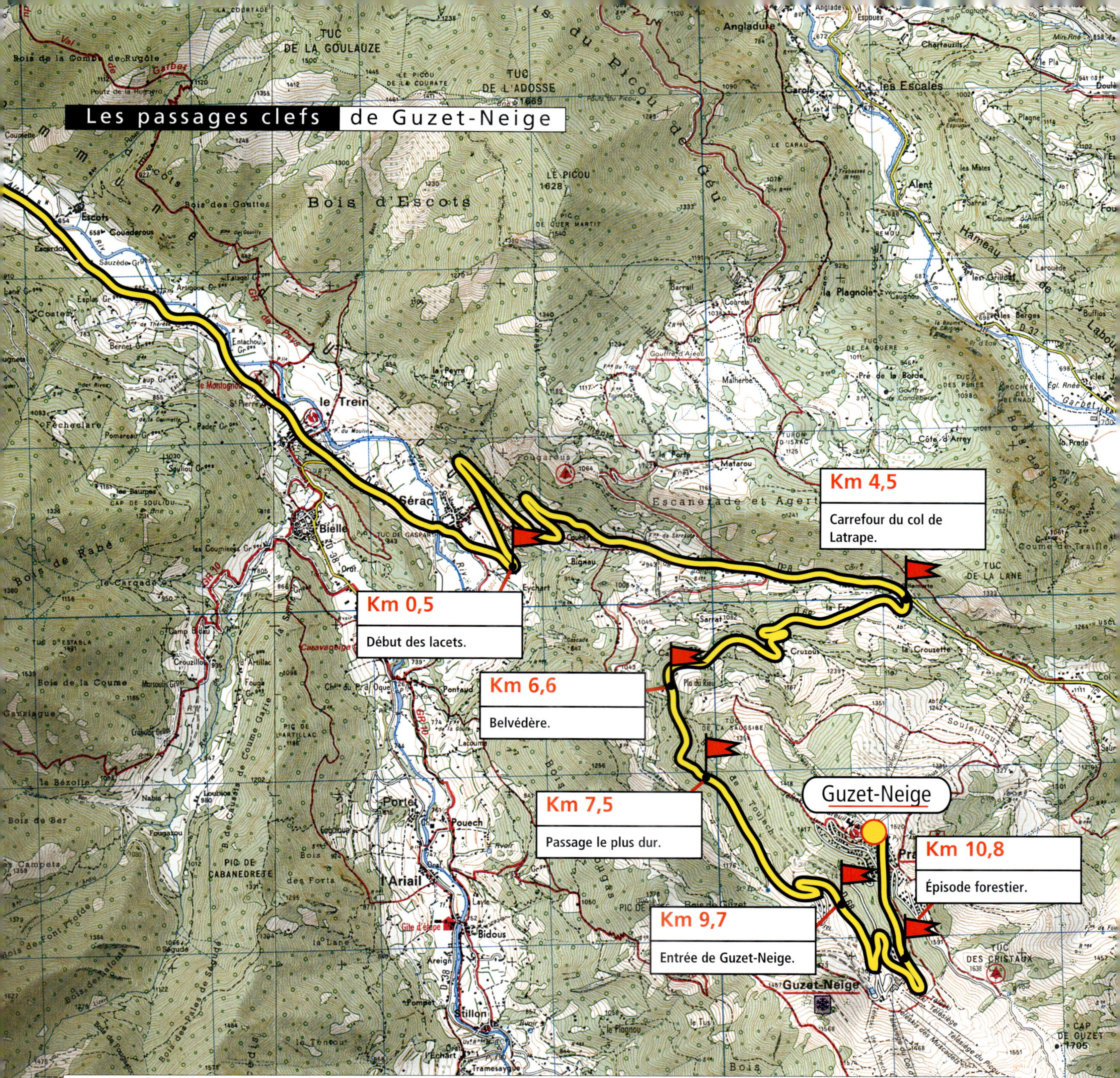

Le profil

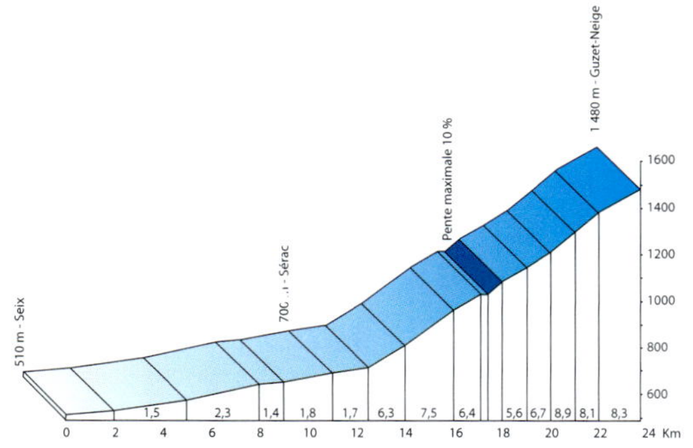

Pratique

- Département : Ariège (09).
- Ouverture : de février à novembre.
- **Carte : IGN n° 2048 OT.**
- Accès : depuis Saint-Girons, prendre la D 618, la D 3 puis la D 8 pour rejoindre Sérac-d'Ustou qui se trouve à 30,5 km au sud-est. L'ascension emprunte la D 68 et la D 68 jusqu'au sommet.
- Train : gare SNCF de Boussens. Tél. : 3635.
- Renseignements : office du tourisme du Trein-d'Ustou. 1, impasse Barbierri. 09140 Ustou. Tél. : 05 61 96 00 01. Internet www.haut-couserans.com Office de tourisme de Guzet-Neige. Tél. : 05 61 04 95 07. www.guzet.com

1474 M

Le Soulor

La vallée sauvage

Distance : **22,6 km** • Dénivelé : **1 111 mètres** • Pourcentage moyen : **4,9 %** • Pourcentage maximal : **9 %**

Indissociable de son grand frère voisin de l'Aubisque, le col s'inscrit naturellement dans les grandes étapes pyrénéennes depuis 1910. Des trois accès possibles, le versant nord procure le plus de tranquillité. Il démarre au sud de la plaine du gave de Pau, en deçà des collines de Nay, où l'on fabrique le fameux béret basque. Au cœur du Béarn, la villégiature appréciée d'Arthez d'Asson (378 m) compte de nombreux gîtes et résidences secondaires. Entre le XVIe et le XIXe siècle, plus de 600 ouvriers travaillaient dans les forges le minerai recueilli dans la montagne. En bas du village (514 habitants), l'élégant château d'Angosse se niche dans un grand parc entouré de prairies. Dans ce piémont pyrénéen, le parcours grimpe timidement dans les coteaux, avant de suivre très fidèlement le cours de l'Ouzom. Le vert caractérise cette première partie en faux plat avec de grandioses cimes enneigées qui se découpent à l'horizon. Rien ne trouble le caractère très sauvage de ce défilé ombragé qui navigue d'une rive à l'autre en empruntant de petits ponts et des voies en sens unique. Le profil glisse légèrement vers le pont de l'Arriussec (401 m). Quelques écluses et stations de pompage régulent la rivière qui longe la route sinueuse bordée de buis, d'aulnes, de chênes et d'acacias. Des truites, des écrevisses et même quelques visons attestent la pureté du site, alimenté par une myriade de petits affluents. Une quinzaine de moulins participaient autrefois à l'économie du vallon.

Au pied du pic de l'Estibète (1851 m), vous changez de département pour entrer dans l'une des vallées du val d'Azun, parfois traversée par l'ours. À Etchartes (525 m), vous laissez, à gauche, la route qui monte au col de Spandelles et profitez des derniers instants faciles. Le nom du village de Ferrières (550 m) provient de mines de fer, exploitées du XVe siècle à 1961, dont on aperçoit quelques traces sur la droite. Les pourcentages sérieux débutent ici avec une première épingle très pentue qui rapidement s'envole au-dessus de la fontaine de l'église. Cette seconde partie d'une douzaine de bornes, assez exigeante, se traduit par une moyenne de 7,6 %. Le tracé est beaucoup plus tourmenté et atteint vite 7 % en traversant les bois. Plus haut, la paroisse d'Arbéost

Des trois accès possibles, le versant nord procure le plus de tranquillité.

Au fur et à mesure de votre escalade, vous apercevez dans le lointain la route presque aérienne du col d'Aubisque. Assez régulier, le profil se stabilise autour de 8 %.

(769 m) est le dernier village de l'ascension. S'adaptant aux rudes conditions hivernales, les solides maisons ont une architecture adaptée, avec de petites fenêtres et des galeries pour se protéger des intempéries. Dès la sortie, les lacets panoramiques s'enchaînent au soleil, avec un long passage à 9 %. À l'époque des fenaisons, observez le geste auguste du montagnard qui manie la faux. Des haies délimitent les prés dans lesquels moutons et brebis donnent un cachet résolument pastoral. De nombreuses granges (les bordes) et cabanes de berger sont accrochées à la pente. Au fur et à mesure de votre escalade dans un décor de plus en plus minéral, vous apercevez dans le lointain la route presque aérienne du col d'Aubisque. Assez régulier mais sans faiblesse, le profil se stabilise autour de 8 %. Un peu plus haut, un nouveau belvédère dévoile la majesté du cirque du Litor, où naît l'Ouzom. Petit à petit, la silhouette du restaurant du col grossit, et des vaches viennent vous saluer. Le Soulor se trouve au carrefour de la route de l'Aubisque. En face se dressent les parois gris et blanc du Petit-Gabizos (2 639 m). L'ouest propose un autre regard sur la dépression du cirque du Litor. Au nord-ouest s'étirent les crêtes du Moulle-de-Jaut (2 050 m) et au nord-est, les pics de Pibeste et du Soum de Granquet (1 881 m). L'orient est marqué par la pointe du pic du Midi d'Arrens (2 267 m) et la rondeur du Cabaliros (2 334 m), qui encadrent la vallée d'Azun, avec au fond Hautacam et le pic de Montaigu. Jusqu'il y a encore peu d'années, les bergers profitaient de ces estives pour produire des fromages placés dans des saloirs dont il ne subsiste plus qu'un seul vestige. L'hiver, 110 kilomètres de pistes de ski de fond forment le plus vaste espace nordique des Hautes-Pyrénées tout autour du col. Le détail du versant est expliqué dans les pages consacrées au col d'Aubisque.

la légende

Brochard enfin seul

Fidèle équipier de Richard Virenque, le Sarthois profite du marquage de ce dernier pour s'échapper, ce 14 juillet 1997. Lors de cette première étape de montagne, les Pyrénées sont affectées par une épaisse couche nuageuse. Néanmoins, le col du Soulor s'escalade sur un bon tempo, et Brochard prend les points du grimpeur. Régulier dans les bosses, il arbore en effet le maillot à pois depuis la plaine. Mais la froidure et le brouillard sont fatals à Leblanc et à Jalabert, qui perdent beaucoup de leurs illusions. Au fil des ascensions, les costauds, groupés autour de Riis, Ullrich, Virenque et Pantani, accentuent leur emprise. Lâché dans le col d'Azet, Brochard revient au courage dans la vallée et finalement s'impose à Loudenvielle, avec le bandana fétiche qui maintient ses cheveux longs. Il a vingt-neuf ans, et cette superbe victoire tricolore reste sa seule en dix participations dans le Tour de France. Cette excellente forme se concrétisera, quelques semaines plus tard, de l'autre côté des Pyrénées, par un titre de champion du monde. « La Broche » a souvent servi de poisson pilote dans le dernier kilomètre des grands cols.

Les passages clefs du Soulor

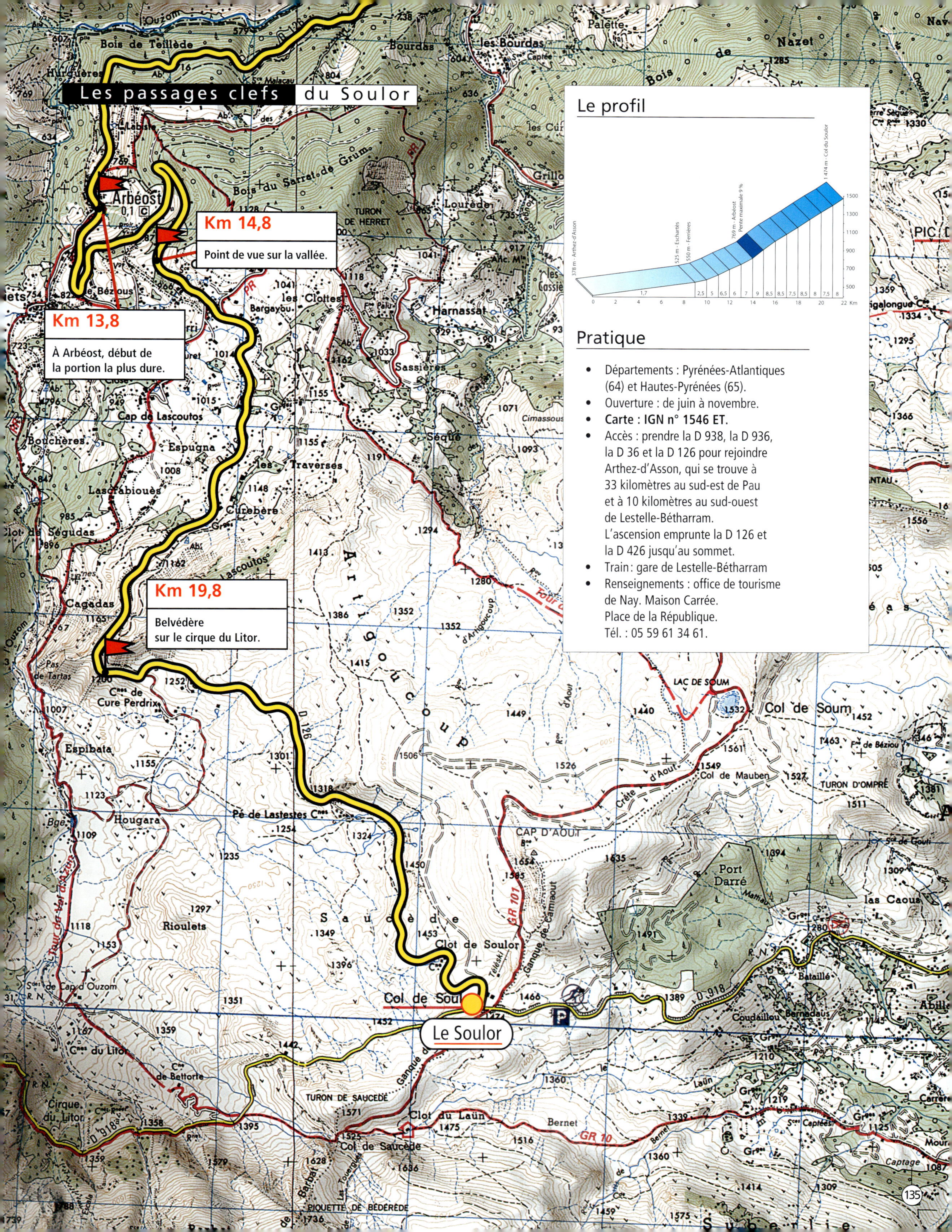

Le profil

Pratique

- Départements : Pyrénées-Atlantiques (64) et Hautes-Pyrénées (65).
- Ouverture : de juin à novembre.
- **Carte : IGN n° 1546 ET.**
- Accès : prendre la D 938, la D 936, la D 36 et la D 126 pour rejoindre Arthez-d'Asson, qui se trouve à 33 kilomètres au sud-est de Pau et à 10 kilomètres au sud-ouest de Lestelle-Bétharram.
  L'ascension emprunte la D 126 et la D 426 jusqu'au sommet.
- Train : gare de Lestelle-Bétharram
- Renseignements : office de tourisme de Nay. Maison Carrée.
  Place de la République.
  Tél. : 05 59 61 34 61.

1349 M

Col de Menté

Senteurs boisées

Distance : **11,1 km** • Dénivelé : **754 mètres** • Pourcentage moyen : **6,8 %** • Pourcentage maximal : **11 %**

Parmi les nombreux itinéraires qui relient les vallées du Ger et la vallée de la Garonne, celui-ci est sévère et assez spectaculaire. Il se situe à l'extrémité méridionale de l'ancien comté du Comminges, dans le piémont pyrénéen. Depuis 1966, le col de Menté a servi une quinzaine de fois de juge de paix au Tour de France. Un peu moins rude, le versant oriental se découvre depuis le pont de l'Oule (633 m) en contrebas du pic de la Paloumère (1 608 m). La stèle en marbre blanc qui rend hommage à Fabio Casartelli est installée non loin de là, au pied du redoutable Portet-d'Aspet. Mettant le cap au sud, vous pénétrez sous les épaisses frondaisons de la forêt domaniale de Couledoux qui alimentaient au XVIIe siècle les chantiers navals de Colbert. C'est à cette époque que le chemin a été rendu plus carrossable. Les premiers tours de roue sont assez tranquilles, le temps d'apprécier l'atmosphère sauvage et l'étrange murmure de la source Bleue, émergence d'un vaste réseau de grottes et de gouffres. Puis, peu après la Grange-Sercech (700 m), vous devez gravir une longue rampe à 7,5 % en surplombant les méandres du Ger, riche en truites fario. Cette forte élévation ménage de belles vues sur les roches tourmentées de l'imposant massif du pic de Cagire (1 912 m) qui trône sur votre droite. Sur la gauche, le Puech (1 669 m) se dresse, solitaire et dénudé. La première partie de la montée s'interrompt au carrefour (818 m) qui mène aux Couledoux ainsi qu'au village de vacances de Couret. Vous plongez alors sur quelques hectomètres en fond de vallée.

Du petit pont (780 m), on délaisse la route du Ger qui grimpe en direction du col d'Artigascou. Le chemin oblique alors plein ouest dans une combe agreste ponctuée de lacets spectaculaires. Préparez vous à souffrir, car les 6,9 km restants affichent une moyenne de 8,2 %. Le serpent de bitume atteint le clocher du hameau de Ger-de-Boutx (880 m), particulièrement typique avec ses aiguilles surmontées de boules. La chaussée étroite se faufile entre deux serres boisées à plus de 8,5 %. C'est au printemps et à l'automne que la nature dévoile ses plus beaux atours colorés. Peu de mansuétude à attendre, hormis vers le huitième kilomètre (1 120 m), avec un passage à 7 % au-dessus des bergeries de Cubouch. L'Homme au marteau et la Sorcière aux dents vertes

Les premiers tours de roue donnent le temps d'apprécier l'atmosphère sauvage.

L'Homme au marteau et la Sorcière aux dents vertes vous guettent dans ce lent cheminement enjolivé de quelques parois rocheuses où s'épanouit la flore des Pyrénées.

vous guettent dans ce lent cheminement enjolivé de quelques parois rocheuses où s'épanouit la flore des Pyrénées. Des murets de pierre contiennent les pâturages abrupts ourlés de guirlandes sylvestres. La borne suivante est la plus coriace, avec un passage à 11 %. En cas de surchauffe, posez votre vélo contre la balustrade en bois. Le temps d'une pause photographique, vous mesurez le chemin parcouru. La fin de ces courbes panoramiques est matérialisée par le col de la Clin (1 246 m), qui se trouve à l'intersection d'une piste forestière. Même si le profil ne faiblit pas, les ultimes lignes droites retrouvent un caractère très ombragé, fort appréciable en cas de forte chaleur.

Le col de Menté (1 349 m) est juché entre le pic de l'Escalette (1 856 m) et le Tuc de l'Étang (1 816 m), à proximité d'un refuge d'une dizaine de places. Deux routes à sens unique desservent la station du Mourtis (1 450 m) qui se trouve quelques hectomètres plus loin dans la sapinière de la Seube. Théâtre de deux arrivées du Tour, elle dispose de 67 kilomètres de pistes de ski de 1 420 et 1 860 mètres face au pic d'Aneto et au massif de la Maladeta. Le reste de la saison, des dizaines de circuits VTT balisés sillonnent les environs. C'est au Mourtis que vous trouverez de quoi vous ravitailler. Les vallons boisés qui s'étendent jusqu'à la frontière espagnole sont le royaume des ours slovènes relâchés en 1996. De l'autre côté du col, des sentes pédestres partent à l'aventure vers les sommets environnants. La face ouest est encore plus abrupte, avec, depuis Saint-Béat (504 m), 9,8 km à 9 % de moyenne. Prudence dans les virolets de la vertigineuse descente, car c'est 3,5 km plus bas que Luis Ocaña a chuté en 1971, dans la partie la plus pentue.

la légende

Jour de gloire pour Van Impe

Comme son illustre aîné Bahamontes, Lucien Van Impe a remporté six fois le précieux maillot à pois entre 1971 et 1983, récompensant son exceptionnelle longévité. Il a en effet participé à quinze tours de France sans jamais abandonner. Avec de brillants résultats, puisque sa plus mauvaise place est la vingt-septième. Le poids plume (1,57 m) est monté à quatre reprises sur le podium. Mais 1976 reste l'année du sacre. Le 10 juillet, entre Saint-Gaudens et Saint-Lary, Lucien Van Impe est en embuscade à la seconde place du général. Il passe à l'offensive dès les premières pentes du col de Menté et bascule en tête. Mais, dans cette étape reine, les attaques des favoris se succèdent au fil du Portillon et du Peyresourde. Le Belge jette alors toutes ses forces dans la montée finale du Pla-d'Adet, pour obtenir un joli succès. Zoetemelk, son principal rival, a perdu plus de trois minutes. Désormais, plus rien ne pourra arrêter Lucien Van Impe (vingt-neuf ans) dans la quête de son unique Tour de France. Ses dix-huit années chez les pros sont primées par un palmarès de soixante-huit victoires, dont neuf étapes dans la Grande Boucle (trois dans les Pyrénées). Le voltigeur belge est passé trente-trois fois en tête d'un grand sommet. Sur le Giro, il a été également double meilleur grimpeur.

Les passages clefs du col de Menté

Le profil

Pratique

- Département : Haute-Garonne (31).
- Ouverture : de février à novembre.
- **Carte : IGN n° 1947 ET.**
- Accès : depuis Saint-Gaudens, prendre la D 5 et la D 618 pour rejoindre le pont de l'Oule qui se trouve à 25,5 km au sud-est. L'ascension emprunte la D 85 et la D 44 jusqu'au sommet.
- Train : gare SNCF de Cierp-Gaud ou de Saint-Gaudens. Tél. : 3635.
- Renseignements : Maison des Trois-Vallées. Rue Armand-Latour. 31160 Aspet. Tél. : 05 61 94 86 51. Station du Mourtis. Mairie de Boutx. 31440 Le Mourtis. Tél. : 05 61 79 47 55 ou 05 61 79 44 79. Internet www.lemourtis.com et www.boutx-le-mourtis.com

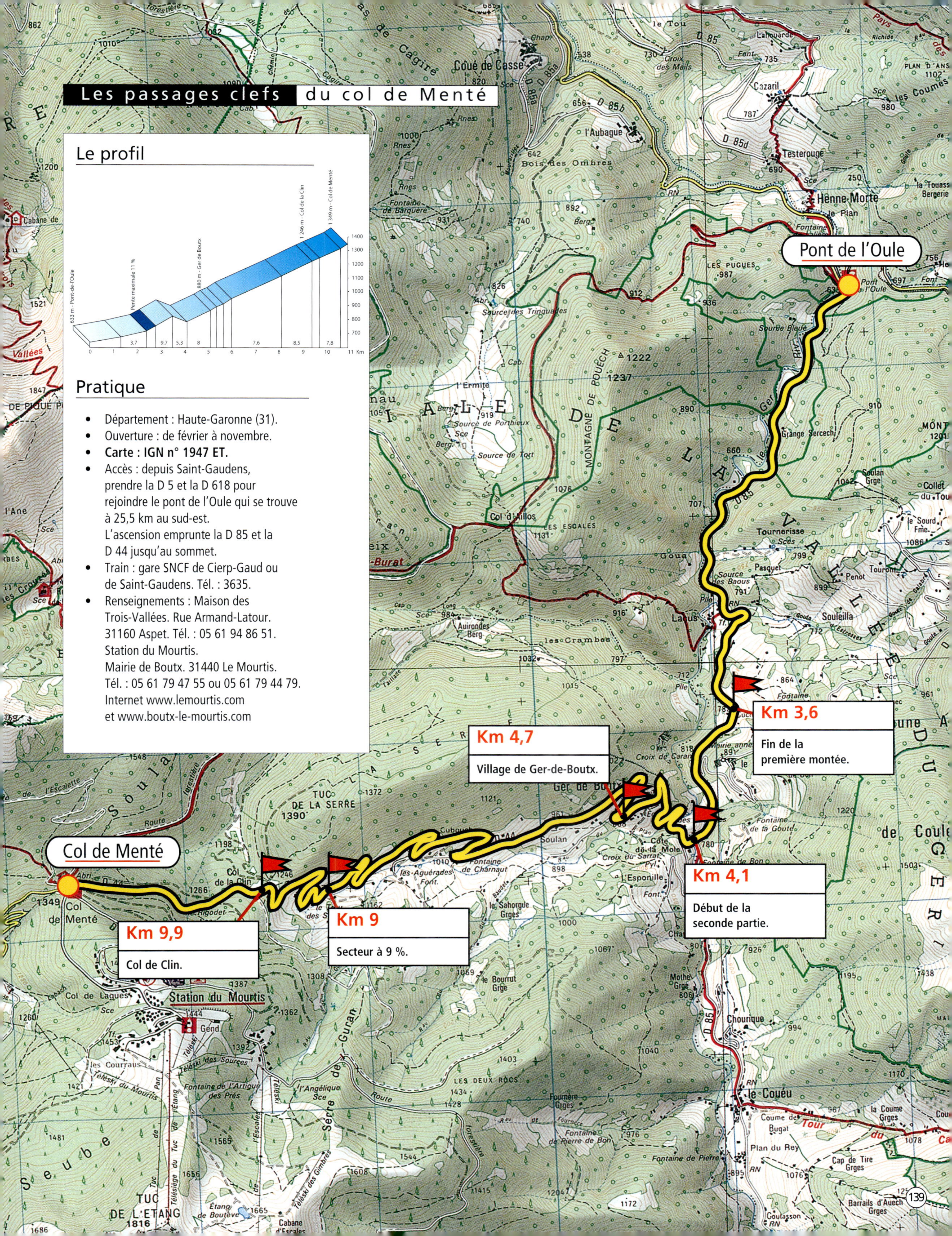

Le Massif central

Essentiellement composé d'anciens volcans, cet ensemble montagneux est le plus vieux de France. Le paysage tourmenté actuel est le résultat d'éruptions et de cataclysmes qui se sont étalés sur plusieurs millions d'années. Le puy de Sancy (1 885 m) surplombe ce vaste territoire qui recouvre dix départements. Vous avez un choix important de trois cent cinquante cols de tous styles, culminant au pas de Peyrol. Les points de vue sont souvent spectaculaires.

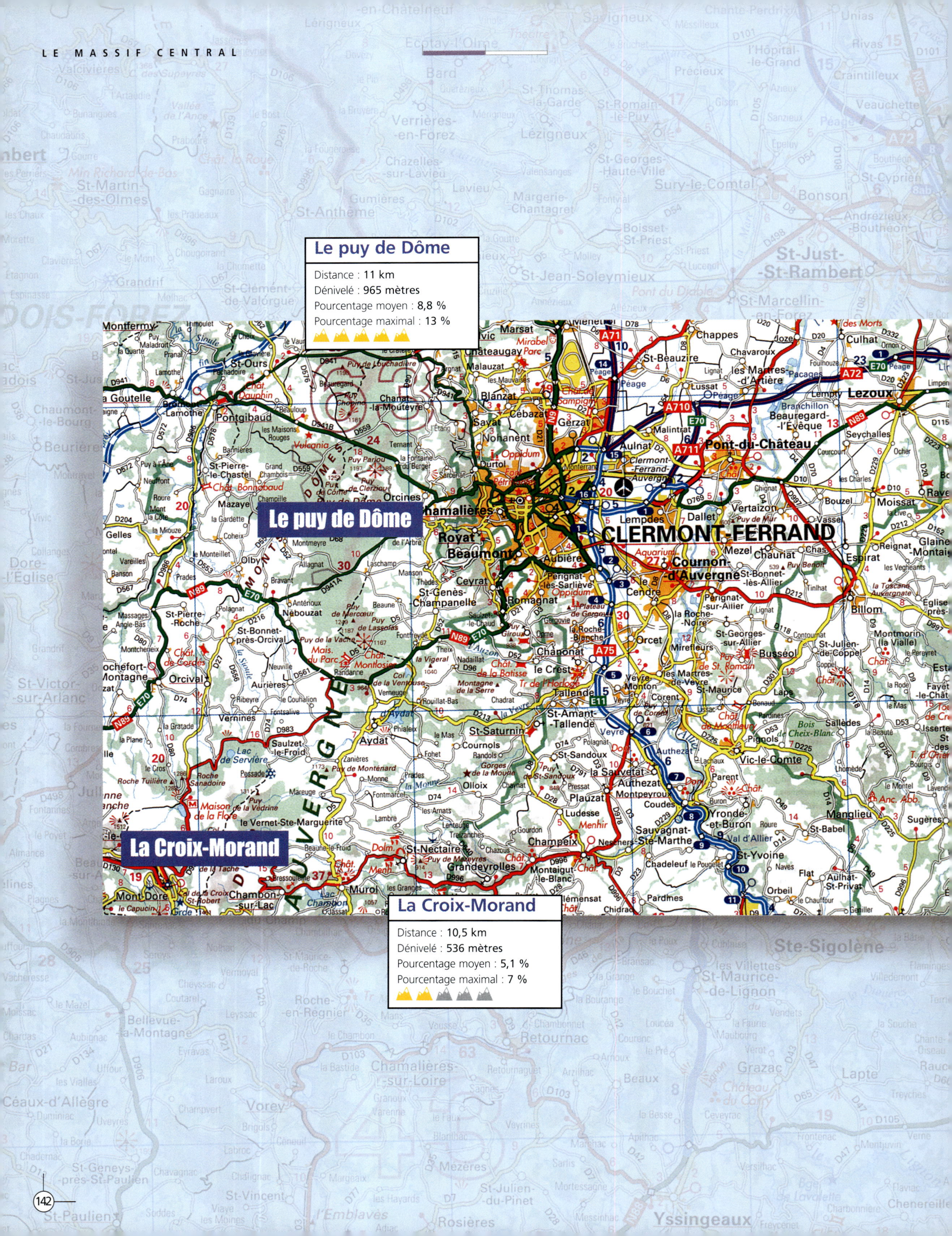

Le puy de Dôme

Distance : 11 km
Dénivelé : 965 mètres
Pourcentage moyen : 8,8 %
Pourcentage maximal : 13 %

La Croix-Morand

Distance : 10,5 km
Dénivelé : 536 mètres
Pourcentage moyen : 5,1 %
Pourcentage maximal : 7 %

Les plus grands cols du Massif central

La Croix-de-Chaubouret

Distance : 16 km
Dénivelé : 611 mètres
Pourcentage moyen : 3,8 %
Pourcentage maxi : 9 %

Col de la République

Distance : 12 km
Dénivelé : 627 mètres
Pourcentage moyen : 5,2 %
Pourcentage maximal : 8 %

Col de l'Œillon

Distance : 20 km
Dénivelé : 1079 mètres
Pourcentage moyen : 5,4 %
Pourcentage maximal : 8,5 %

1415 M

Le puy de Dôme

Un volcan d'émotions

Distance : **11 kilomètres** • Dénivelé : **965 mètres** • Pourcentage moyen : **8,8 %** • Pourcentage maximal : **13 %**

Tel un phare posé dans la plaine, la silhouette populaire de ce géant suscite à la fois crainte et admiration. Tout cycliste rêve un jour ou l'autre de dompter le phénomène. Comme les champions du Tour de France qui se sont frottés treize fois, dont deux fois contre la montre, à l'obstacle entre 1952 et 1988. Le puy de Dôme a ainsi engendré des batailles homériques, tel le duel Anquetil-Poulidor en 1964. Point culminant de la chaîne des Puys (1 464 m), ce volcan est éteint depuis plus de dix mille ans. Après avoir admiré les flèches de lave noire de la cathédrale de Clermont-Ferrand (392 m), la capitale de l'Auvergne et du pneumatique, vous gagnez rapidement les quartiers résidentiels de Chamalières par les faubourgs ouest. Puis la station thermale de Royat (450 m) marque le début de cette très difficile ascension.

Le premier tronçon démarre fort avec une pente à 7 % qui se hisse au pied des hôtels et des villas huppés. Vous remontez ainsi le cours de la Tiretaine dont le débit alimentait autrefois de nombreux moulins. Profitez de la fraîcheur de ces gorges pittoresques où chantonnent les cascades. Essentiellement composé de pins, le bois de la Pauze vous accompagne jusqu'au pont des Soupirs (515 m). Juste de l'autre côté de cette cime forestière se trouve le circuit automobile de Charade où se sont déroulés des Grands Prix de F1 et de nombreux championnats cyclistes. Au confluent de la Vaucluse, une série de lacets s'envolent alors vers les hauteurs de Fontanas. Le plateau granitique de la Font-de-l'Arbre (809 m) signifie la fin de la végétation protectrice. À peine quelques hectomètres de plat pour reprendre vos esprits. Dans un univers plus champêtre, vous traversez le grand axe du col de la Moreno en passant devant un parc zoologique à un rythme de 4,7 %. Au carrefour suivant (872 m), vous laissez filer sur la gauche la route qui conduit au col de Ceyssat. Sur la droite, une grotte creusée dans une coulée de lave présente une collection de minéraux de la région. Au bout d'une ligne droite à 8,1 % apparaît la cahute du péage (927 m). Si vous ne possédez pas des braquets réduits, inutile de vous lancer dans l'aventure. Depuis la barrière, le défi consiste en effet à gravir un peu plus de 4 kilomètres à 12 % de moyenne. En 1871, un pionnier aurait parcouru la distance en vingt-huit minutes. Ferez-vous mieux ? De 1907 à 1926, un tramway à vapeur transportait sur 14,7 km les touristes depuis Clermont-Ferrand. L'aménagement de la route pri-

Dès le premier tronçon, ça démarre fort avec une pente à 7 %.

Depuis la barrière, le défi consiste en effet à gravir un peu plus de quatre kilomètres à 12 % de moyenne. En 1871, un pionnier aurait parcouru la distance en vingt-huit minutes.

vée a mis fin à ce transport folklorique. Mettez tout à gauche, car vous allez rapidement affoler votre cardio-fréquencemètre. Si vous n'avez pas trop forcé dans la première partie de l'escalade, vous profiterez des bienfaits de l'échauffement, au moins sur quelques mètres... Car, d'emblée, c'est un véritable mur à 13 % qui vous cloue sur place. Ne soyez pas tétanisé par l'effort et concentrez-vous sur le pédalage en vous enfonçant dans les bois. La route s'enroule en colimaçon autour de la montagne rocheuse, dévoilant comme sur un manège, peu à peu, différents aspects des versants verdoyants. Très forte, la pente est toutefois régulière et le bitume excellent. Puis, imperceptiblement, le pourcentage s'établit à 12 %. Un long virage à droite et c'est gagné.

Harassé, vous mettrez sûrement de longues minutes à récupérer sur le vaste parking (1 415 m). La plate-forme du volcan est occupée par un restaurant, un observatoire météorologique depuis 1876, une grande antenne de télécommunication (85 m) et un musée qui évoque l'histoire du site, notamment l'expérience barométrique faite par Blaise Pascal en 1648. Un temple romain dédié à Mercure confirme la perpétuelle aura magique des lieux. Un biplan a atterri sur ce haut lieu de la voltige en 1911. Aujourd'hui, les parapentistes profitent, dans un ballet coloré, des conditions aérologiques uniques. On resterait des heures à contempler l'incomparable panorama circulaire sur les fleurons du Parc naturel régional des volcans d'Auvergne qui s'étend sur plus de 395 000 hectares. Des dizaines de cratères de toutes sortes offrent une belle leçon de géologie, les plus typiques étant le puy de la Vache et celui de Lassolas, soulignés au sud par les monts Dore et le puy de Sancy. Le puy de Dôme n'est accessible à vélo qu'à de trop rares occasions, très tôt le matin, pour une randonnée mi-juin, et les années paires pour une cyclosportive fin mai. Les horaires sont affinés chaque année par le Conseil général propriétaire de la voie. L'hiver, il peut parfois faire beaucoup plus chaud au sommet que dans la vallée, en raison de l'inversion des courants thermiques. L'autre possibilité d'accès au péage emprunte la D 941, au trafic assez important. Il est donc préférable de l'utiliser au retour pour la descente, d'autant qu'elle offre de superbes vues plongeantes sur le bassin de Clermont-Ferrand.

la légende

Zoetemelk, le Hollandais volant

Joop Zoetemelk détient le record absolu de participations au Tour de France. Seize éditions aux avant-postes sans jamais renoncer, qui se sont traduites par six places de deuxième. Sa pugnacité sera couronnée à trente-trois ans d'une victoire finale en 1980. Souvent à son avantage en montagne, il s'est imposé à deux reprises au sommet du puy de Dôme. D'abord le 16 juillet 1976, lorsqu'il surgit vainqueur au terme d'une belle empoignade avec le maillot jaune Lucien Van Impe, qui abandonne douze secondes. L'été 1978, désormais leader de son équipe, il obtient une victoire encore plus significative puisqu'il s'agit d'un terrible contre-la-montre individuel de 59,5 km qui relie Besse-en-Chandesse au colosse d'Auvergne. Zoetemelk survole l'exercice à 36,7 km/h de moyenne. À l'arrivée, Pollentier est à quarante-six secondes, le maillot jaune Bruyère à cinquante-cinq secondes et, surtout, le champion de France Hinault est à 1'40". Au chapitre de l'anecdote, il a été le premier coureur à revêtir l'emblématique maillot distinctif à pois en 1975. Son bilan sur le Tour est plutôt flatteur avec dix étapes, vingt-deux jours en jaune et onze passages en tête d'un col. Ses dons de grimpeur se sont aussi révélés sur la Vuelta avec un maillot de meilleur grimpeur en 1971 et le classement général en 1979.

Les passages clefs du puy de Dôme

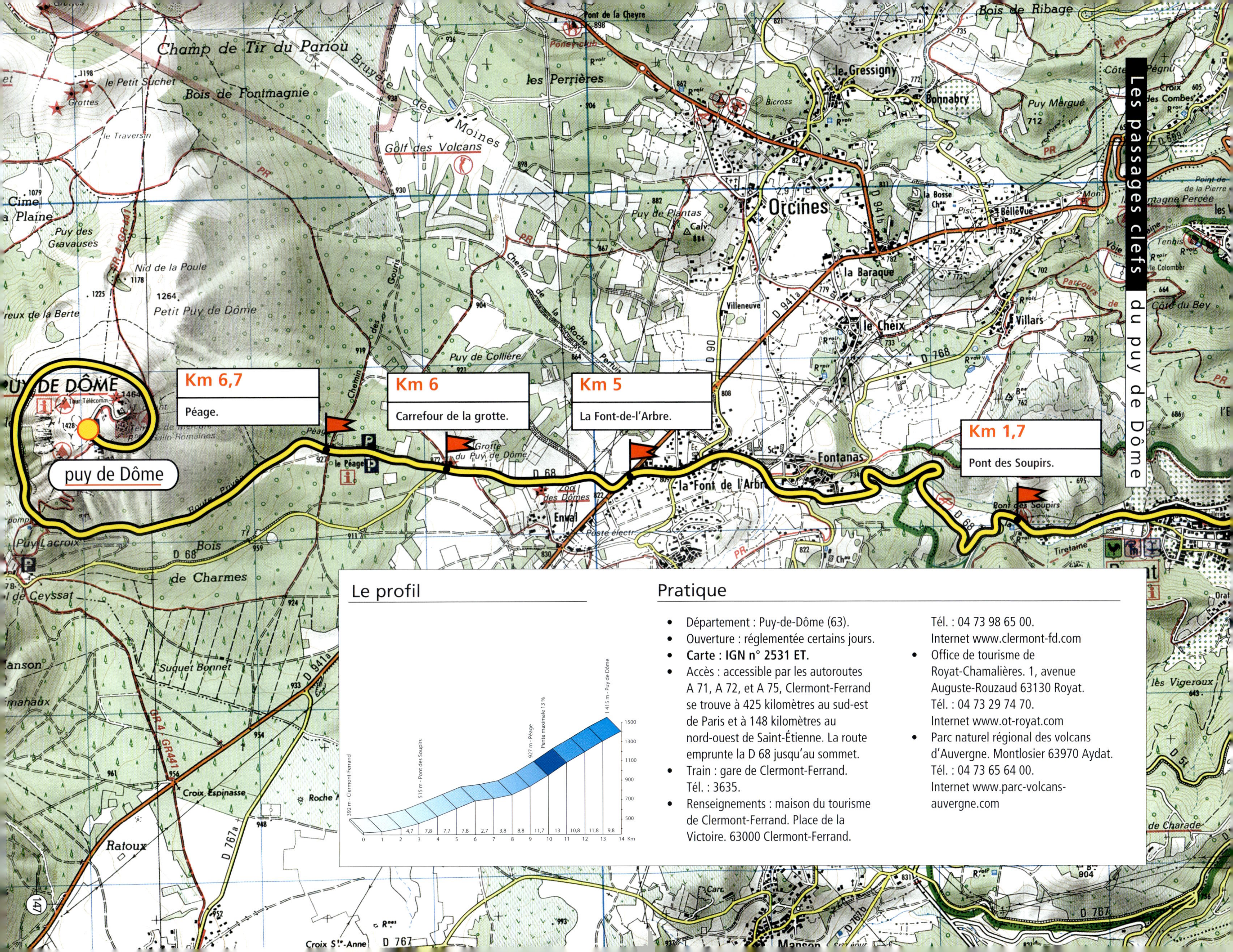

Le profil

Pratique

- Département : Puy-de-Dôme (63).
- Ouverture : réglementée certains jours.
- **Carte : IGN n° 2531 ET.**
- Accès : accessible par les autoroutes A 71, A 72, et A 75, Clermont-Ferrand se trouve à 425 kilomètres au sud-est de Paris et à 148 kilomètres au nord-ouest de Saint-Étienne. La route emprunte la D 68 jusqu'au sommet.
- Train : gare de Clermont-Ferrand. Tél. : 3635.
- Renseignements : maison du tourisme de Clermont-Ferrand. Place de la Victoire. 63000 Clermont-Ferrand. Tél. : 04 73 98 65 00. Internet www.clermont-fd.com
- Office de tourisme de Royat-Chamalières. 1, avenue Auguste-Rouzaud 63130 Royat. Tél. : 04 73 29 74 70. Internet www.ot-royat.com
- Parc naturel régional des volcans d'Auvergne. Montlosier 63970 Aydat. Tél. : 04 73 65 64 00. Internet www.parc-volcans-auvergne.com

1401 M

La Croix-Morand

La perle des monts Dore

Distance : **10,5 km** • Dénivelé : **536 mètres** • Pourcentage moyen : **5,1 %** • Pourcentage maximal : **7 %**

Depuis les années 1950, cette belle ascension des hauts plateaux d'Auvergne est épisodiquement sortie de l'oubli. En 1991, la chanson éponyme de Jean-Louis Murat dans l'album « Le manteau de pluie qui habite dans les parages » a décuplé sa popularité méritée. Cette montée très agréable ne comporte pas de portion excessive. À quelques tours de roue à l'ouest du château perché de Murol s'étend le lac Chambon (875 m). Sur les flancs du volcan du Tartaret, ses 60 hectares turquoise agrémentés de quelques îlots sont posés dans un écrin de collines boisées et bordées de plages. L'endroit fourmille d'activités nautiques. À proximité immédiate, les bouleversements naturels ont créé un ensemble de cascades, d'aiguilles et de rochers spectaculaires. L'échauffement vous conduit, à travers les marais et les tourbières de la Couze, au pied du village de Chambon (905 m), où commence l'ascension. Sur la gauche s'amorce l'entrée de la vallée glaciaire classée de Chaudefour. Le charmant petit bourg (381 habitants) est blotti contre son église romane et une chapelle polychrome. D'entrée, vous devez affronter un petit raidillon de 500 mètres à 8,2 %. Mais ce sera l'unique passage difficile de votre escalade. En passant au pied des rochers de Pousseterre, la route s'engage ensuite tranquillement à 4 % en lisière du bois de Benne. Puis vous quittez ce vallon du Suvains (993 m) pour enrouler les virages en dominant le torrent de la Dyane, qui autrefois donné son nom au col. La pente s'établit à 6 % pour rejoindre le hameau agricole de Bressouleille (1 090 m). Conçues pour résister aux frimas de l'hiver, les granges sont ici constituées de lauzes et de basalte. Les vues se dégagent avec un paysage qui se dénude peu à peu. Vous contournez la montagne de la Garde pour arriver à l'embranchement de Beaune-le-Froid (1 147 m). À mi-parcours, la roche volcanique couverte de lichens affleure les croupes gazonnées tout en rondeur. Comme le relief est toujours aussi régulier, on apprécie ces moments de solitude et de majesté. Vous pénétrez ensuite au cœur de la forêt de résineux de Peyre-Levade (1 168 m). Les courbes deviennent alors moins serrées et épousent les courbes de niveau. Peu après la combe boisée de la montagne de Pouly, le profil forcit à 7,1 % pendant une borne. Mais, retrouvant bien vite une déclivité raisonnable,

C'est l'une des plus belles ascensions des hauts plateaux d'Auvergne.

Ce grandiose univers poétique et tourmenté, façonné par l'action des glaciers au début de l'ère quaternaire, est entrecoupé de grandes parcelles de hêtres et de sapins.

vous pouvez remettre du braquet. Comme une haie d'honneur, les augustes puys Pouge et Chambon encadrent l'itinéraire qui poursuit sa marche à 6 % avec sur la gauche les pittoresques fermes de Dyane. Suivant l'exposition au soleil, les pâturages se couvrent d'une flore variée, préservée par le Parc naturel régional des volcans d'Auvergne. Dans son dernier kilomètre, la chaussée ondule à 4,8 %. Votre coup de pédale onctueux est alors en harmonie avec le décor. Le succès est proche. À moins qu'une bise traîtresse ne vienne contrarier votre envol sur ces terres d'estives occupées par les chèvres et les moutons.

Au sommet (1 401 m), un solide petit buron de pierre propose souvenirs et savoureux fromages du cru, qui serviront à confectionner une bonne truffade. Le col se trouve à l'aplomb du puy de la Tache (1 625 m) et du puy de la Croix-Morand (1 519 m). Le panorama découvre les immensités de la planèze auvergnate d'où émergent au sud le puy de Sancy (1 885 m) et au nord le puy de l'Aiguiller (1 547 m) et le puy de Dôme (1 464 m), ainsi que la plupart des cimes des monts Dore. À l'ouest, vous apercevez aussi le bec caractéristique de la Banne-d'Ordanche (1 512 m). Et, en contrebas, le regard glisse sur les ravins des torrents de l'Enfer et de la Croix-Morand. Ce grandiose univers poétique et tourmenté, façonné par l'action des glaciers au début de l'ère quaternaire, est entrecoupé de grandes parcelles de hêtres et de sapins. Dans cette zone très prisée des randonneurs, les buissons sont riches en myrtilles. L'autre versant, plus court et encore moins raide, grimpe depuis la haute vallée de la Dordogne et la cité thermale du Mont-Dore (1 048 m) en 7,5 km à 4,7 % (maximum 7 %).

la légende

Le sourire de Roche

Troisième de la Grande Boucle en 1985, puis auteur du fabuleux triplé Giro, Tour, Championnat du monde en 1987, l'Irlandais avait un peu perdu de son aura. En 1991, il est même éliminé du Tour pour s'être présenté en retard au départ du contre-la-montre par équipes. Désormais dans la formation italienne de Claudio Chiappucci, il a retrouvé la sérénité. Il prouve sa vaillance le 21 juillet 1992 dans la seizième étape. À trente-deux ans, il réussit en effet une superbe échappée dans le col de la Croix-Morand alors que le mauvais temps plonge la montagne dans la grisaille. Quelques instants plus tard, Stephen Roche triomphe dans le brouillard au plateau de Charlannes (1 180 m), sur les hauteurs inédites de La Bourboule, avec quarante-six secondes d'avance sur le Russe Ekimov. Ce sera sa dernière grande victoire, dans un paysage et une atmosphère qui ne sont pas sans rappeler les chers monts Wicklow de son enfance. Cette performance et cette régularité valent au plus francophile des Irlandais de se classer à un honorable neuvième rang final. Toujours souriant, le coureur, qui vit en France depuis longtemps, reçoit en outre le Trophée du fair-play. En treize années de carrière, Stephen Roche a accumulé un joli pactole d'une soixantaine de victoires, le plus souvent sur des terrains vallonnés, dont deux dans le Tour de France (dix participations).

Les passages clefs de la Croix-Morand

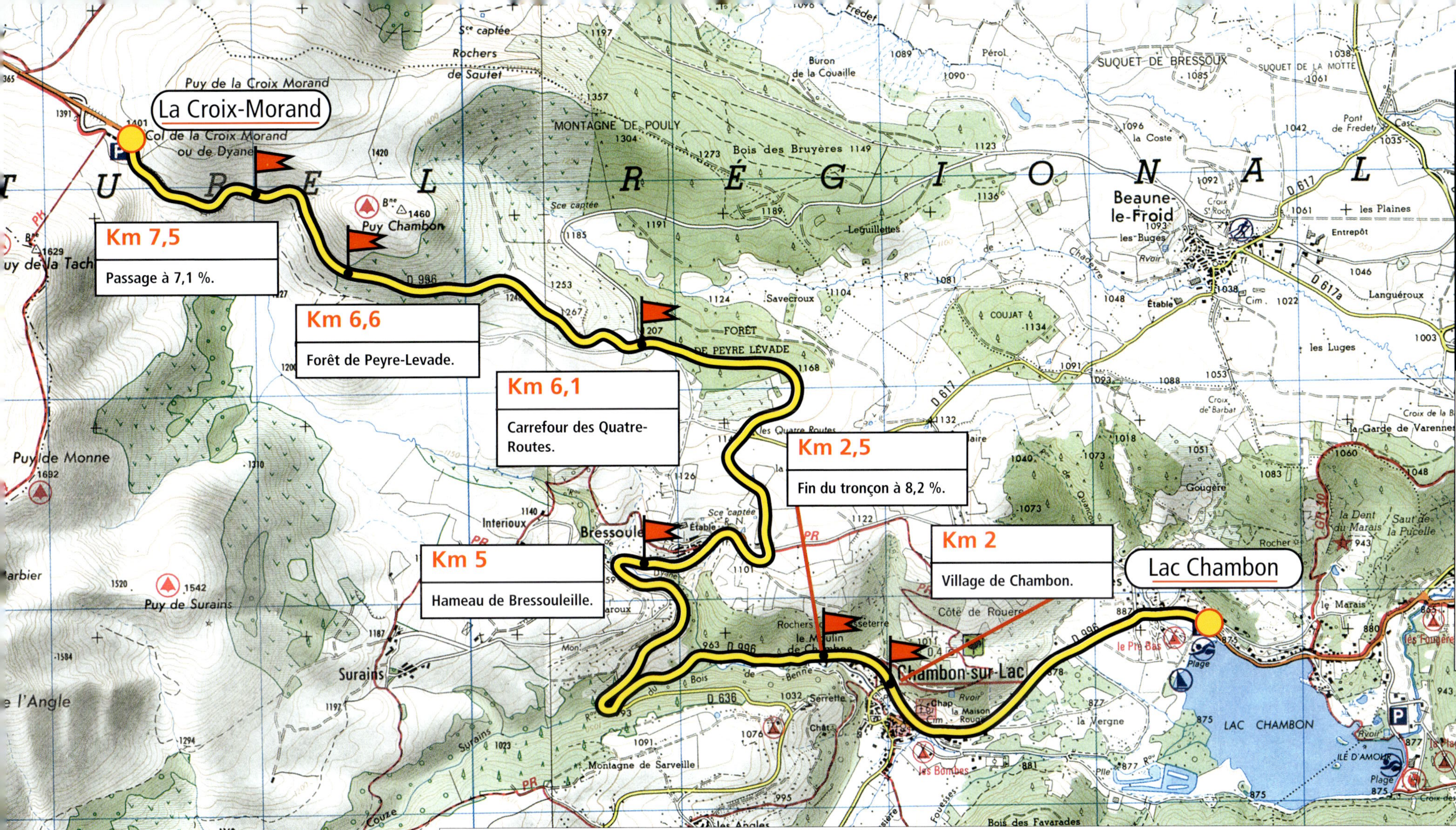

Le profil

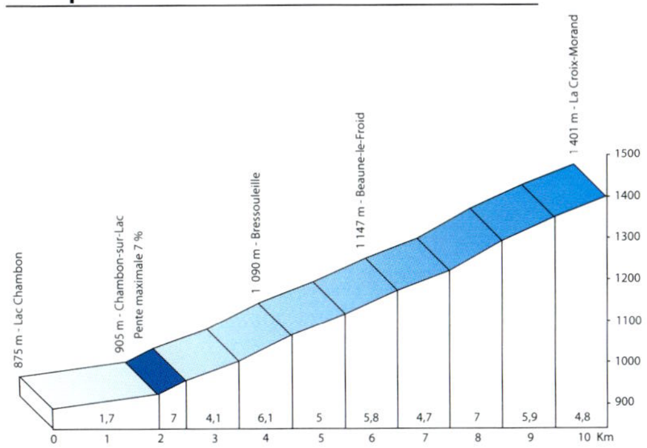

Pratique

- Département : Puy-de-Dôme (63).
- Ouverture : de mars à novembre.
- **Carte : IGN n° 2432 ET.**
- Accès : depuis Clermont-Ferrand, prendre la N 89, la D 213, la D 5, puis la D 996 pour rejoindre le lac Chambon qui se trouve à 38 kilomètres au sud-ouest et à 2 kilomètres à l'ouest de Murol. L'ascension emprunte la D 996 jusqu'au sommet.
- Train : gare SNCF de Mont-Dore. Tél. : 3635.
- Renseignements : office de tourisme de Murol-Lac-Chambon. Rue de Jassaguet. 63790 Murol. Tél. : 04 73 88 62 62. Internet www.grandevallee.com/presentation/o.t/murol/otmurol.html

HOTEL DE L'ŒILLON

1233 m

Col de l'Œillon

Le balcon du Rhône

Distance : **20 km** • Dénivelé : **1079 mètres** • Pourcentage moyen : **5,4 %** • Pourcentage maximal : **8,5 %**

Dominant la Loire et le Rhône, le parc naturel du Pilat (70 000 hectares) étend ses sommets boisés au sud de Saint-Étienne. C'est là que se niche le col de l'Œillon. Vous allez gravir sa face la plus dure, empruntée par le Tour dès 1956. L'itinéraire démarre dans une courbe de la rive droite du Rhône. Ancienne cité médiévale stratégique, Chavanay (2 500 habitants) se distingue par ses maisons aux couleurs chaudes qui annoncent la Provence proche. Au hasard des ruelles, on observe des vestiges de remparts et de superbes chapelles. Après un bref échauffement dans la plaine alluviale rhodanienne (154 m), la route s'engage bien vite dans les coteaux escarpés. À droite s'étagent en terrasses successives les fameuses vignes de Condrieu dominées par la madone d'Izéras juchée sur une colonne de 17 mètres. À votre gauche, la tout aussi célèbre appellation de saint-joseph incline ses grappes au soleil. Vous remontez alors paisiblement le cours du Régrillon encadré de talus boisés. Puis, passé le pont Chorieux (196 m), quelques lacets assez marqués se dressent à 6 % pour sortir de la combe Arnoux. Vous débouchez alors sur un petit plateau constitué de prés et de vergers qui produisent de délicieuses pommes. Cette première partie de 7,5 km à 4,6 % s'achève à Pélussin (501 m). En contrebas, deux anciens viaducs ferroviaires enjambent fièrement le vallon. Siège du Parc du Pilat, la station touristique de Pélussin conserve de son passé de seigneurie une porte fortifiée et une remarquable halle qui servait à sécher les soieries. Jusqu'au XIXe siècle, de nombreux ateliers de moulinage travaillaient la soie sur les bords de la rivière. Jusqu'au château féodal de Virieu, toute la traversée de la commune présente un relief assez doux. Profitez-en pour récupérer avant d'aborder un second chapitre nettement plus pentu.

Les petits braquets entrent en action dans l'épingle qui mène au hameau de Soyère. En effet, peu après le carrefour (561 m) de la route qui descend vers Saint-Chamond et la vallée du Gier, la déclivité est désormais de 7 %. Vous surplombez la combe pastorale du ruisseau de la Scie en rencontrant quelques hameaux campagnards comme celui de Soyère (607 m). Puis, quelques tours de roue après Le Priel (714 m), la nature devient plus sauvage. Seul ou presque, vous progressez entre d'épaisses rangées de chênes et de châtaigniers. Ce superbe habillage forestier vous tiendra compagnie jusqu'au terme

Vous allez gravir sa face la plus dure, empruntée par le Tour dès 1956.

Quelques tours de roue après Le Priel (714 m), la nature devient plus sauvage. Seul ou presque, vous progressez entre d'épaisses rangées de chênes et de châtaigniers.

de l'escalade. Le passage le plus pentu survient peu après le franchissement d'un torrent (824 m) alors que se dessinent de nouveaux virages. Cette borne à 8 % vous hisse à la croix du collet de Doizieux (946 m). Pendant près de 2 kilomètres, le profil marque ensuite un palier de repos à environ 5% en filant plein sud sur une chaussée assez rectiligne. À partir de 1000 mètres d'altitude, le dernier volet de l'ascension retrouve des accents à 7%. Sur la petite route qui débouche à gauche (1050 m), admirez un peu plus bas la chapelle Sainte-Magdelaine, blottie près d'une source. Tandis qu'un nouveau secteur à 8,2 % freine votre ardeur, les trouées entre les sapins ménagent de belles vues sur les collines de Pélussin. Dans un virage (1 167 m), les roches déchiquetées du pic des Trois-Dents (1 213 m) se détachent au-dessus de la cime des arbres. Le profil s'abaisse alors régulièrement à 6 %. C'est presque dans la poche, car le dernier kilomètre est pratiquement plat.

De cette plate-forme, faites encore un effort. Une petite route forestière très raide (passages à 12 %) grimpe à droite en lacets vers le crêt de l'Œillon (1 370 m), coiffé d'une immense antenne. La récompense est au bout de cette pente d'un peu moins de 2 kilomètres. Vous découvrez en effet un époustouflant panorama circulaire qui ne dévoile pas moins de dix-huit départements. D'un côté, la chaîne des Alpes surmonte le Vercors et la Chartreuse avec en contrebas la vallée du Rhône. Dans le sud, on aperçoit le mont Ventoux. À l'ouest, ce sont les volcans et les principaux sommets d'Auvergne qui hérissent le paysage. Et au nord, les monts du Forez et du Lyonnais semblent plus proches. Remarquez les typiques chirats, d'étranges coulées de pierres issues de la dernière glaciation qui dévalent des crêts environnants. Une piste rejoint le crêt de la Perdrix (1 429 m), point culminant de ce massif du Pilat, qui se trouve légèrement au sud-ouest. Pour parvenir en ces lieux, il existe trois autres possibilités d'escalades moins difficiles. La plus connue s'élève en 28 kilomètres depuis Rochetaillée en passant par le gouffre d'Enfer. Moins usitées, les autres s'élancent de La Terrasse-sur-Dorlay et de Saint-Marcel-lès-Annonay.

la légende

Herrera porté par son peuple

Les Colombiens n'ont pas raté leur entrée dans le monde du cyclisme en accumulant les exploits dès 1984. La montagne est évidemment leur terrain de prédilection. Comme dans le Tour 1985 où, quelques jours après avoir gagné à Avoriaz, Luis Herrera (vingt-quatre ans) s'illustre de nouveau. En effet, Bernard Hinault, tellement dominateur, laisse le champ libre aux grimpeurs. Dans le col de l'Œillon, arborant fièrement sa tunique à pois rouges, le petit Colombien s'envole et réussit à basculer avec un avantage substantiel. Malgré peu d'assurance dans les descentes, l'homme aux cheveux d'ébène s'impose plus bas à Saint-Étienne avec quarante-sept secondes d'avance sur un petit groupe réglé par Wilfried Peeters. Avec cette performance, Luis Herrera conquiert définitivement le maillot à pois. En 1987, Lucho remportera de nouveau ce challenge, en obtenant en prime la cinquième place du général, son meilleur résultat en sept participations au Tour de France. Cette année-là, on notera la présence record de vingt Colombiens dans le Tour. À son palmarès (trente-cinq succès) figurent aussi l'étape de l'Alpe-d'Huez en 1984, une Vuelta (avec deux titres de meilleur grimpeur), deux Dauphiné libéré, le Grand Prix de la montagne du Giro et, sur ses terres, quatre Tours de Colombie. Dans la même lignée, Fabio Parra, Alvaro Meija et Santiago Botero ont également démontré leurs talents d'escaladeur sur les plus hautes cimes de la grande boucle.

Les passages clefs du col de l'Œillon

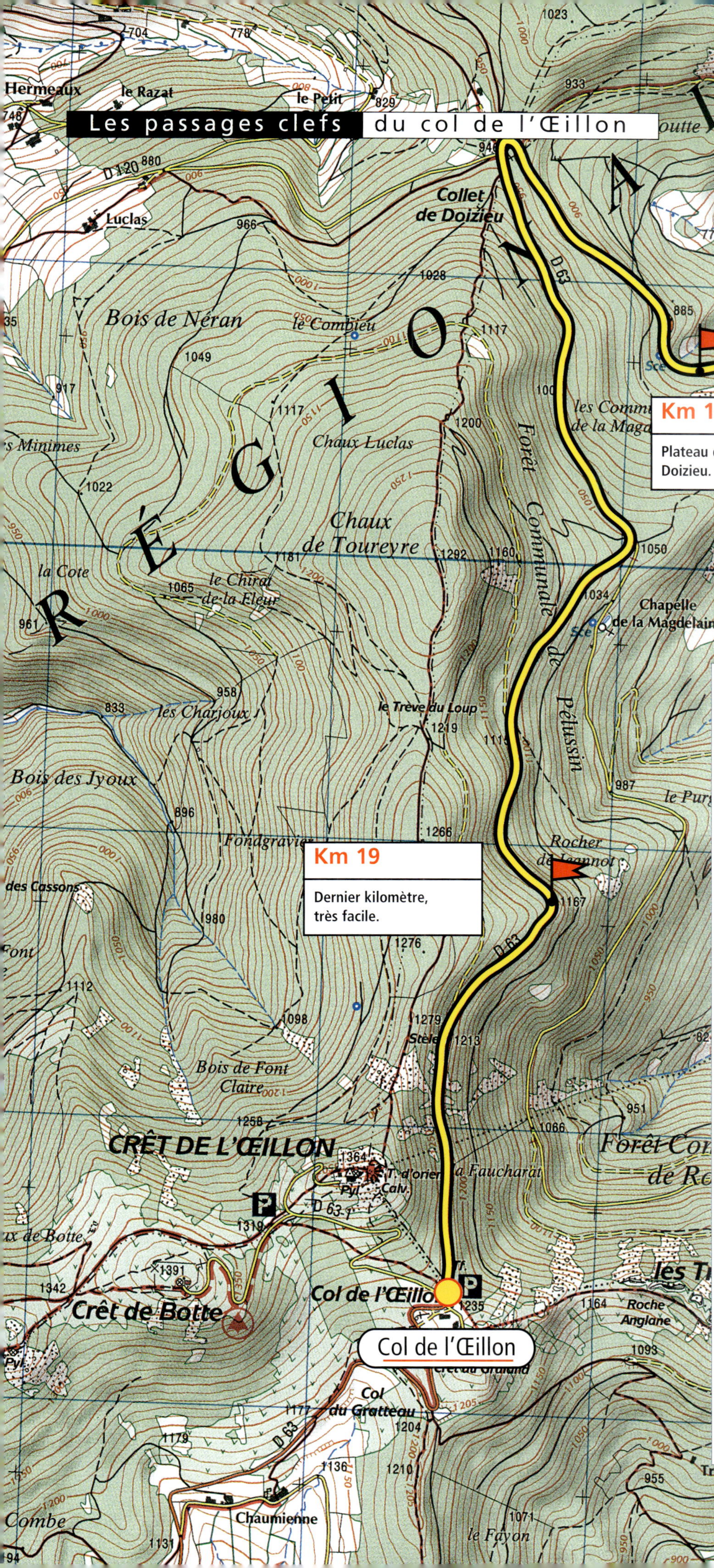

Le profil

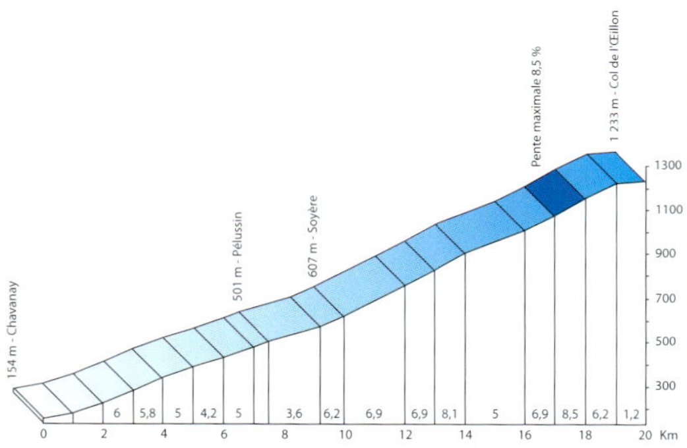

Pratique

- Département : Loire (42).
- Ouverture : de mars à novembre.
- **Carte : IGN n° 2933 ET.**
- Accès : depuis Vienne, prendre la N 86 pour rejoindre Chavanay, qui se trouve à 13 kilomètres au sud-ouest, ou bien, depuis Le Péage-de-Roussillon, distant de 9 kilomètres, prendre la D 4 et la D 37B en direction du nord-ouest. L'ascension emprunte la D 7 et la D 63 jusqu'au sommet.
- Train : gare de Chavanay. Tél. : 3635.
- Renseignements : village de Chavanay. Mairie. 42410 Chavanay. Tél. : 04 74 87 23 09. Internet http://villedechavanay.free.fr
- Parc naturel régional du Pilat. Moulin de Virieu. 42410 Pélussin. Tél. : 04 74 87 65 24. www.parc-naturel-pilat.fr

1230 M

La Croix-de-Chaubouret

La reine des bruyères

Distance : **16 kilomètres** • Dénivelé : **611 mètres** • Pourcentage moyen : **3,8 %** • Pourcentage maximal : **9 %**

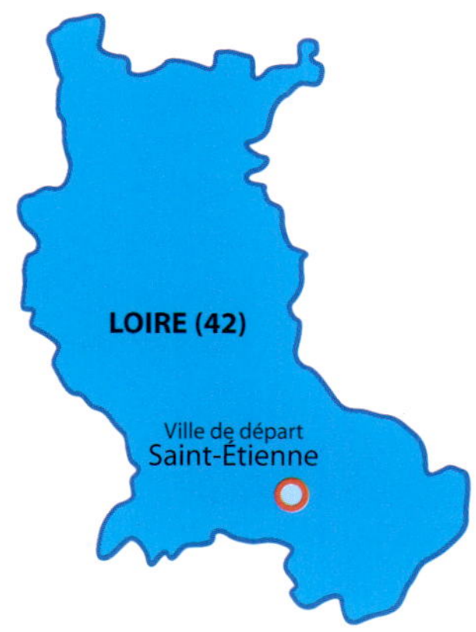

Toujours dans le massif du Pilat, mais dans sa limite nord, vous vous attaquez à un autre obstacle plutôt irrégulier emprunté depuis 1950 par les forçats de la route. Une poignée de vélocistes et un important musée rappellent que Saint-Étienne était jadis la capitale de l'industrie du cycle. L'exploitation du charbon, puis les forges et la passementerie ont donné naissance à la fameuse manufacture Manufrance, pionnière de la vente par correspondance. Cent ans de prospérité accompagnés des performances de sa très populaire équipe de football ont largement contribué au rayonnement européen de la cité. Toujours parcourue de tramways, la ville (185 000 habitants) est aujourd'hui plutôt spécialisée dans les technologies de pointe et la mécanique de précision. Des parcs et de nombreux musées incitent à prolonger son séjour.

Mais pour l'heure, vous quittez le cours Fauriel (517 m), où se déroulent toutes les arrivées des grandes courses cyclistes, pour gagner les faubourgs sud de la ville. Une fois que vous êtes passé au-dessus de l'autoroute, le Furan est votre fil conducteur. La route suit en effet fidèlement les soubresauts de cet impétueux torrent et l'ancien aqueduc des Fontaines. Dans cette grimpée, c'est la première partie qui est la plus difficile. Pas le temps de vous échauffer, vous êtes tout de suite dans le bain avec une première pente à 6 %. Puis vous prenez de la hauteur à un degré moindre par la magie de quelques lacets tracés à partir de la Parjolière (634 m). Trois kilomètres de répit pour atteindre le village perché de Rochetaillée (770 m), dominé par les ruines de son imposant château médiéval (XIIe siècle). L'église gothique mérite aussi un détour, d'autant que son parvis offre un bel angle de vue sur les environs. Après cette pause touristique, la montagne impose sa verticalité et ses sinuosités. Il faut s'économiser pour vaincre ce long passage de 3 bornes avec 7 % de moyenne. Le cadre boisé est somptueux, d'autant qu'il surplombe les gorges qui s'enfoncent dans l'impressionnant gouffre d'Enfer. Une importante colonie d'hirondelles affectionne ces lieux. Au lieu-dit de Fontmora (900 m), un belvédère découvre en aval du ravin l'étonnante roche Corbière qui se dresse

L'impétueux torrent du Furan sera votre guide tout au long de la montée.

Dans cette grimpée, c'est la première partie qui est la plus difficile. Pas le temps de s'échauffer, vous êtes tout de suite dans le bain avec une première pente à 6 %.

comme une sentinelle. Aussi nommée dent du Diable, elle attire de nombreux alpinistes.
Aux Essertines (960 m), le relief se calme sur 4 kilomètres pour vous laisser le temps d'apprécier les vues imprenables sur la retenue du pas du Riot. Conçu au XIXe siècle, cet ensemble de barrages alimente Saint-Étienne en eau. Quelques jasseries, fermes basses typiques, rompent la solitude des épaisses forêts. Vous surprendrez peut-être un groupe de chevreuils. Mais ne vous égarez pas, car le profil affiche de nouveau un peu plus de 5 % au niveau de l'embranchement conduisant à La Barbanche (1 031 m). La route se faufile entre les crêtes du Pévachon et du Maure. C'est le signe de la fin de la galère. Les trois derniers kilomètres se caractérisent en effet par une pente inférieure à 3 %. Sur votre gauche, une multitude de combes dégringolent de façon abrupte vers les lacs de La Valla-en-Gier. Vous atteignez rapidement le bourg du Bessat (1 164 m). Depuis des temps immémoriaux, ce n'était qu'une halte stratégique pour les voyageurs. Puis commerces, agriculture et tourisme vert se sont développés. Une petite station de sports d'hiver s'y est installée avec 80 kilomètres de pistes de ski de fond.
En roue libre, le panneau du sommet (1 201 m) apparaît alors au carrefour des routes qui sillonnent le massif. La voie d'accès au crêt de la Perdrix (1 432 m) ne se trouve qu'à quelques mètres. Entourée de pins, de sapins et d'épicéas, La Croix-de-Chaubouret est posée dans un écrin de hautes chaumes et de landes de bruyère. D'ici rayonnent des balades pédestres ou des excursions à raquettes. Au sud du col, une vierge sur une pyramide se trouve à proximité au pied du versant nord des Grands-Bois (1 316 m). C'est de là que vous obtiendrez le meilleur panorama, essentiellement sylvestre mais avec des échappées sur les Alpes. Si vous avez la fringale, sachez que les taillis regorgent de framboises, de myrtilles et de champignons. Sinon, un chalet pourra vous régaler. Vous pouvez ensuite redescendre vers l'agglomération stéphanoise par le versant beaucoup plus raide gravi en contre-la-montre lors du Tour 1997. Depuis Saint-Chamond (465 m), on relève en effet 14 kilomètres à 5,9 % (maximum 10 %). En provenance du versant sud, pas moins de trois autres grimpées différentes convergent vers le sommet.

la légende

Le sacre de Kubler

Il avait déjà goûté au bonheur du maillot jaune en remportant la première étape du Tour 1947. Mais, en 1950, avec la maturité de ses trente et un ans, le Suisse canalise son tempérament de feu en résistant à toutes les attaques menées par ses adversaires. Maillot jaune depuis la sortie des Pyrénées (depuis le retrait des coureurs italiens), il a ainsi mis fin à la longue échappée de Louison Bobet sur les pentes du mont Pilat. Le lendemain, le peloton attaque le même massif, mais par le nord, pour un contre-la-montre. Dans son style très athlétique, la bave aux lèvres, Kubler offre une démonstration magistrale. Il fait le forcing dans le col inédit de la Croix-de-Chaubouret et double rapidement Bobet, parti avant lui. À Lyon, il exulte avec ce troisième succès d'étape. Il relègue en effet Stan Ockers à plus de 5'30". Deux jours plus tard, il est le premier Suisse à remporter le Tour avec 9'30" d'avance sur le même Ockers et 22'19" sur Bobet. En 1954, renversement des rôles, Kubler est le dauphin du Breton, mais il rafle le maillot vert des sprints en 1954. Au cours de sa longue carrière, qui s'étire de 1940 à 1957, Ferdi Kubler a levé les bras à soixante-cinq reprises, avec notamment neuf étapes du Tour, un Championnat du monde et de nombreuses classiques ardennaises bien accidentées.

Les passages clefs de la Croix-de-Chaubouret

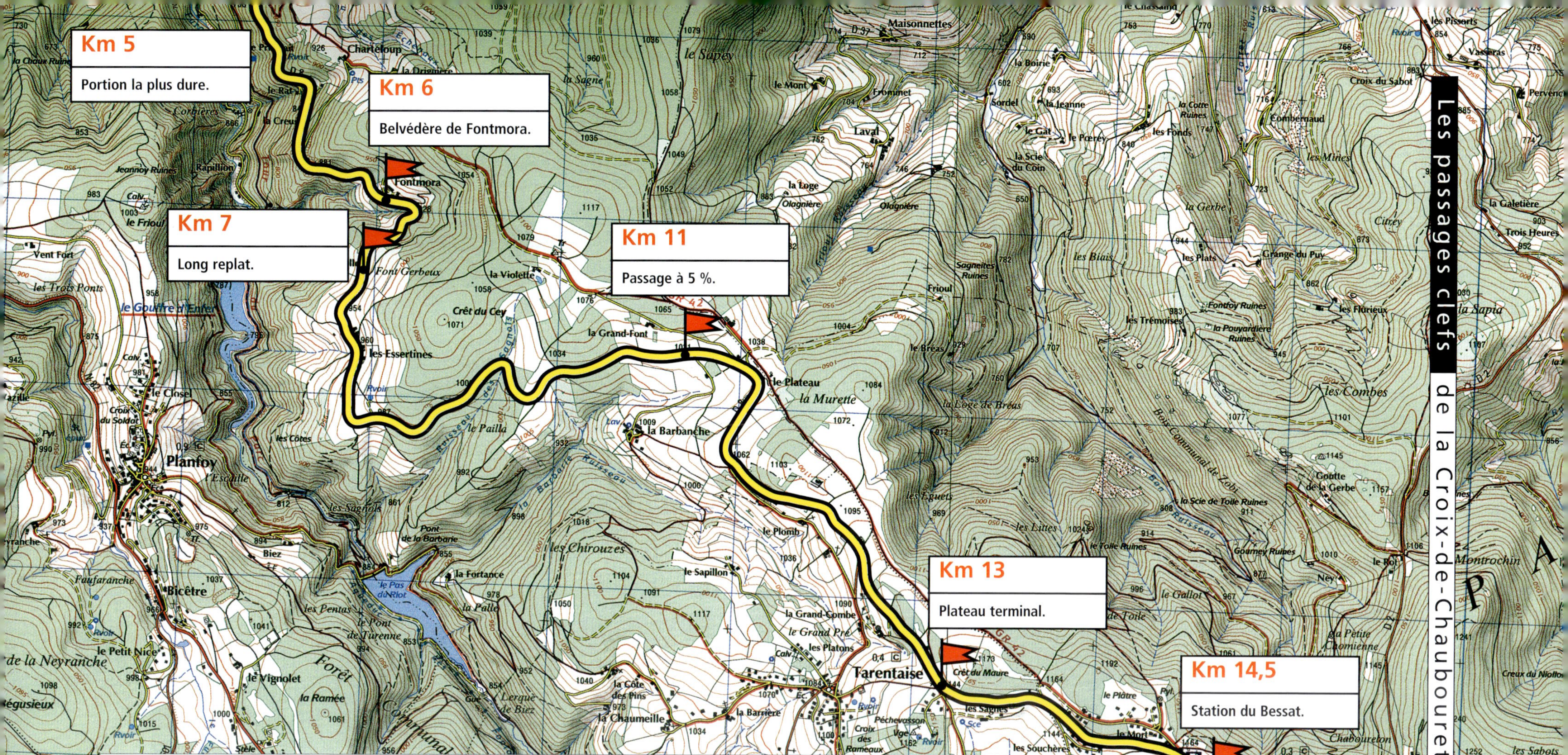

Le profil

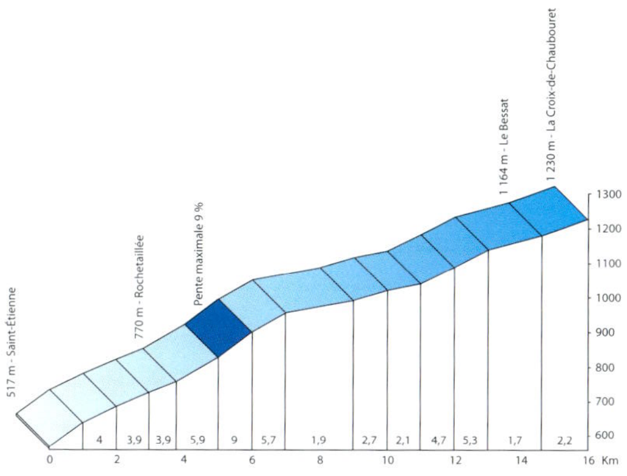

Pratique

- Département : Loire (42).
- Ouverture : de mars à novembre.
- **Carte : IGN n° 2933 ET.**
- Accès : accessible par l'A 7 et l'A 47, Saint-Étienne se trouve à 61 kilomètres au sud-ouest de Lyon et, par l'A 72, à 147 kilomètres au sud-est de Clermont-Ferrand. L'ascension emprunte la D 8 jusqu'au sommet.
- Train : gare SNCF de Saint-Étienne. Tél. : 3635.
- Renseignements : office de tourisme de Saint-Étienne. 16, avenue de la Libération. 42029 Saint-Étienne Cedex 1. Tél. : 04 77 25 12 14. Internet www.tourisme-st-etienne.com
- Village de Rochetaillée. Mairie. 4, place du Château-de-Rochetaillée. 42100 Saint-Étienne. Tél. : 04 77 32 88 52. Internet http://village.rochetaillee.free.fr
- Office de tourisme du Bessat. Maison communale Le Bourg. 42660 Le Bessat. Tél. : 04 77 20 43 76. Internet http://membres.lycos.fr/bessat/

1161 M

Col de la République

Le premier col du Tour

Distance : **12 kilomètres** • Dénivelé : **627 mètres** • Pourcentage moyen : **5,2 %** • Pourcentage maximal : **8 %**

Jadis baptisé Grands-Bois, du nom du sommet qui le domine, ce col de légende était déjà au programme du Tour de France en 1903. Les coureurs ont ainsi découvert la montagne au cours de la toute première ascension de l'histoire du vélo. Situé sur les hauteurs de Saint-Étienne, sur la frange orientale du massif du Pilat, il constitue régulièrement un passage obligé des courses de Paris-Nice et du Dauphiné libéré. Point culminant de la route Bleue qui relie Paris à la Côte d'Azur, le col de la République, porte d'entrée du Midi, marque la ligne de partage des eaux entre Atlantique et Méditerranée. On a coutume de dire que c'est à partir d'ici que les cigales chantent et que commence l'influence du mistral. De fait, ce versant exposé au sud est beaucoup plus sec. Il faudra attendre 1832 pour que des travaux soient engagés afin de transformer ce chemin muletier en voie carrossable jalonnée de relais de poste. Le goudron apparaît en 1850. S'agissant d'un grand axe de liaison entre la Loire et l'Ardèche, le revêtement est aujourd'hui un vrai billard, et la chaussée, assez large, est fort heureusement interdite aux poids lourds.

À quelques tours de roue du département de l'Ardèche, Bourg-Argental (534 m) s'étage au bord de la vallée de la Dreûme. Comme l'évoque un petit musée, la localité (2800 habitants) a longtemps vécu au rythme des artisans et des ateliers de tissage avant de se recentrer sur la mécanique et le travail du bois, qui ne manque pas. Côté patrimoine, un exceptionnel portail roman décoré d'une quinzaine de scènes orne l'église. Une roseraie et un cèdre géant planté en 1827 complètent la visite de ce lieu d'étape touristique. L'ascension démarre par une longue courbe qui forcit graduellement de 5,9 à 6,8 %. Puis la pente devient plus facile pour atteindre les maisonnettes fleuries du hameau d'Argental (700 m) que surplombent une tourelle et quelques pans de mur d'un château médiéval. Au cours de ce palier, savourez un premier point de vue à proximité d'une belle chapelle. Ensuite, la route devient beaucoup plus rude en suivant les

Ce col de légende était déjà au programme du Tour de France en 1903.

L'ascension démarre par une longue courbe qui forcit graduellement de 5,9 à 6,8 %. Puis la pente devient plus facile pour atteindre les maisonnettes fleuries du hameau d'Argental.

évolutions de l'Argental, la rivière qui a donné son nom au village. Son lit est encombré de curieux rochers en forme de tortue. Constituant le morceau le plus dur de votre escalade, ce kilomètre à 7,2 % se termine en vue du moulin de la Croix-de-Laye (781 m). Au fur et à mesure de votre progression, vous sentez que la déclivité diminue en longeant un joli mur de pierres sèches. Elle n'affiche en effet plus que 4,8 % en approchant de l'église de style byzantin de La Versanne (874 m). Juste à la sortie du village qui possède un certain cachet, sur la gauche, un petit belvédère détaille le vallon avant de décrire un grand lacet pour franchir le ravin de la Biousse. Gardez le rythme sur le tracé qui serpente un peu plus au milieu des tourbières et des prairies d'élevage avec d'autres panoramas portant sur les monts du Vivarais, les sucs d'Ardèche et les crêts du Pilat. Très supportable, le profil oscille entre 4,8 et 5,4 % De nombreuses fermes sont éparpillées sur ce plateau faiblement vallonné. À partir des granges des Côtes (991 m), la partie est gagnée, car on ne relève plus que 3,1 % de moyenne. Remarquez les cabanes laitières en granite et les chibottes, abris de berger typiques.

Le carrefour de l'Auberge des Trois-Croix (1 134 m) est rapidement rejoint. Quelques pistes de ski de fond partent de cet ancien relais de diligences. Il vous reste alors moins d'une borne à parcourir sur cette route en ligne droite qui s'enfonce dans les forêts d'altitude. À 3,9 %, l'effort ne devrait pas être trop pénible.

Le sommet du col de la République (1 161 m) est signalé sur la gauche par une stèle à la mémoire de Vélocio, alias Paul de Vivie (1853-1930), l'inventeur et le promoteur du cyclotourisme. Depuis 1922, chaque mois de juin, la Journée Vélocio lui rend hommage en réunissant des centaines d'amateurs sur l'autre versant. Un défi chronométré de 12,8 km à 4,6 % (maximum 7 %) qui s'élance de Saint-Étienne. Le col a pris son appellation de République vers 1950, du nom d'un hameau situé plus au nord. La vue est ici masquée par les magnifiques épicéas centenaires. On se satisfait de ce cadre bucolique dominé par l'arrondi de croupes boisées.

la légende

Le raid solitaire de Geminiani

Ce superbe attaquant auvergnat a écrit quelques-unes des plus belles pages de l'histoire du cyclisme. Comme dans ce Tour 1950, où « le Grand Fusil » (vingt-cinq ans) profite de la rivalité entre Ferdi Kubler et Louison Bobet. Alors que le Breton est rejoint au-dessus de Bourg-Argental, Gem se dresse sur les pédales et s'échappe dans le col de la République. Au fil des lacets, son avance s'accentue, et c'est en vainqueur qu'il franchit la ligne à Saint-Étienne, trente-quatre secondes avant le maillot jaune Kubler. L'année suivante, Geminiani remporte le Grand Prix de la montagne à défaut du Tour de France, qu'il finit deuxième derrière Hugo Koblet. En 1958, alors qu'il était bien parti pour s'imposer, le déluge de la Chartreuse sourit à Charly Gaul, et il doit se contenter de la troisième place. L'espace de douze Grandes Boucles, il a obtenu sept étapes de panache. Double meilleur grimpeur du Giro en 1952 et 1957, Geminiani est aussi monté sur le podium de la Vuelta, portant même quelques jours le maillot rose et la tunique amarillo. Par la suite, il conseillera efficacement d'autres grands champions de la montagne, comme Jacques Anquetil ou les Colombiens. Toujours en avance sur son temps, Raphaël Geminiani est aussi à l'origine du développement de la publicité extrasportive sur les maillots.

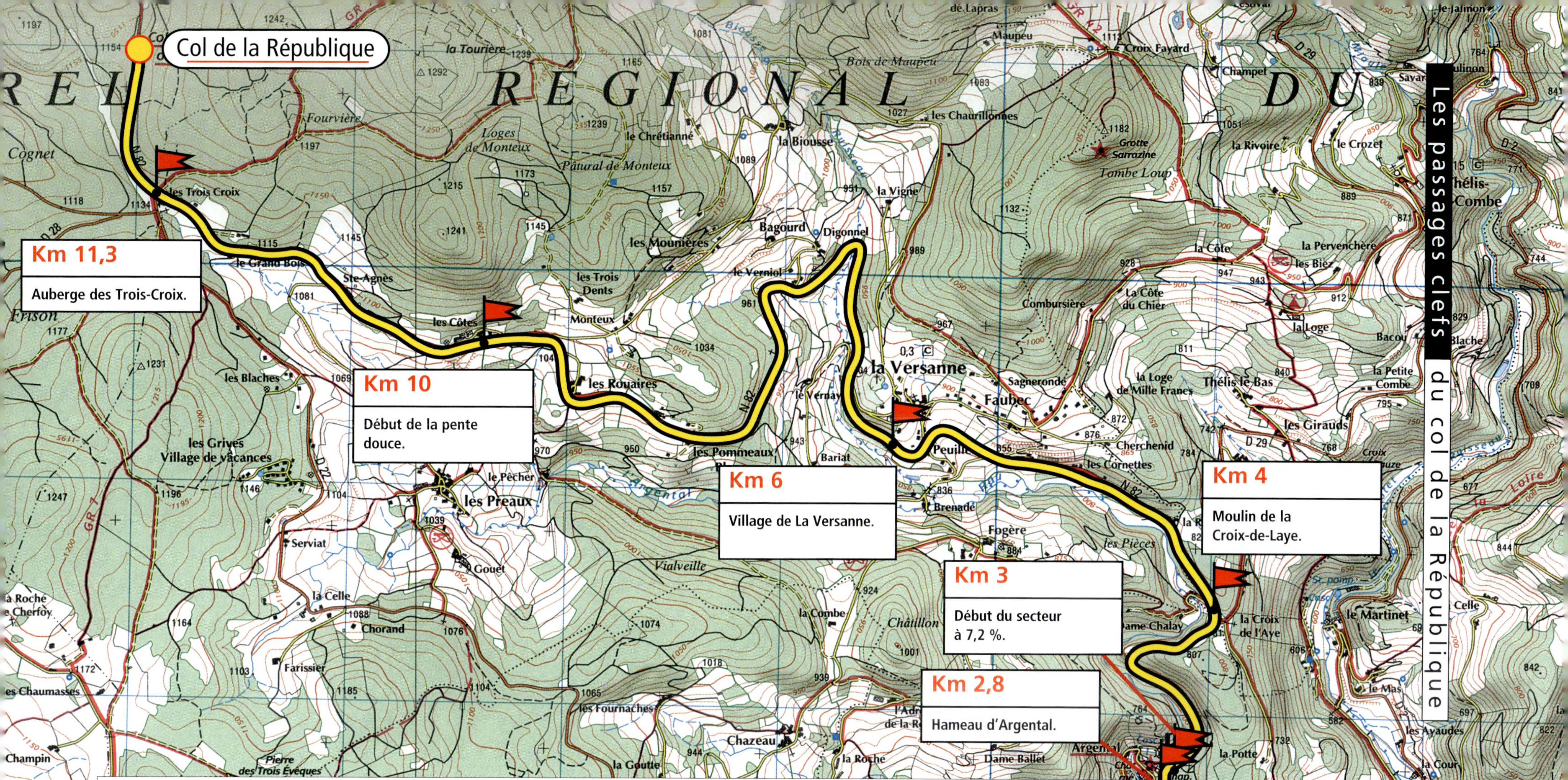

Le profil

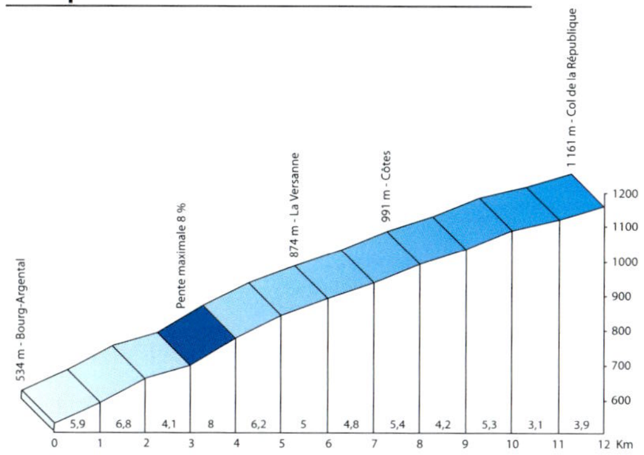

Pratique

- Département : Loire (42).
- Ouverture : de mars à novembre.
- **Carte : IGN n° 2934 ET.**
  Accès : prendre la N 82 pour rejoindre Bourg-Argental qui se trouve à 28 kilomètres au sud-est de Saint-Étienne et à 15 kilomètres au nord-ouest d'Annonay. L'ascension emprunte la N 82 jusqu'au sommet.
- Train : gare SNCF de Serrières ou de Saint-Étienne.
- Renseignements : office de tourisme de Bourg-Argental. 18, place de la Liberté. 42220 Bourg-Argental.
  Tél. : 04 77 39 63 49.
  Internet www.bourgargental.fr

Les Vosges et le Jura

Les croupes familières des ballons vosgiens s'élèvent entre la Lorraine et la plaine d'Alsace. Un peu plus de cent soixante ascensions sont possibles avec des pentes assez douces qui rayonnent autour du Grand Ballon (1 424 m). Dans le Jura, qui marque la limite entre la France et la Suisse, les points de passage sont moins fréquents puisqu'on ne répertorie que soixante-dix cols de part et d'autre du crêt de la Neige (1 723 m), mais leur profil est plus musclé.

Col du Donon

Distance : 6,2 km
Dénivelé : 327 mètres
Pourcentage moyen : 5,3 %
Pourcentage maximal : 10 %

Le ballon d'Alsace

Distance : 9,6 km
Dénivelé : 630 mètres
Pourcentage moyen : 6,6 %
Pourcentage maximal : 8 %

Col du Calvaire

Distance : 18,8 km
Dénivelé : 804 mètres
Pourcentage moyen : 4,3 %
Pourcentage maximal : 8 %

Les plus grands cols des Vosges et du Jura

Le Grand Ballon

Distance : 16,2 km
Dénivelé : 975 mètres
Pourcentage moyen : 6,1 %
Pourcentage maximal : 9 %

Col de la Faucille

Distance : 11,6 km
Dénivelé : 703 mètres
Pourcentage moyen : 6,1 %
Pourcentage maximal : 8,1 %

1178 M

Le ballon d'Alsace

Le bonheur en rondeur

Distance : **9,6 km** • Dénivelé : **630 mètres** • Pourcentage moyen : **6,6 %** • Pourcentage maximal : **8 %**

Au sud du massif des Vosges, il s'agit d'un beau challenge sportif et touristique. Le ballon d'Alsace se trouve au carrefour de quatre départements et de trois régions. Vous allez gravir le versant nord, emprunté il y a cent ans pour la première véritable étape de montagne du Tour de France. La pente est courte et assez forte, mais très régulière. Ne sous-estimez pas la valeur de cette difficulté en partant trop vite. Non loin des sources de la Moselle, la bourgade touristique de Saint-Maurice (1 450 habitants) vous accueille au pied du Rouge-Gazon, non loin des sources de la Moselle. D'ici s'élance la voie verte des hautes Vosges, un superbe réseau de pistes cyclables qui sillonnent les vallées.

Après quelques mètres de plat en direction du Thillot, l'ascension démarre sur la gauche (552 m). D'entrée, quatre virolets virevoltent à 7,5 % dans les talus champêtres qui s'étagent entre deux vallons. Le ton est donné, et il faut rapidement trouver la bonne cadence. À partir du centre équestre (649 m), le dessin de la route devient moins tourmenté. Derrière vous se dresse la tête du Lait (819 m). Vous quittez peu à peu les pâturages pour rentrer dans la forêt en entamant une série de sept grands lacets qui multiplient les angles des points de vue. Vous progressez sur le flanc des pentes boisées du ballon de Servance (1 216 m) avec une moyenne de l'ordre de 7 %. Le décor dans lequel vous pédalez s'inscrit dans le vaste territoire du Parc naturel des ballons des Vosges qui protège plus de 300 000 hectares. La maison forestière du plan du Canon (817 m) offre plus haut un belvédère sur la combe de la Presles. C'est juste après cette respiration bucolique que se situe le tronçon le plus délicat. Le parcours tournicote en effet au milieu des résineux à plus 7,5 % avec une pointe à 8 % pendant 2 bornes. Au plus fort de la pente (872 m), admirez la vallée de la Moselle qui forme un coude en contrebas. Ensuite, vous pouvez souffler sur un bon kilomètre grâce à une transition à 6 %. Si vous avez de la chance, vous surprendrez peut-être le grand tétras, majestueux coq de bruyère, hôte de ces lieux sylvestres. L'escalade repart de plus belle à 7,5 %. Une dernière épingle parvient aux bâtiments de la Jumenterie (1 100 m). En 1619 se tenait un

Le versant nord a été emprunté il y a cent ans pour la première étape de montagne du Tour.

D'entrée, quatre virolets virevoltent à 7,5 % dans les talus champêtres qui s'étagent entre deux vallons. Le ton est donné, et il faut rapidement trouver la bonne cadence.

élevage réputé de chevaux destinés aux ducs de Lorraine. Le plateau est bordé par les spectaculaires roches de Morteville qui se déploient en arc de cercle. Le plus gros est fait, et désormais la route s'élève tranquillement à 4 %. Face à vous, le ballon d'Alsace dévoile ses plus beaux atours. Des téléskis donnent accès à un domaine d'une quinzaine de pistes de ski et d'une quarantaine de kilomètres de circuits nordiques. Dans le pré sur la gauche, une étonnante statue de Jeanne d'Arc sur un cheval cabré rappelle qu'elle est née dans la plaine des Vosges.

L'espace dégagé du col permet d'observer la vallée de la Savoureuse, les étangs du pays de Belfort et les sommets du Jura. Vous êtes sur la ligne de partage des eaux du Rhône et du Rhin qui a été pendant une période la frontière française. Une stèle perpétue le souvenir de René Pottier, premier coureur à avoir franchi le col en 1905. Et un monument est érigé à la gloire des démineurs qui ont eu fort à faire sur ces lieux de batailles répétées. Un peu plus loin, une ferme-auberge accueille les nombreux touristes et randonneurs pédestres qui arpentent la multitude d'itinéraires balisés du massif. Pour bénéficier d'un panorama beaucoup plus complet, vous devez prendre le sentier qui rejoint la crête pelée du Ballon (1 250 m). À côté d'une statue de la Vierge placée par un fermier reconnaissant d'avoir survécu à une tempête de neige, vous prenez la mesure de la beauté de ce site naturel classé. Lis, digitales et orchidées profitent des pelouses. D'une barre rocheuse, la vue plonge sur le cirque glaciaire du lac d'Alfed et la vallée de la Doller. La plaine d'Alsace et la Forêt-Noire s'étendent à l'est. Les Alpes et le mont Blanc se découpent vers le sud, tandis que le massif du Donon ferme l'horizon au nord. Deux autres routes rallient le ballon d'Alsace. Sur la face sud depuis Belfort (365 m), on relève 28 km à 3 % (maximum 7 %), tandis que le versant oriental de Masevaux (405 m) développe 21,7 km à 3,6 % (maximum 9 %).

la légende

Pottier, le héros des Vosges

Lorsque les organisateurs ont annoncé pour l'été 1905 la création d'étapes de montagne, le public était incrédule. Et pourtant, le 11 juillet, les coureurs relient Nancy à Besançon (299 km). Une formidable bataille s'engage dans le col du ballon d'Alsace où les six hommes de tête changent de vélo. Avec un braquet plus adapté, la montée s'effectue à plus de 20 km/h de moyenne ! Sous l'impulsion d'Henri Cornet (vainqueur du Tour en 1904), les attaques fusent au cinquième kilomètre. Tout le monde est décramponné, sauf René Pottier qui s'est classé deuxième de Paris-Roubaix et de Bordeaux-Paris. Le duel est palpitant, avec de multiples accélérations. Finalement, à l'arraché, Pottier (vingt-cinq ans) passe en tête du sommet, et sans mettre pied à terre. Victime de ces violents efforts, il abandonnera dès l'étape suivante. Mais il prend sa revanche dès 1906 en terrassant ses adversaires dans le même col. Au terme d'une échappée de 220 kilomètres, René Pottier gagne en effet, avec quarante-huit minutes d'avance, l'étape de Dijon. Cette année-là, il remporte les quatre étapes de montagne et le Tour de France. Par la suite, le ballon d'Alsace sera conquis à vingt-quatre reprises par la Grande Boucle.

Les passages clefs du ballon d'Alsace

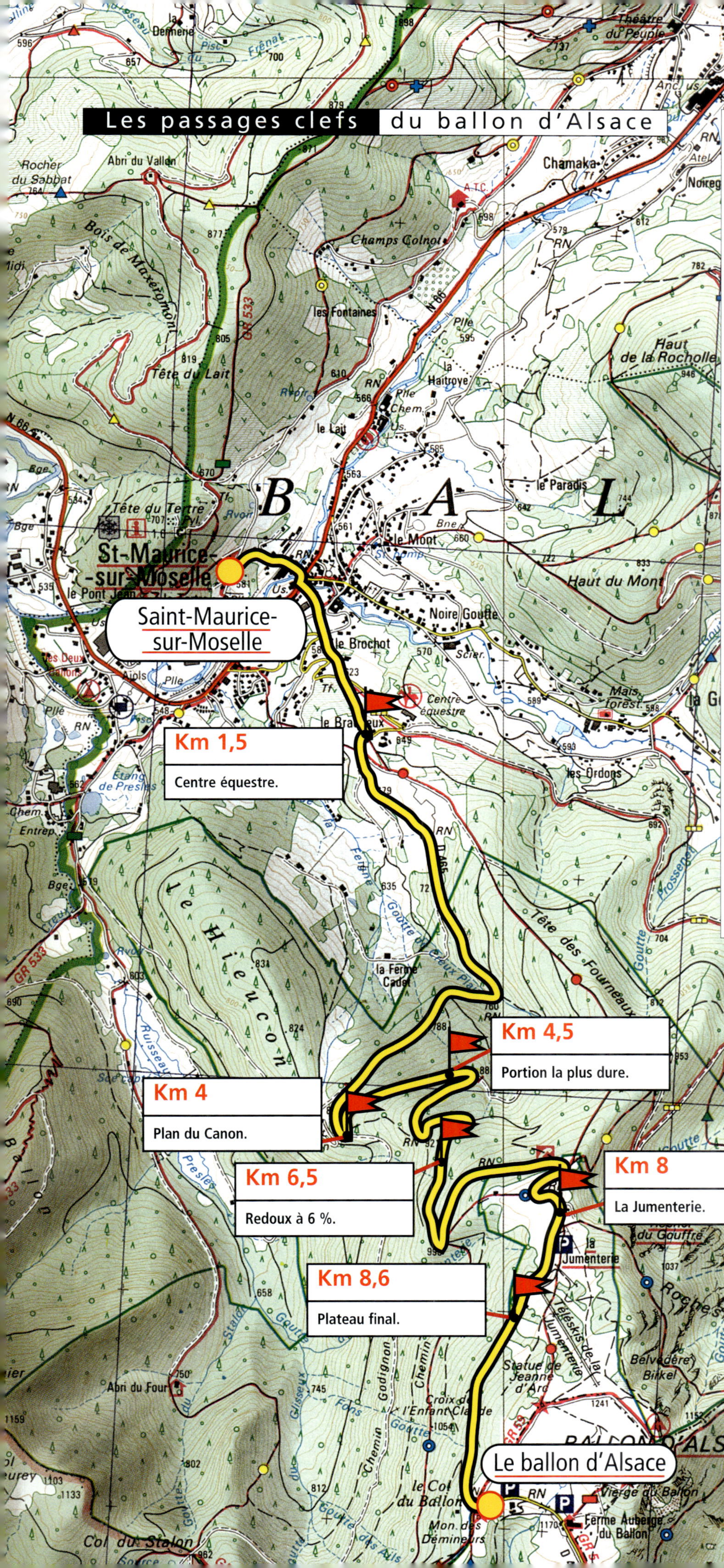

Le profil

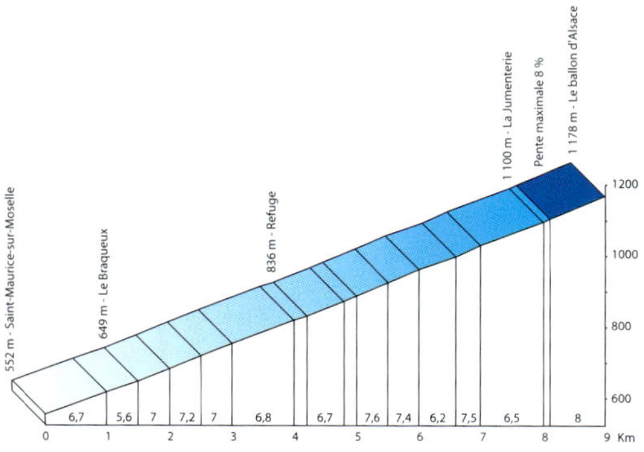

Pratique

- Département : Vosges (88).
- Ouverture : de mars à novembre.
- **Carte : IGN n° 3619 OT.**
- Accès : depuis Épinal, prendre la N 57 et la N 66 pour rejoindre Saint-Maurice-sur-Moselle qui se trouve à 56 kilomètres au sud-est et à 28 kilomètres au nord-ouest de Belfort, accessible par la D 465. L'ascension emprunte la D 465 jusqu'au sommet.
- Train : gare SNCF de Belfort. Tél. : 3635.
- Renseignements : office de tourisme de Saint-Maurice-sur-Moselle. 28 bis, rue de Lorraine. 88560 Saint-Maurice-sur-Moselle. Tél. : 03 29 25 12 34. Internet www.saintmaurice-vosges.com
- Parc naturel des ballons des Vosges. Maison du Parc. 1, cour de l'Abbaye. 68140 Munster. Tél. : 03 89 77 90 34. Internet www.parc-ballons-vosges.fr

1343 M

Le Grand Ballon

Sur la ligne bleue

Distance : **16,2 km** • Dénivelé : **975 mètres** • Pourcentage moyen : **6,1 %** • Pourcentage maximal : **9 %**

Le plus haut sommet des Vosges est accessible par de nombreuses voies. Mais il a fallu attendre 1969 pour que le Tour se décide à l'inclure dans son programme. L'ascension du Grand Ballon est assez usante, surtout si la chaleur s'abat sur l'Alsace. Le versant sud commence non loin de la remarquable collégiale gothique de Thann en amont de la vallée de la Thur. Toute cette région a prospéré au rythme de l'activité des filatures, des verreries et des mines de fer, de cuivre et de potasse. Au pays de la quetsche, vous rejoignez Willer-sur-Thur (368 m), dominé par la flèche altière de son église.

Dans un premier temps, vous remontez sans effort le cours de la petite rivière du Mittelbachfunz au milieu des bois. Puis, au moulin (523 m), la route s'élève en lacets serrés à près de 6 % pour rejoindre le magnifique hameau perché de Goldbach (670 m), distant de 4 kilomètres. C'est ici qu'est née la fameuse madame Sans-Gêne, tonitruante épouse d'un maréchal napoléonien, qui a donné lieu à de nombres pièces de théâtre. Profitez d'un court replat et de la fontaine fraîche, car le terrain devient très irrégulier et souvent supérieur à 6 %. Toutes ces terres appartenaient autrefois à la puissante abbaye bénédictine de Murbach qui se trouve de l'autre côté de la montagne. En passant de l'autre côté du ravin au virage de Fuerstacker (799 m), la pente s'incline à 4,6 % pour déboucher au col Amic (828 m). Légèrement en retrait se dressent les ruines du château de Freudstein.

Vous êtes à présent sur la fameuse route des Crêtes, axe militaire stratégique qui traverse toutes les Vosges du Nord de haut en bas sur plus de 90 kilomètres. Pour cette seconde partie, il reste alors près de 7 kilomètres à gravir à 7,5 % de moyenne avec de longs secteurs supérieurs à 8,5 %. Vous pouvez ressortir les petits braquets et prendre votre mal en patience en admirant les vénérables arbres des forêts qui vous entourent. À proximité du virage de Firstacker (955 m), la chapelle du Sudel a été construite en souvenir de la Première Guerre mondiale. Vous enchaînez ensuite une série de virages nerveux dont le profil se relève très sérieusement à 8,3 %. En sortant du couvert forestier, vous apercevez le radar qui surmonte la calotte du Grand Ballon, silhouette à la fois si proche à vol d'oiseau mais si inaccessible, car vous êtes dans le dur. Le seul salut peut venir des spécialités gastro-

Il a fallu attendre 1969 pour que le Tour se décide à inclure ce col dans son programme.

Pour la seconde partie, il reste 7 kilomètres à gravir à 7,5 % de moyenne avec de longs secteurs supérieurs à 8,5 %. Vous pouvez ressortir les petits braquets et prendre votre mal en patience.

nomiques de la Ferme du Ballon (1 112 m). En cas de fringale, vous pouvez aussi cueillir des myrtilles. La déclivité atteint son paroxysme avec 8,6 %. Cet environnement dénudé dégagent de belles vues sur la vallée de la Thur et le massif du Rossberg.

la légende

Le panache de Fignon

En 1992, le blondinet est parti changer d'air dans l'équipe italienne du champion du monde Gianni Bugno. Ce 15 juillet, il passe à l'offensive en compagnie de trois autres larrons. Une longue bagarre d'une centaine de kilomètres pour rattraper un trio d'échappés. La jonction se fait au pied du Grand Ballon. Puis, au plus fort de la pente, Fignon (trente-deux ans) retrouve ses jambes de champion et bascule en tête. Puisant dans toute son énergie, l'homme aux lunettes rallie en solitaire Mulhouse avec seulement douze secondes d'avance sur Laurent Dufaux. La foule en délire salue le retour de son héros. Cette éclatante victoire complète un palmarès fourni (quatre-vingt-un succès) qui comporte deux Tours de France (1983 et 1984), un Giro (1989) et un maillot de meilleur grimpeur (1984), ainsi que de nombreuses classiques. Au cours de ses dix participations à la Grande Boucle, il a remporté neuf étapes dont sept de montagne, porté vingt-deux jours le maillot jaune. En 1993, Laurent Fignon fera ses adieux au Tour de France dans la grande étape alpestre conduisant à Isola 2000.

Dans ce royaume typique des hautes chaumes, les gentianes jaunes peuvent atteindre un mètre de hauteur. Cachés dans les rochers, des chamois observent, dubatifs, votre coup de pédale beaucoup moins fringant. Dans les estives, des vaches rustiques produisent un excellent lait destiné à la fabrication de fromages, munster et géromé. Tout doucement, vous voilà au pied de la masse imposante du Grand Ballon. Laissant filer les marcheurs tout droit, le dernier kilomètre, presque rectiligne et interminable, attaque la montagne par son flanc oriental avec un angle toujours soutenu avec quelques remonte-pentes sur la droite. Le col du Grand Ballon (1 343 m) est situé dans un virage. En face de l'hôtel-restaurant, vous découvrez une bonne partie de la plaine d'Alsace avec à l'horizon la Forêt-Noire. Comme au ballon d'Alsace, il faut crapahuter jusqu'au sommet de la crête (1 424 m) pour disposer d'un panorama trois étoiles sur les croupes rebondies des ballons environnants. Un monument des « Diables bleus » y commémore les combats des derniers conflits. Vous découvrez ainsi au nord le lac glaciaire du ballon, les champs de ski de la station du Markstein, le Hohneck (1 362 m) et le Petit Ballon (1 267 m). Une multitude d'autres cimes emblématiques se détachent, comme le ballon d'Alsace (1 250 m) vers le sud-ouest. On ne se lasse pas des ondulations forestières qui s'étendent à perte de vue, bleutées par les jeux de lumière. Le Grand Ballon peut se conquérir d'autres façons. Ainsi, vous pouvez grimper la face nord-est depuis Guebwiller (295 m) en passant le Markstein, 22 kilomètres à 5,8 % (maximum 8,5 %). Via le col Amic, le versant oriental de Soultz (295 m) développe 19 km à 6 % (maximum 9 %) et celui de Cernay (297 m), au sud-est, représente un effort de 23,2 km à 6 % (maximum 9 %).

Les passages clefs du Grand Ballon

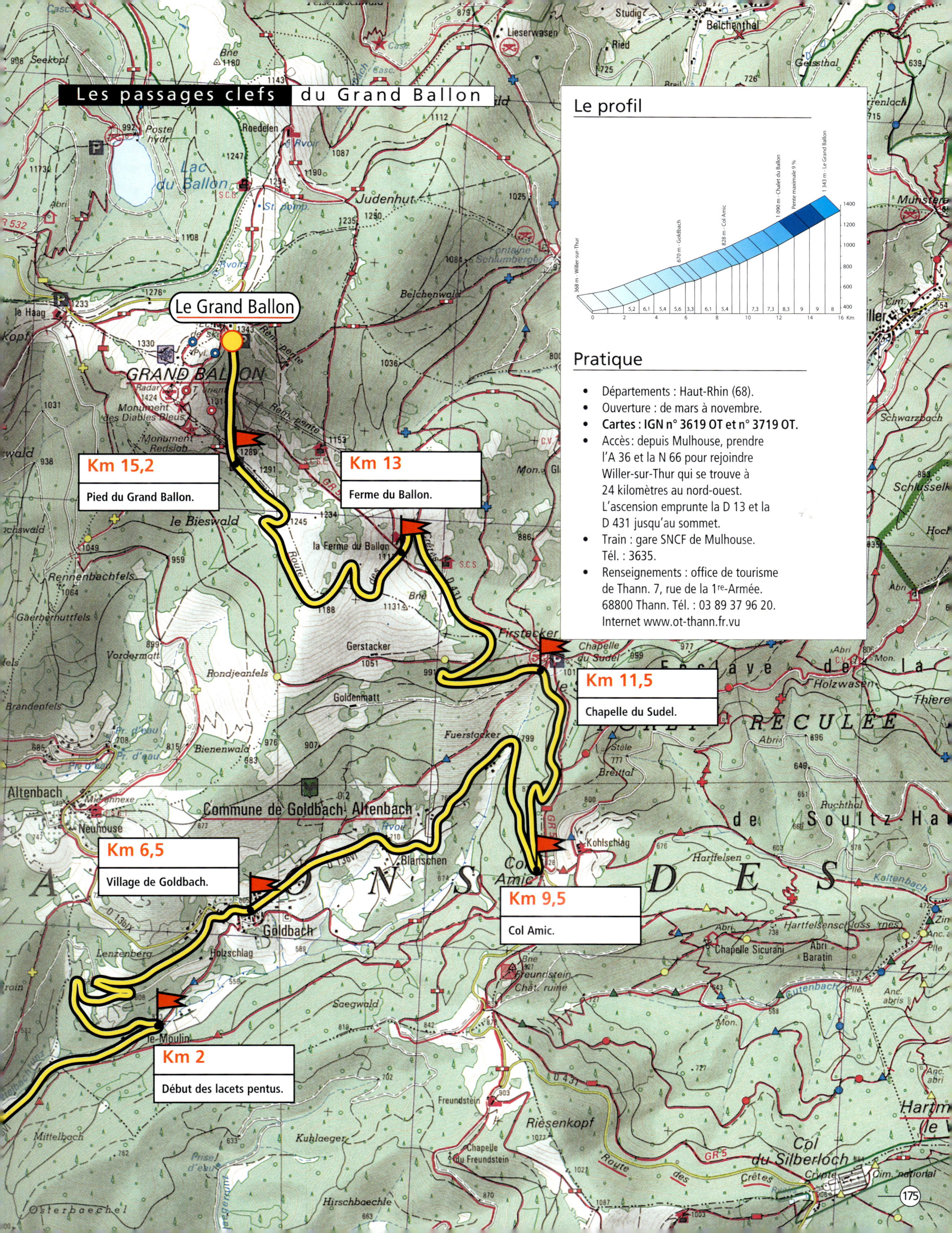

Le profil

Pratique

- Départements : Haut-Rhin (68).
- Ouverture : de mars à novembre.
- **Cartes : IGN n° 3619 OT et n° 3719 OT.**
- Accès: depuis Mulhouse, prendre l'A 36 et la N 66 pour rejoindre Willer-sur-Thur qui se trouve à 24 kilomètres au nord-ouest. L'ascension emprunte la D 13 et la D 431 jusqu'au sommet.
- Train : gare SNCF de Mulhouse. Tél. : 3635.
- Renseignements : office de tourisme de Thann. 7, rue de la 1re-Armée. 68800 Thann. Tél. : 03 89 37 96 20. Internet www.ot-thann.fr.vu

1323 M

Col de la Faucille

Belvédère du lac Léman

Distance : **11,6 km** • Dénivelé : **703 mètres** • Pourcentage moyen : **6,1 %** • Pourcentage maximal : **8,1 %**

À un jet de bidon de la Suisse, cet obstacle naturel relie les rives du lac Léman au Parc naturel du Haut-Jura et à la vallée de la Valserine. Le dessin actuel de cette route, qui zigzague de Genève à la station de ski des Rousses, date de 1804. Le col de la Faucille a été gravi plus d'une quarantaine de fois depuis 1911 par la caravane du Tour de France. À proximité de Ferney-Voltaire et de Divonne-les-Bains, la cité de Gex (620 m) sert de point de départ à l'ascension du versant oriental. Vieille de sept cents ans, c'est la capitale d'une ancienne principauté qui aujourd'hui encore bénéficie d'un statut particulier de zone franche. Perchées sur un éperon rocheux, les ruines du château médiéval de Florimont dominent la ville (7844 habitants). Patrimoine et modernité se conjuguent parfaitement puisque le sous-sol cache à quelques tours de roue un très moderne accélérateur de particules sous la forme d'un anneau de 27 kilomètres qui passe sous la frontière franco-suisse.

Sans plus attendre, enclenchez les cales pour partir à l'assaut de ce sérieux client. La route surplombe rapidement le ravin des Fournans en affichant immédiatement 6 %. L'itinéraire ondule au milieu des vergers et des villas résidentielles orientées au soleil en entrant sur le territoire du gigantesque Parc naturel régional du Jura (164 000 ha). À partir des Maladières (733 m), les lacets s'enroulent à travers les pâturages soulignés d'une frange boisée. Le lait des vaches montbéliardaises va servir à la fabrication du bleu de Gex, fromage préféré de l'empereur Charles Quint qui régnait sur la région au XVIe siècle. Bien lisse et régulière, la chaussée gagne le virage de la Goutte (874 m) qui enjambe le torrent de l'Oudar. De cette corniche, belles perspectives sur le damier multicolore des prés et des champs de la plaine qui s'étendent en contrebas. Faites une pause un peu plus haut au belvédère du restaurant de Florimont (900 m). Le Journans s'engouffre en effet dans le spectaculaire défilé rocheux des portes Sarrasines.

Depuis 1911, le col de la Faucille a été gravi plus d'une quarantaine de fois par le Tour.

Après 7,5 km à 6 %, la petite épingle de la fontaine Napoléon rappelle l'instigateur de la construction de la route. Elle signale aussi le début d'un tronçon difficile à plus de 8 %.

la légende

Le premier maillot à pois de Bahamontes

Dans le Tour 1954, le Castillan (vingt-six ans), qui est passé pro l'année précédente, entame son long règne montagnard. Aérien, il passe en tête d'une dizaine de grands sommets. Dans la vingtième étape qui remonte des Alpes aux Vosges, « l'Aigle de Tolède » s'assure un maximum de points en franchissant le col jurassien de la Faucille. Ce titre de meilleur grimpeur est le premier d'une collection de six qui va rythmer une décennie d'exploits. À l'époque, seuls Charly Gaul et Louison Bobet étaient en mesure d'accompagner le maître des cols, mais que sur quelques journées. En 1958, Federico Bahamontes s'illustre de nouveau dans une étape similaire qui gravit le même versant de la Faucille. L'Espagnol est resté au plus haut niveau des cimes pendant vingt et un ans puisque sa carrière s'achève en 1965 par des victoires à l'escalade de Montjuich et sur les routes escarpées du Tour du Sud-Est. Cette exceptionnelle longévité du roi de la montagne se traduit par un total de soixante et onze succès acquis dans tous les massifs d'Europe.

Au détour de chaque lacet se découvrent de nouveaux points de vue sur le lac Léman et les Alpes enneigées.

Après 7,5 km à 6 %, la petite épingle de la fontaine Napoléon (1 047 m) rappelle l'instigateur de la construction de la route. Elle signale aussi le début d'un tronçon assez difficile. Deux bornes à plus de 8 % qui se hissent au milieu de sapins de plus en plus denses en surplombant le profond creux de l'Envers. Mettez tout à gauche pour maîtriser cette forte pente. Après un long bout droit, admirez au loin le Colomby de Gex (1 689 m) dans l'épingle du Pailly (1 205 m). Ce long effort s'achève au niveau des chalets de la Mainaz (1 264 m). La flamme rouge est proche, et vous pouvez enlever quelques dents car le final se négocie à 5 %. Lorsqu'une mer de nuages occupe le fond de la vallée, la pédalée se fait plus fluide et presque aérienne. Plusieurs hôtels encadrent le col de la Faucille (1 323 m). Ce seuil surplombe la vallée de la Valserine et ses grosses fermes jurassiennes typiques. À travers les arbres, on aperçoit l'ancien chemin escarpé qu'utilisaient les moines en venant de Mijoux. Le Petit-Mont-Rond (1 534 m) qui domine le col au sud offre un inoubliable panorama de 250 kilomètres de long sur l'immense plan d'eau du lac Léman, le massif du Mont-Blanc, les glaciers de la Vanoise, les Alpes bernoises et fribourgeoises, ainsi que les monts du Jura. On distingue même le jet d'eau de Genève. Vers le nord-est se dégage le sommet suisse caractéristique de la Dôle (1 677 m). La Faucille est aussi une station de ski dont les 140 kilomètres de pistes dévalent les pentes du mont Rond (1 633 m). Autour du crêt de la Neige (1 723 m), point culminant du massif du Jura, le vaste domaine résulte de la fusion en 1999 de quatre petits sites villageois. La ligne de crêtes est protégée par une réserve naturelle (l'une des plus grandes de France) permettant de préserver pas moins de 953 espèces de plantes et les habitudes des lynx, des chamois et des grands tétras. Pour vaincre le col de la Faucille côté versant jurassien depuis Saint-Claude (438 m), il vous faudra compter 32,5 km d'élévation à 4,3 % (maximum 8 %). Une autre variante s'élance de Morez (705 m) en passant par le plateau des Rousses, soit 26,9 km à 3,3 % (maximum 7 %).

Les passages clefs du col de la Faucille

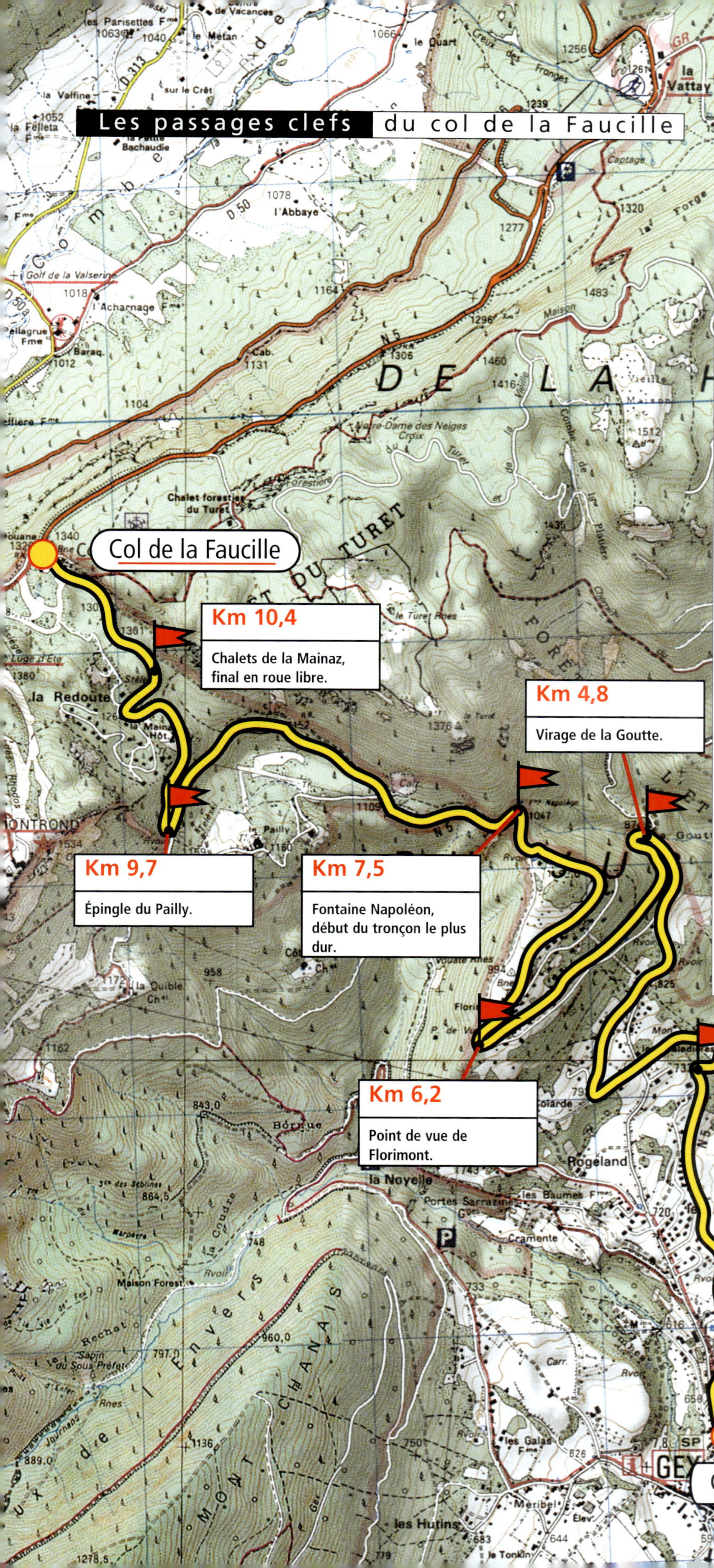

Le profil

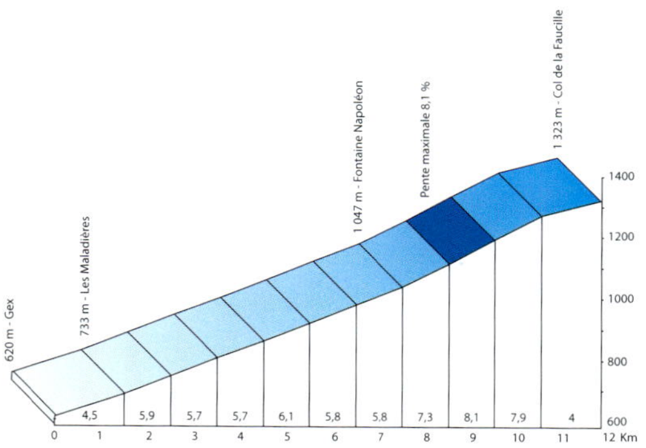

Pratique

- Département : Ain (01).
- Ouverture : de février à novembre.
- **Carte : IGN n° 3327 ET.**
- Accès : depuis Genève, prendre la N 5 pour rejoindre Gex qui se trouve à 17 kilomètres au nord-ouest ou, depuis Divonne-les-Bains, suivre sur 8 kilomètres la D 984 en direction du sud-ouest. L'ascension emprunte la N 5 jusqu'au sommet.
- Train : gare SNCF de Gex. Tél. : 3635.
- Renseignements : office de tourisme de Gex. Square Jean-Clerc. BP 436-01174 Gex. Tél. : 04 50 41 53 85. Internet www.paysdegex-lafaucille.com Office de tourisme de la station MontsJura. BP 2-01410 Lélex-Mijoux. Tél. : 04 50 20 91 43. Internet www.monts-jura.com
- Parc naturel régional du Haut-Jura. Maison du Haut-Jura. 39310 Lajoux. Tél. : 03 84 34 12 30. Internet www.parc-haut-jura.fr

1 144 m

Col du Calvaire

Le gardien des lacs

Distance : **18,8 km** • Dénivelé : **804 mètres** • Pourcentage moyen : **4,3 %** • Pourcentage maximal : **8 %**

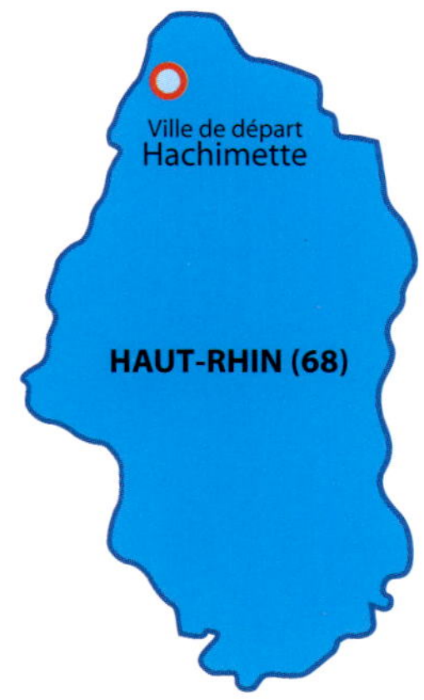

Les cols des Vosges se trouvent souvent à la convergence de nombreux itinéraires qui multiplient les approches variées. C'est le cas de celui du Calvaire qui se trouve dans la partie centrale du massif et que vous allez aborder par le col du Bonhomme. Rejoignez donc le hameau d'Hachimette (370 m), porte d'entrée du pays Welsche, historique enclave romane dans un environnement germanique. Dans un premier temps, vous empruntez la route qui relie Colmar à Saint-Dié. Le commerce a toujours été important sur cet axe stratégique, les barriques de vin d'Alsace croisant les pains de sel de Lorraine. Jusqu'en 1939, un petit train circulait entre Lapoutroie et la cité médiévale de Kayserberg. Les anciennes gares jalonnent encore le tracé. Au rond-point du val d'Orbey (386 m), vous poursuivez votre progression sur la nationale qui forme un coude sur une chaussée large et agréable à rouler. Vous remontez alors en pente douce le cours de la Béhine pour atteindre le bourg de Lapoutroie (435 m). L'église néogothique renferme de précieuses peintures murales. Juste à côté, un ancien relais de poste dissimule un musée consacré à la fabrication des eaux-de-vie. Sans abuser sur les dégustations, vous repartez dans la vallée verte. Remarquez sur la droite la pittoresque chapelle perchée de Ribeaugoutte. Elle se situe sur l'ancien chemin muletier qui traversait les Vosges. Le profil commence alors à se redresser pour culminer à 7,5 % à la hauteur de Maison-Rouge (518 m). Le vallon boisé s'évase entre le Brézouard (1 228 m) et la tête des Faux (1 220 m). Quelques granges se dispersent dans les prés. Puis la courbe s'infléchit de nouveau à 3 % pour rejoindre le village du Bonhomme (690 m), au pied des vestiges de la forteresse féodale de la Gutenbourg. Vous quittez alors le lit de la rivière (776 m) pour suivre les jolis lacets panoramiques qui grimpent dans la forêt sans jamais dépasser 5 % de moyenne. Vous débouchez ainsi sans vraiment souffrir au col du Bonhomme (949 m), frontière entre l'Alsace et la Lorraine. Il occupe un petit plateau boisé où sont tracées des pistes de ski de fond. Un restaurant permet le ravitaillement.

Rude montée : les deux derniers kilomètres affichent en effet plus de 7,5 %.

Au terme de cette première partie assez aisée de 13 kilomètres à 4,4 % de moyenne, vous pédalez sur le faux plat de la fameuse route des Crêtes en direction du sud. Si les ours et les loups ont disparu, les magnifiques

Au terme d'une première partie assez aisée de 13 kilomètres à 4,4 % de moyenne, vous pédalez sur le faux plat de la fameuse route des Crêtes en direction du sud.

forêts domaniales abritent une importante faune sauvage. Il n'est pas rare de croiser la gélinotte et le grand tétras. Respirez l'air pur vivifiant de la montagne. Sans difficulté particulière, vous ralliez le col du Louschbach (978 m) en légère descente 3 kilomètres plus loin. Admirez le point de vue sur la vallée de la Béhine dans laquelle vous étiez tout à l'heure. Il marque le point de départ de la brève mais rude montée vers le col du Calvaire. Les deux derniers kilomètres affichent en effet plus de 7,5 %. Le col (1 144 m) se trouve au carrefour de la route qui mène au col de la Schlucht et de celle qui dévale vers Orbey. De nombreux bâtiments et un centre de vacances constituent ce petit centre de ski. En vous avançant de quelques mètres, vous n'avez pas volé votre récompense. Vous surplombez le magnifique lac Blanc (89 ha) niché au fond d'un cirque de rochers spectaculaires, dont un a été baptisé château Hans. Un petit peu plus bas, le lac Noir est un autre bijou glaciaire. Entre les deux se dresse le piton de l'observatoire Belmont. Alimentées par une myriade de ruisseaux, des tourbières s'étendent au pied des sapinières. Elles concentrent une flore fragile. On distingue aussi les landes pelées du gazon du Faing (1 302 m) qui couronnent les hauteurs. Dans ce cadre superbe, laissez-vous tenter par les fromages et les tartes aux fruits des nombreuses fermes-auberges du secteur. Depuis Munster (375 m), l'autre grimpée s'opère aussi en deux temps. Mais la pente est beaucoup plus forte pour franchir d'abord les 10,8 km à 5,7 % du collet du Linge. Ensuite, après une descente de 7 bornes, le final présente 6,3 km à 6 % (maximum 7 %).

la légende

Jalabert dompte les grimpeurs

Trois jours après avoir gagné à Verdun, Jaja est de nouveau sur la brèche entre Strasbourg et Colmar ce 14 juillet 2001. La traversée des Vosges est propice à la bagarre. Dès les premières pentes, il s'enfuit avec Roux, Voigt, Cuesta et Basso. Très entreprenant, Laurent Jalabert passe les deux derniers cols en tête. Dans la bascule du col du Calvaire, on admire alors une nouvelle fois ses qualités de descendeur. Derrière lui, Basso chute, et les autres gambergent. Jaja, lui, file vers le succès. Avec onze secondes d'avance, cette victoire en solitaire en rappelle une autre sur les hauteurs du causse de Mende en 1995, également un 14 juillet. Trop vite catalogué sprinter, Laurent Jalabert a petit à petit étoffé son registre de rouleur en devenant intraitable sur les terrains accidentés. Restant limité en haute altitude, c'est en moyenne montagne qu'il s'illustre le plus souvent. Mais, en 2001 et 2002, « le Panda » mène de longues échappées et accompagne les meilleurs voltigeurs pour engranger des points au sommet des grands cols. C'est ainsi que le trentenaire remporte deux années de suite le maillot à pois du Tour de France. Ce tempérament d'attaquant lui vaut également d'emporter deux fois le Prix de la combativité. Digne successeur de Bernard Hinault avec plus de cent victoires, Laurent Jalabert a porté tous les maillots de leader des grands tours, s'imposant notamment dans la Vuelta en 1995.

Les passages clefs du col du Calvaire

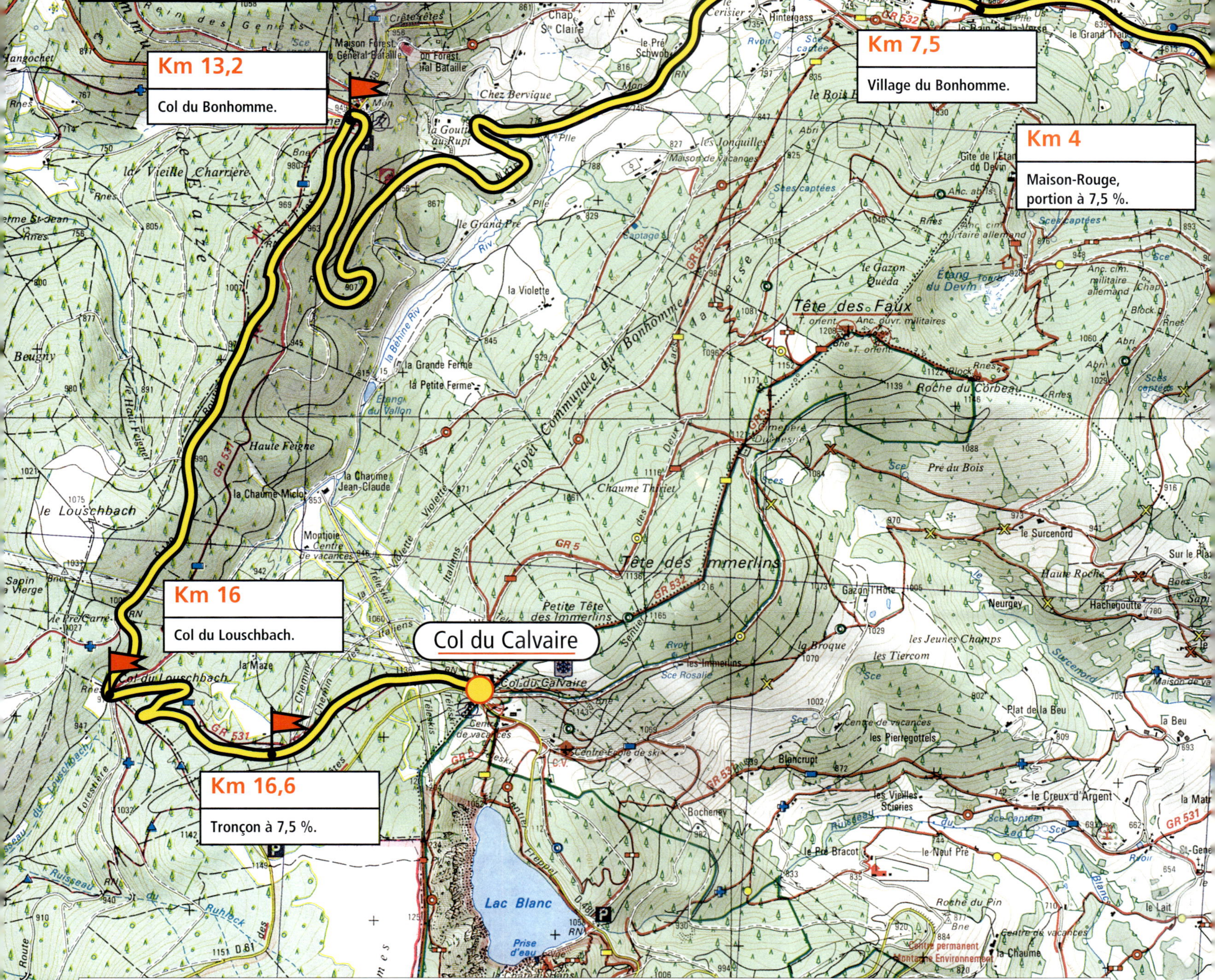

Le profil

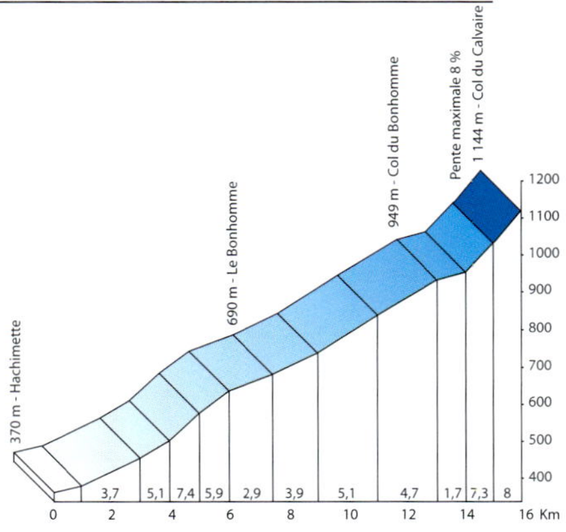

Pratique

- Département : Haut-Rhin (68).
- Ouverture : de février à novembre.
- **Cartes : IGN n° 3718 OT et n° 3618 OT.**
- Accès : depuis Colmar, prendre la N 415 pour rejoindre Hachimette qui se trouve à 15 kilomètres au nord-est. L'ascension emprunte la N 415 puis la D 148 jusqu'au sommet.
- Train : gare SNCF de Colmar. Tél. : 3635.
- Renseignements : office de tourisme de la vallée de Kaysersberg. 39, rue du Général-de-Gaulle. 68240 Kaysersberg. Tél. : 03 89 78 22 78. Internet www.kaysersberg.com
- Office du tourisme de Lapoutroie. Wagon d'accueil touristique d'Hachimette. Route de l'Europe 68650 Hachimette. Tél. : 03 89 47 53 11. Internet www.lapoutroie.fr Station du Lac-Blanc. Col du Calvaire. Tél. : 03 89 71 33 11. Internet www.lac-blanc.com

727 M

Col du Donon

La montagne sacrée

Distance : **6,2 km** • Dénivelé : **327 mètres** • Pourcentage moyen : **5,3 %** • Pourcentage maximal : **10 %**

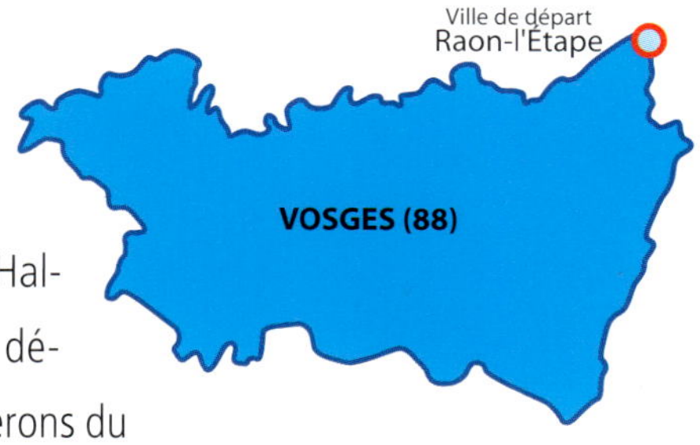

Pas moins de cinq routes permettent de rejoindre ce sommet qui domine l'extrême nord de la chaîne des Vosges. Les pentes boisées de cet imposant massif s'étendent à la fois sur l'Alsace et la Lorraine, au contact de quatre départements. Ce château d'eau naturel alimente une multitude de rivières. Vénérée depuis l'époque celte, la montagne sacrée du Donon est au centre de nombreuses légendes. Le Tour ne lui a rendu visite qu'à partir de 1961. D'apparence anodine, le Donon se caractérise toutefois par la longueur de ses ascensions et son final très accentué. C'est du côté sud-ouest que se trouve le versant le plus difficile. L'itinéraire s'élance depuis les arcades en grès rose de la mairie de Raon-l'Étape (287 m). Douze fontaines classées agrémentent cette bourgade lorraine (7 000 habitants) au confluent de la Plaine et de la Meurthe. Autrefois, un péage était prélevé sur les grumes de bois qui flottaient au fil de la vallée de la Plaine dans laquelle vous entrez. Une longue approche bucolique musarde ainsi le long de cette rivière très poissonneuse. Ce qui vous donne le temps de vous échauffer et d'apprécier le barrage de Pierre-Percée, paradis des oiseaux. Vous pédalez dans l'ancienne principauté de Salm, indépendante de 1751 à 1793. La route marque la limite entre les départements des Vosges et de la Meurthe-et-Moselle. Elle folâtre ainsi au milieu des prairies en traversant des villages typiques, comme celui de Celles (318 m), au bord d'un grand lac (36 ha) aménagé pour les loisirs. Un peu plus loin, l'écomusée de la Hallière, installé dans une ancienne scierie, détaille les ingénieuses techniques des bûcherons du massif du Donon, parsemé de quelques blocs de grès et de granite ; sapins et épicéas règnent en maîtres, formant une belle haie d'honneur, et s'étendent à perte de vue. À Vexaincourt (376 m), remarquez l'étonnant pont à bascule et la taillerie de la Haute-Creuse qui transforme les minéraux en bijoux. Après plus d'une vingtaine de kilomètres d'un régime de faux plat, la pente daigne enfin se lever. L'ascension commence véritablement au pied du joli bulbe du clocher de Luvigny (400 m). D'abord timidement à 3 %, vous atteignez le hameau de Raon-sur-Plaine (445 m), spécialisé dans la production de miel et de fromages de chèvre. Les murs des maisons traditionnelles sont recouverts d'écailles en bois. À proximité, on

D'apparence anodine, le Donon se caractérise toutefois par la longueur de ses ascensions.

Comme pour se venger, la montagne vous attend dans un tournant à droite. Anticipez vos braquets, car la rencontre est brutale. De méchants zigzags attaquent sauvagement la forêt.

peut observer le pavage de la voie romaine qui rejoignait le col. Comme pour se venger, la montagne vous attend dans le tournant à droite. Anticipez vos braquets, car la rencontre est brutale. Des méchants zigzags à 8 % puis à 9,3 % attaquent sauvagement la forêt. Après 3 bornes de cet acabit, on y laisse forcément des plumes. Malgré le manque de lumière sous le couvert touffu, n'ayez pas peur des bêtes sauvages. Le dernier ours a été tué en 1786. Survient alors une ligne droite qui s'affaisse graduellement à 6 %. Puis, en obliquant, le profil n'affiche plus que 4 %. Vous pouvez récupérer de l'effort violent et presque siffloter. Le sommet n'est plus très loin. Il se situe juste après la bifurcation du col de Prayé, en territoire alsacien.

La clairière, qui s'élargit, forme un petit plateau sur lequel est posé le col du Donon (727 m). Deux hôtels et des maisons forestières animent la plateforme. L'hiver, on y pratique le ski nordique sur 70 kilomètres de circuits. Contemplez la vue sur la vallée de la Bruche et le site de la mine de fer de Grandfontaine, exploitée jusqu'au XVIIIe siècle. Puis reprenez votre vélo pour emprunter la petite route qui rejoint en lacets la cime du Haut-Donon (1 009 m) qui se dresse face à vous. À côté du relais de télévision, les vestiges de trois temples romains accompagnés de stèles figuratives occupent le dôme rocheux. Un quatrième monument du même style a été construit à l'initiative de Napoléon III, grand amateur d'histoire et d'archéologie. Le panorama qui survole les forêts et le Petit-Donon (964 m) voisin est absolument grandiose. Ballons des Vosges, étangs du plateau lorrain et Forêt-Noire s'offrent à vous. Par le nord du pays de Sarrebourg, deux escalades remontent également pendant une vingtaine de bornes les vallées de la Sarre-Blanche et de la Sarre-Rouge à une moyenne de 4,5 %. Du sud débouche la grimpée de Schirmeck (310 m), soit 9,5 km à 4,4 %. La dernière voie sud possible s'élève enfin depuis Moussey (367 m) en passant par le col de Prayé.

la légende

Bergaud, le grimpeur de poche

Surnommé « la Puce du Cantal » en raison de son aspect frêle et de sa taille (1,58 m), Louis Bergaud a souvent brillé sur les routes du Tour de France. En 1957, leader du classement de la montagne, il se fait souffler la victoire pour un petit point par Gastone Nencini dans le dernier col du Tour. Il gagne une grande étape pyrénéenne en 1958. Et, à trente-deux ans, il réalise un bel exploit dans les Vosges. Sous les couleurs de l'équipe Centre-Midi, il s'échappe peu après le départ de Metz avec Wim Van Est et Stéphane Lach. Puis il est rejoint par son équipier Jean Dotto. Il franchit le col du Donon en tête. Et, à 8 kilomètres de Strasbourg, Lily s'envole vers un superbe succès en solitaire dans cette première étape de montagne, avec quarante secondes d'avance sur Dotto. À l'époque, il n'y avait pas de maillot distinctif. Donc, passer en tête des cols était le seul moyen pour les grimpeurs d'avoir leur nom marqué dans le journal. Louis Bergaud a participé à sept Tours de France, dont trois au sein de l'équipe de France, son meilleur classement étant septième en 1954. Le palmarès de Lily Bergaud est riche d'une centaine de victoires acquises sur les terrains les plus pentus. D'autres héros plus insolites se sont distingués dans le Donon, comme le Mexicain Raul Alcala en 1987 qui, grâce à cette prouesse, finira deuxième de l'étape et du classement final de la montagne.

Les passages clefs du col du Donon

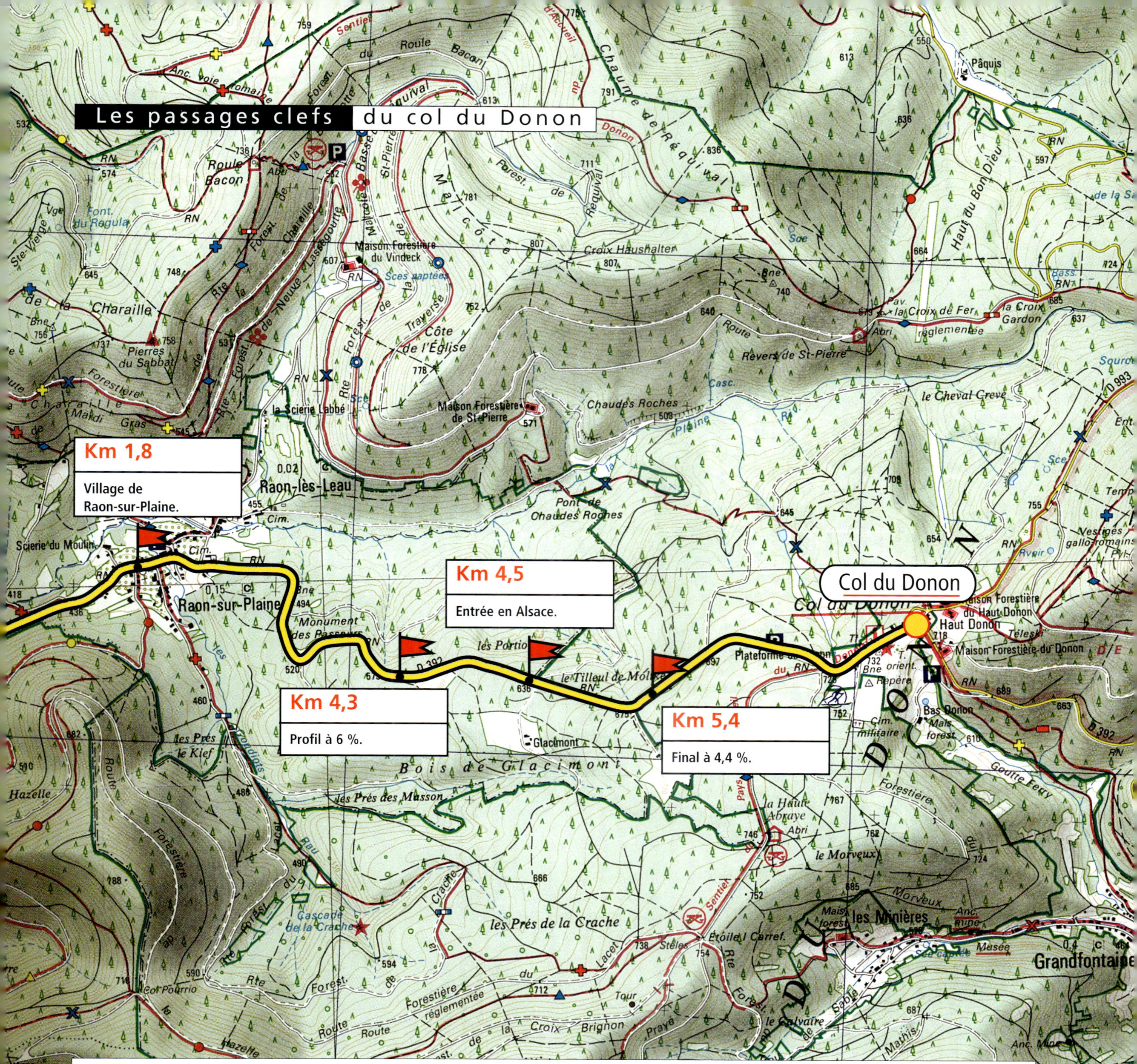

Le profil

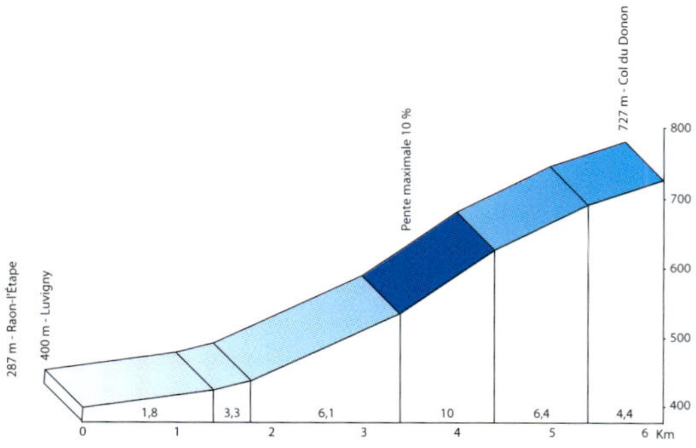

Pratique

- Départements : Vosges (88), Meurthe-et-Moselle (54) et Bas-Rhin (67).
- Ouverture : de février à novembre.
- **Carte : IGN n° 3616 OT.**
- Accès : accessible par la N 59, Raon-l'Étape se trouve à 7 kilomètres au sud-est de Baccarat et à 15 kilomètres au nord-ouest de Saint-Dié. L'ascension emprunte la D 392 jusqu'au sommet.
- Train : gare SNCF de Raon-l'Étape. Tél. : 3635.
- Renseignements : office de tourisme de Raon-l'Étape. Rue Jules-Ferry. BP 19-88110 Raon-l'Étape. Tél. : 03 29 41 28 65. Internet : http://otraon.free.fr Pays d'accueil du Donon. Maison du Développement. 54540 Pierre-Percée. Tél. : 03 29 51 05 56. Internet : http://perso.wanadoo.fr/pays-donon/

Les grands rendez-vous montagnards

Sportives ou touristiques, d'innombrables manifestations cyclistes se déroulent en montagne. Certaines, comme la Marmotte, qui attire chaque été plus de 6 000 participants venant d'une trentaine de pays, ou l'Étape du Tour dont les 7 500 amateurs empruntent chaque année le même parcours que les champions professionnels. Pratiquement chaque grand col a son épreuve.

Alpes

Galibier et Alpe-d'Huez

Juillet. La Marmotte au Bourg-d'Oisans (Isère).
Contact : Top Club.
Tél. : 0 820 086 332. Internet www.sportcommunication.com

Izoard

Juillet. La Serre Che-Luc Alphand à Serre-Chevalier (Hautes-Alpes).
Contact : office de tourisme de Serre-Chevalier.
Tél. : 04 92 24 98 97.
Internet www.cyclo-lucalphand.com

Ventoux

Juin. La Ventoux-Beaumes-de-Venise à Beaumes-de-Venise (Vaucluse).
Contact : Top Club.
Tél. : 0 820 086 332. Internet www.sportcommunication.com
Juillet. Les Ventoux Masterseries à Bédoin (Vaucluse).
Contact : Vélo-Concept.
Tél-Fax. : 04 90 92 44 04. Internet www.velo-concept.com
Septembre. Les Routes du Ventoux à Villes-sur-Auzon (Vaucluse).
Contact : Ventoux Vélo Sensations.
Tél. : 04 90 12 80 27 ou 06 14 23 52 61.
Internet www.velo101.com

Bonette

Juillet. Rallye de la plus haute route d'Europe à Jausiers (Alpes de Haute-Provence).
Contact : office de tourisme de Jausiers. Tél. : 04 92 81 21 45.
Internet www.jausiers.com

Iseran

Août. Grimpée de l'Iseran à Val-d'Isère (Savoie).
Contact : office de tourisme de Val-d'Isère.
Tél. : 04 79 06 06 60.
Internet www.val-disere.com

Allos

Juin. Défi des Fondus de l'Ubaye à Barcelonnette (Alpes de Haute-Provence).
Contact : Claude Véran. 2, avenue Ernest-Pellotier 04400 Barcelonnette.
Tél. : 04 92 81 38 75 ou 04 92 81 00 32.
E-Mail : claude.veran@wanadoo.fr
Août. Circuit des 3 cols à Barcelonnette (Alpes de Haute-Provence).
Contact : Club cycliste de l'Ubaye.
Tél.: 04 92 81 52 92.
E-Mail : club.cycliste.ubaye@online.fr

Croix-de-Fer

Juillet. L'Arvan-Villards à Saint-Sorlin-d'Arves (Savoie).
Contact : JVO Club.
Tél. : 04 79 31 65 28.
Internet www.les-sybelles.com/cyclo

Croix-de-Fer et Galibier

Juin. Brevet de randonneur des Alpes à Grenoble (Isère).
Contact : Gérard Pivot.
Tél. : 06 82 35 43 53.
Internet www.ctg.free.fr

Madeleine

Juillet : La Madeleine à La Léchère (Savoie).
Contact : Comité départemental de Savoie de la FFC.
Tél. : 06 87 77 41 05.
Internet www.comitesavoieffc.com

Joux-Plane

Juin. La Passoni-Samoëns à Samoëns (Haute-Savoie).
Contact : Olivier Paret-Peintre.
Tél. : 04 50 34 40 28.
Internet www.lacyclo.org
Juin. La Morzine-Vallée d'Aulps à Montriond (Haute-Savoie).
Contact : Top Club. Internet www.sportcommunication.com

Revard

Juillet. Le Challenge du Nivolet à Saint-Alban-Leysse (Savoie).
Tél. : 04 79 33 13 57.
Internet www.challenge-nivolet.com

Aravis

Juin. La Time-Megève Mont-Blanc à Megève (Haute-Savoie).
Contact : Club des sports de Megève. Tél. : 04 50 21 31 50.
Internet www.timemegevemontblanc.com
Juin les années paires. Circuit des Aravis à Annecy (Haute-Savoie).
Contact : Vélo Club d'Annecy.
Tél. : 04 50 67 79 14.
Internet http://perso.wanadoo.fr/velo-club-annecy/index.html

Porte

Juin. Brevet de Randonneur de Chartreuse à Saint-Egrève (Isère).
Contact : Manfred Patzelt.
Tél. : 04 76 01 17 85.

Pyrénées

Tourmalet

Juillet. Le Défi pyrénéen à Bagnères-de-Bigorre (Hautes-Pyrénées).
Contact : Service des sports.
Tél. : 05 62 91 16 13. Internet www.bagneresdebigorre-lamongie.com

Marie-Blanque

Mai. Le Défi aspois-Trophée à Bedous (Pyrénées-Atlantiques).
Contact : office de tourisme de la Vallée d'Aspe. Tél. : 05 59 34 71 48.
Internet www.defiaspois.com
Juin. La Quebrantahuesos à Sabinanigo (Espagne-Aragon).
Contact : Pena Ciclista Edelweiss.
Tél. : 00 34 974 480 660.
Internet www.quebrantahuesos.com

Aubisque et Soulor

Juillet les années paires. Randonnée des cols pyrénéens à Pau (Pyrénées-Atlantiques).
Contact : Cyclo Club béarnais.
Tél. : 05 59 84 32 64 ou 05 59 02 53 93.
Internet http://site.voila.fr/jrlarrieu

Portet-d'Aspet

Juillet. La Fabio-Casartelli à Saint-Girons (Ariège).
Contact : Pierre Maurel.
Tél.: 05 61 66 23 99 ou 06 78 68 20 56.

Plateau de Beille

Juin. L'Ariégeoise à Tarascon-sur-Ariège (Ariège).
Contact : Ariège organisation cycliste.
Tél. : 05 61 05 94 94.
Internet www.cyclosport-ariegeoise.com

Pla-d'Adet

Juin. L'Ours à Saint-Lary (Hautes-Pyrénées).
Contact : office de tourisme.
Tél. : 05 62 39 50 81.
Internet www.saintlary.com

Peyresourde

Septembre. La Lapébie à Luchon (Haute-Garonne).
Contact : office de tourisme de Luchon. Tél. : 05 61 79 21 21.
Internet www.luchon.com

Hautacam

Juillet. La Hubert-Arbes à Lourdes (Hautes-Pyrénées).
Contact : Cyclo Club lourdais.
Tél. : 05 62 94 05 51 ou 05 62 94 18 59.
Internet www.la-hubert-arbes.fr.fm

Aspin

Août. La Eugène-Christophe à Campan (Hautes-Pyrénées).
Contact : Jean-Pierre Martinez.
Tél. : 05 62 91 04 10 ou 05 62 91 70 36.
Internet www.campan-pyrenees.com

Menté

Juin. La Luchonnaise à Luchon (Haute-Garonne).
Contact : Jean-Louis Blot.
Tél. : 05 61 79 21 74 ou 06 83 04 85 05.
Juillet. Brevet des Pyrénées centrales à Saint-Gaudens (Haute-Garonne).
Contact : Cyclos Randonneurs de Saint-Gaudens.
Tél. : 05 61 95 29 22. Internet http://crsg.free.fr

Massif central

Puy de Dôme

Mai les années paires. Tour du Sancy-Sommet du puy de Dôme à Clermont-Ferrand (Puy-de-Dôme).
Contact : Bernard Piguet.
Tél-Fax. : 04 73 92 81 50.
Internet www.ctmontferrand.com
Juin. Rallye du Puy-de-Dôme à Clermont-Ferrand (Puy-de-Dôme).
Contact : Alain Pichot.
Tél.: 04 73 84 65 98.

Croix-Morand

Août. La Raphaël-Geminiani à Besse (Puy-de-Dôme).
Contact : Association Vel'Auvergne.
Tél. : 04 73 36 49 23 ou
04 73 79 52 84.
Internet www.activeeurope.com
Août. L'Auvergnate à La Bourboule (Puy-de-Dôme).
Contact : Top Club.
Tél. : 0 820 086 332.
Internet www.sportcommunication.com

Œillon

Mai. La Dinde de l'Œillon à Saint-Paul-en-Jarez (Loire).
Contact : Didier Bonnard.
Tél. : 04 77 73 59 74 ou
06 87 91 78 97.
Internet http://e_c_p.site.voilà.fr

Croix-de-Chaubouret

Mai. La Reventine à Reventin-Vaugris (Isère).
Contact : Jean-Claude Celard.
Tél. : 04 74 58 93 68 ou
06 79 87 13 90.
Internet http://vchorizon38.free.fr
Juin. L'Équipée du Pilat à Saint-Chamond (Loire).
Contact : Alain Rivat.
Tél. : 04 77 22 22 62

République

Juin. La Journée Vélocio à Saint-Étienne (Loire).
Contact : Daniel Couriol.
Tél. : 04 77 21 01 69.

Vosges et Jura

Ballon d'Alsace

Juin. Brevet des ballons vosgiens à Mulhouse (Haut-Rhin).
Contact : ACS Peugeot-Citroën.
Tél. : 03 89 52 06 15 ou
03 89 53 33 91. Internet
http://acspeugeotcyclo.ifrance.com
Juillet. La Jean-de-Gribaldy à Montbéliard (Doubs).
Contact : Vélo Club de Montbéliard.
Tél. : 03 81 35 56 77 ou
03 81 91 13 20.
Internet www.lajeandegribaldy.com

Grand Ballon

Mai. Circuits du Florival à Guebwiller (Haut-Rhin).
Contact : Bernard Rominger.
Tél. : 03 89 76 70 26. Internet
www.actf.fr.st
Juin. Les Trois Ballons à Champagney (Haute-Saône).
Contact : Top Club.
Tél.: 0 820 086 332. Internet
www.sportcommunication.com
Septembre. Les Ballons vosgiens à Gérardmer (Vosges).
Contact : Patrice Martin.
Tél. : 03 29 63 06 15.
Internet http://ballonsvosgiens.fr.st

Faucille

Juin. Le Tétras à Divonne-les-Bains (Ain).
Contact : Alain Andrieux.
Tél. : 04 50 40 54 61.

Calvaire

Juin. Le Trophée des Marcaires à Munster (Haut-Rhin).
Contact : office de tourisme de Munster.
Tél. : 03 89 77 31 80. Internet
www.scm.fr.fm

Donon

Juin. La Ronde du Donon à Cirey-sur-Vezouze (Meurthe-et-Moselle).
Contact : Michel Ledoux.
Tél. : 03 83 42 54 00 ou
03 83 75 42 82.

Bibliographie

À lire au coin du feu

Atlas des cols des Alpes, volumes 1 à 6. **Atlas des cols des Pyrénées,** volumes 1 à 4. **Atlas des cols Vosges-Jura. Atlas des cols du Massif central.** Également 5 volumes d'itinéraires dans chacun des 5 départements pyrénéens.
Contact : Jacques Roux, Altigraph Édition. BP 1-49080 Bouchemaine. Tél. : 02 41 72 05 88. Fax. : 02 41 72 05 89.
Internet www.altigraph.fr
Catalogue des cols de France. Éditions des Cent Cols.
Les Alpes Françaises de Jean-Pierre Hervet et Hervé Champollion. Éditions Ouest-France.
Le Grand Guide des Pyrénées. Rando Éditions Milan.
La Route des Grandes Alpes. Gallimard.
Le Tour se gagne à l'Alpe-d'Huez, de Jean-Paul Vespini. Mango Sport.
Pyrène et les vélos, de Christian Laborde. Les Belles Lettres.
L'ange qui aimait la pluie, de Christian Laborde. Albin Michel.
Le Roi Miguel, de Christian Laborde. Stock.
Le Roi René, de Louis Nucera. Éditon du Sagittaire.
Sur le Tour de France, d'Antoine Blondin. La Table Ronde.
Le Lion du Galibier, de Thierry Rault. La Mezzanine.
Le Tour de France. Lieux et étapes de légende, de Jean-Paul Ollivier. Arthaud.

Jean-Paul Ollivier a raconté les exploits des plus grands grimpeurs, comme Gaul, Vietto, Bahamontes... dans une longue série d'ouvrages publiés chez Glénat.

Sites Internet

www.memoire-du-cyclisme.net
La légende, les anecdotes, les palmarès, les statistiques de toutes les courses.

http://mrambaul.club.fr
L'histoire et la liste de tous les cols franchis par le Tour de France.

www.salite.ch/
Plus de 7 000 profils des cols d'Europe dans 26 pays, dont 1 533 pour la France.

www.centcols.org
Confrérie du Club des cent cols qui regroupe plus de 6 000 amoureux du vélo montagnard.

www.routedesgrandesalpes.com
De Thonon-les-Bains à Menton, 600 kilomètres avec 16 grands cols célèbres.

www.geol-alp.com
Explique de façon passionnante la géologie des Alpes avec de magnifiques photos aériennes et panoramiques.

www.routepyrenees.com
La traversée des Pyrénées avec 846 kilomètres de vélo et 16 449 mètres de dénivelé.

www.salut-au-galibier.com
Le musée du Galibier.

http://grimpee.alpe.9online.fr/index.html
Tout sur la montée de l'Alpe-d'Huez.

http://perso.wanadoo.fr/l.maison/jouxplane/
Tout savoir sur le col de Joux-Plane.

http://les.cingles.du.mont-ventoux.club.fr/index.htm
Confrérie des cinglés du Ventoux.

http://baronsdusoulor.monsite.wanadoo.fr
Confrérie des barons du Soulor.

Le décor grandiose des premières rampes de l'Izoard,
poignant de solitude minérale, l'un des terrains favoris de Louison Bobet.
Depuis ce Tour de France 1951, heureusement, la route a été refaite...

Crédits photographiques

Francedias : pp.12-13, 16, 20, 24, 25, 28, 32, 36, 40, 44, 48, 52, 56, 60, 61, 64, 68, 72, 76, 77, 80-81, 84, 88, 92, 96, 100, 116, 120, 124, 128, 132, 140-141, 144, 148, 152, 156, 160, 164-165, 169, 172, 173, 180, 181, 184.

Presse-Sports : pp. 26, 30, 38, 50, 54, 58, 90, 106, 110, 114, 122, 130, 134, 150, 174, 182, 186.

Frédéric Millet : pp. 17, 21, 29, 33, 41, 53, 57, 65, 85, 89, 93, 97, 101, 113, 117, 121, 125, 133, 137, 145, 149, 153, 161,

Archives Miroir-Sprint : pp. 2-3, 190-191.

Gerd Balser : pp. 37, 108, 109, 112, 129.

Delalosa : p. 73

DR : p. 157

Philippe Jugie : p. 104

Brett Lider : p. 45

François Moritz : p. 177

Beth Schneider : p. 136

Marco Van Egmond : p. 49

Dave Withney : p. 176

Cartes : © IGN 2005
(Numéro d'autorisation : 80-5028)

Carte page 71 : SWISSTOPO

Direction éditoriale : **Marc Van Moere**

Assistante éditoriale : **Marie Caillat**

Conception graphique : **Michel Cortey**

Maquette : **Stéphane Trapier** et **Pierre Gourdé**

Réalisation photogravure : **Frédéric Bar**

Fabrication : **Céline Roche**

Dépôt légal : mai 2005

ISBN : 2-84567-242-X

Achevé d'imprimer en avril 2005

Imprimé en Espagne